山东大运河新考

姜传岗　著

山东大学出版社
SHANDONG UNIVERSITY PRESS
·济南·

图书在版编目（CIP）数据

山东大运河新考/姜传岗著. —济南：山东大学出版社，2022.7
ISBN 978-7-5607-7541-8

Ⅰ.①山… Ⅱ.①姜… Ⅲ.①大运河—历史—山东—文集 Ⅳ.①K928.42-53

中国版本图书馆 CIP 数据核字（2022）第 103107 号

责任编辑 楚洋洋
封面设计 王秋忆

山东大运河新考
SHANDONG DAYUNHE XINKAO

出版发行 山东大学出版社
社　　址 山东省济南市山大南路 20 号
邮政编码 250100
发行热线 （0531）88363008
经　　销 新华书店
印　　刷 济南华林彩印有限公司
规　　格 720 毫米×1000 毫米 1/16
　　　　 19.5 印张 6 插页 326 千字
版　　次 2022 年 7 月第 1 版
印　　次 2022 年 7 月第 1 次印刷
定　　价 79.00 元

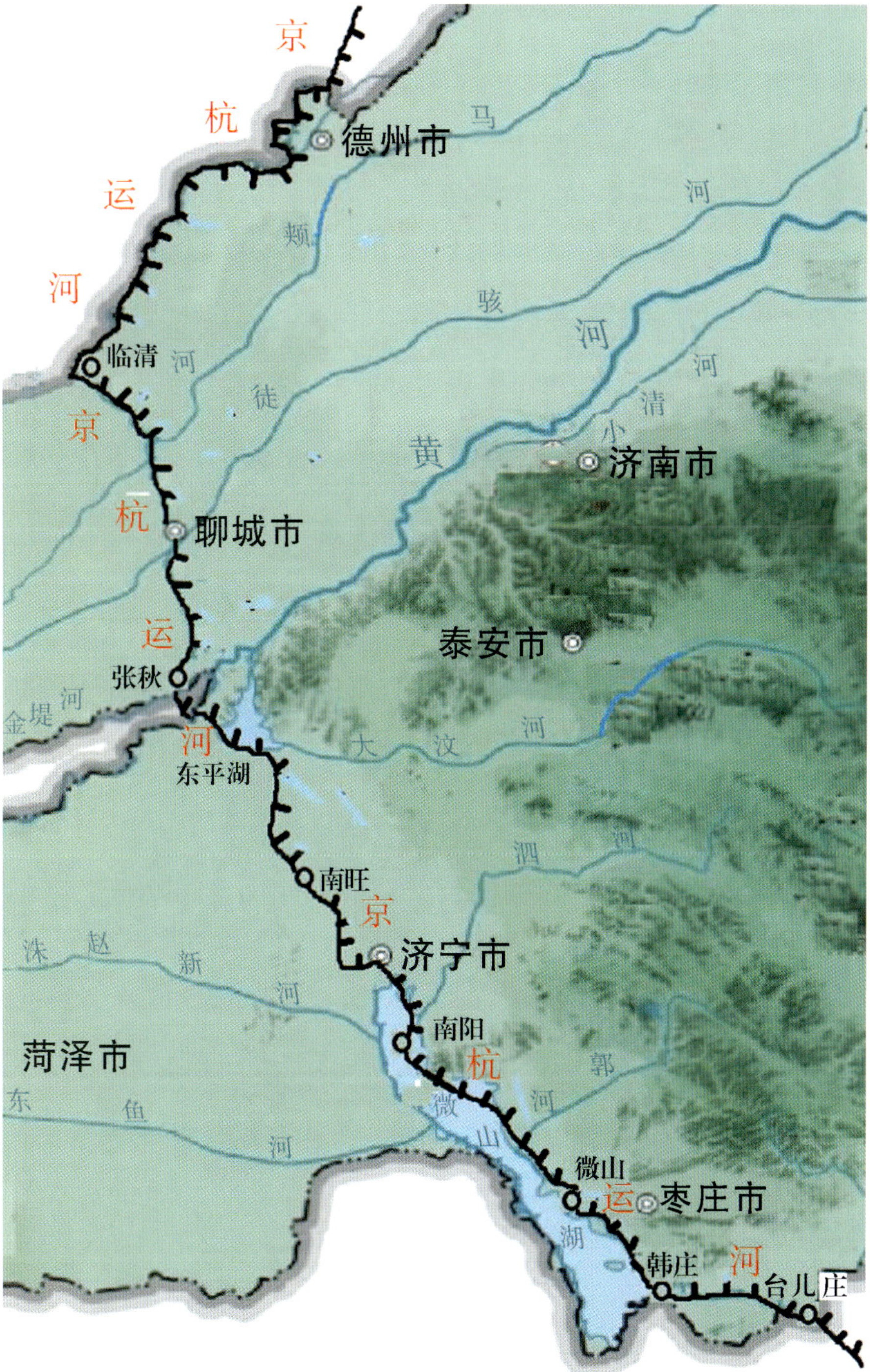

山东省京杭运河遗址线路图

济宁市市区古运河

微山湖运河

南旺分水枢纽遗址

运河古镇南阳

台儿庄运河

东平湖运河故道

聊城运河故道（刘继孟摄）

临清运河故道（刘继孟摄）

张秋镇运河故道

聊城运河

四女寺运河枢纽工程

德州段卫运河

德州大运河旧照

德州大运河今貌

聊城运河故道（刘继孟摄）

临清运河故道（刘继孟摄）

张秋镇运河故道

聊城运河

四女寺运河枢纽工程

德州段卫运河

德州大运河旧照

德州大运河今貌

序

姜传岗同志原是济宁市委党校的领导成员，印象里他待人真诚热情，学习刻苦努力，对事业执着认真。他从党校领导岗位退下来后潜心于大运河研究，勤奋笔耕，不断寄来论文，每每读之，都让我受益匪浅。

大运河是中国古代的一项伟大工程，是世界上开凿最早、距离最长、规模最大的运河。它同中国的万里长城一样，至今仍是具有世界性影响的古代工程。大运河在历史上不仅是中国南北的经济、政治、军事命脉，更是中华民族精神的体现。它充分地展现出中国古代劳动人民的伟大智慧和能力，承载着中华民族的悠久文明和历史，蕴含着中华民族优秀文化传统和伟大精神。大运河是一条在中华大地流淌千年不尽的河，也是流淌着中华民族悠久历史文化的文明之河。这一宝贵历史遗产已于2014年成功入选世界遗产名录。

在全国政协文史和学习委员会任职期间，我曾有幸参与大运河江苏段和山东段的调研工作，对大运河遗产的保护和利用有一些了解。姜传岗同志这本书所提供的资料、阐述的观点，特别是他对山东段的调研和提出的看法，让我得以更深入了解和思考。大运河自元代始经山东，历元明清三代绵亘600多年，纵贯山东640多公里。山东大运河居于大运河全程的中枢，在大运河南北贯通中起着关键作用。在这里，中国古代劳动人民科学巧妙地利用了当地的特殊地势、丰富的水脉等客观条件，修筑了戴村坝—南旺分水工程，使大运河跨越“水脊”通航，充分展现了其聪明才智和创造精神，集中地体现了中国古代水利、水运方面的先进科技水平和杰出成就，在世界古代水利和航运史上居于领先地位。

大运河山东段流经地区在历史上长期受黄河泛滥影响。中国古代劳动人民为保持大运河的畅通，与洪水做斗争，治河保运，解决黄运冲突，谱写了惊心动魄、可歌可泣的英雄篇章，积累了治水通运的丰富经验，成为中华民族治水史上的光辉一页。中国运河史上涌现出众多治河的能臣与巧匠，相当一部分是在山东的治河通运中崭露头角。有人说，运河通，则山东兴。历史上，山东的发展繁盛在很长时期是与大运河联系在一起的，大运河深刻地影响了齐鲁文化的形成和发展；今天山东的繁荣和发展同样与大运河息息相关。

山东数百年来曾留下大量关于大运河开凿和治理的史志、碑刻等，这为我们今天了解运河历史、总结治河经验提供了宝贵资料。但是由于历史的局限和条件的限制，我们对山东大运河的许多重要史实并不十分清楚，缺少深入了解。进一步做好这些基础性工作，对于实现大运河遗产的保护和传承利用、科学建设大运河文化带和经济带等，都有重要的意义。

很可喜地看到，本书作者姜传岗同志多年来自觉投入运河历史的研究工作，长期深入运河沿线村庄实地考察，收集了大量关于运河历史的新资料，撰写和发表了一系列关于山东运河史的考证文章。在许多重大问题上，姜传岗同志大胆提出自己的独到见解，在诸多方面，以新材料、新观念讲述山东大运河历史，弄清了运河史上的许多问题。书中各篇鲜明的观点、朴实的风格、有说服力的论证，相信会给读者留下深刻的印象，对推动运河有关研究和实际工作也会很有帮助。

党的十八大以来，习近平总书记针对大运河的保护、传承和利用发表了一系列讲话。2019 年中办、国办印发《大运河文化保护传承利用规划纲要》，并发出通知，要求各地区各部门结合实际认真贯彻落实。相信在新的历史时期，关于大运河遗产的保护利用必将取得新的光辉成就，大运河遗产保护利用的调研会有新的重要成果，大运河文化会大放异彩！

是为序。

陈光林[①]

2021 年 8 月 25 日

---

① 陈光林，十一届全国政协文史和学习委员会副主任，曾任中共济宁市委书记、政协内蒙古自治区第十届委员会主席等职。

目录 CONTENTS

上编

下 编

上编

泗淮运道

——中国开掘最早、延续最久的大运河

中国是一个有着悠久历史的文明古国，运河历史文化资源十分丰富。中国历史上各个时期都曾开挖运河，运河遗产之多不可胜数。毫无疑问，中国古代里程最长、规模最大、影响最著的当是京杭大运河，但从开掘最早、延续最久的层面来说，还数不到这条运河。

中国历史上开掘最早的大运河

中国历史上开掘最早的运河在哪里？一般认为是在河流水系比较发达、渔猎生产方式出现较早的长江、淮河下游，即称作“江淮”的地区。在浙江余姚河姆渡、杭州水田畈、吴兴钱山漾等新石器时代遗址中，都有舟筏的木桨出土。经测定，浙江余姚河姆渡出土的实物距今7000年左右，杭州水田畈、吴兴钱山漾出土的实物距今5000年左右，其形制和后世的木桨很相似。这说明早在原始社会晚期长江下游一带的先民们就将舟筏用于内河运输了。至少在夏代，人们就有了制造木板船的能力。

明宋应星《天工开物》卷中说：“四海之内，南资舟而北资车。”根据中国最早的地理著作《禹贡》所记，在当时的淮海、扬州地区，进贡的船只可以“沿于江（长江——引者注）、海（黄海——引者注），达于淮、泗”。这说明“淮泗”或“泗淮”在夏禹时就成为连通南北的运道了。

在春秋时期，处于江淮地区的楚、吴、越三国，最早将舟船用于作战，把水路作为军运和作战的重要条件。楚国称雄诸侯，就多赖其水路优势。在历史文献中，关于楚国通过水路作战的记载有很多。《文献通考》卷一百四十

九曰："楚用舟师自康王始。"《左传》中有：楚康王十一年（前549年），"楚子为舟师以伐吴"；楚平王四年（525年），"吴伐楚"，两军交战于长岸（今安徽当涂西南），楚国司马子鱼战死，楚军反攻，击败吴军，缴获吴王乘船"余皇"号；楚平王六年（前523年），"楚子为舟师以伐濮"；楚平王十一年（前518年），"楚子为舟师以略吴疆"；等等。这些水上作战利用的主要就是江、淮、泗水系。战国时期，各国亦曾大规模开挖运河，著名的有魏国于魏惠王九年（361年）开挖的鸿沟。

从明确的文字记载上看，中国最早的人工运河是春秋末期吴王夫差命人开挖的邗沟。《左传》载：吴王夫差十年（前486年），"吴城邗，沟通江淮"。邗沟将长江与淮河两大水系连通在一起，长约300里。这意味着长江与泗淮运道也连通在一起，从而疏通了一条从长江流域至山东半岛的航道，意义重大。有文章称："邗沟、淮河及徐淮地区的泗水，才是中国大运河漕运的最初起源，才是运河文化的最初发源地。"[①] 这一看法是很有道理的。

在邗沟、泗淮运道中，所利用的最长的河段是泗河。它自今济宁之南的鲁桥直通淮河，长约800里。泗河，古称泗水，是发源于山东泗水县陪尾山，后汇集沿线近百道泉水而形成的一条河，向西流经鲁县（曲阜），至瑕丘（兖州）屈向南流，又经高平县（邹县）西、湖陵（鱼台县）、沛县东、徐州北、下邳、宿迁西、泗阳，至淮阴入淮河等。泗河过鲁桥后又先后汇合了沿线的洸河、白马河、沙河、薛河、菏水、南梁水（又名"涓涓水"，今荆河）、漷水（今漷河）、丰水等，水量十分充足。这是自古以来齐鲁先民南达江淮的水路要道。

吴王夫差开挖邗沟的目的是向北连通齐鲁，征伐齐国。事实是在邗沟挖通后不久，吴王夫差就先后两次发动伐齐战争，都是利用泗淮运道作为北上运粮或运兵的水道。吴王夫差十一年（前485年），夫差命大将徐承率舟师自海上伐齐，以淮泗作为运粮之道。次年，夫差又亲率水陆大军，联合鲁、邾、郯等国进攻齐国，由江入淮，再由淮入泗，假道鲁国曲阜再沿汶河向东至艾

---

① 钱宗华：《苏北运道——泗水》，2020年6月29日，http：//www.pzwhjy.com/archives/13929。

陵（今莱芜东北）与齐国交战，史称“艾陵之战”。吴国进军的这条路线被称为“吴攻齐水道”。

艾陵之战后，吴王夫差为谋取中原霸主之位，于吴王夫差十四年（前482年）又北上与诸侯会盟于黄池（今河南省封丘县西南），史称“黄池会盟”。为此，夫差率军沿水路北上，由淮入泗，至湖陆县（又名“湖陵县”，址于今鱼台县）再由泗水向西转入南梁水，沿南梁水通济水，达于黄池。据《水经注》卷二十五，这条水路“谓是吴王所道之渎也”[①]，完全显示出吴国水路上的优势。

秦统一中国之后迄汉代，泗淮水路作为军事要道的地位更加显现出来。从秦始皇修东南驰道、秦末刘邦起事、项羽北上攻秦、刘项彭城大战，到汉末刘备与袁术争夺徐州、吕布占领徐州、曹操攻打吕布等许多重大事件，泗水都扮演了重要角色。

汉朝建立后，京师和关中地区所需粮食及物资的很大一部分要依赖于江淮和齐鲁地区。为此，朝廷疏通了古汴渠运道：从今河南开封西北起，上承蒗荡渠（古之鸿沟），向东南流经陈留、杞县东、宁陵县北、商丘、虞城县西南、砀山县、萧县，至彭城北部汇入泗河，向南通淮河，向北通齐鲁。自此，泗淮运道成为重要的漕粮运道。据文献记载，每年经这条运道运抵京师的粮食在西汉初期达10万石，汉武帝时期增加到400万石，最多时达600万石。

三国时期，由于孙吴政权占据江淮、东南一带，与中原曹魏政权形成对峙局面，汴泗漕运基本停止，但泗淮、汴泗水路仍是贯通的。后来，晋武帝

① 在一些论著中，把菏水说成是春秋末年吴王夫差所开，或言：“菏水就是吴王夫差在商鲁之间所掘的沟”，“是连接泗水和济水之间的人工水道”。笔者认为此说没有根据。菏水是贯通济水和泗水的一条支流，是很早就存在的一条自然河流，如《禹贡》中就记载：“导菏泽，被孟猪。”因此，菏水绝不可能是春秋末年吴王夫差所开的人工运河。《春秋》言：吴王夫差十四年（前482年），“公会晋侯及吴子于黄池”。《国语·吴语》言：吴王夫差“起师北征，阙为深沟，通于商、鲁之间，北属之沂，西属之济，以会晋公午于黄池”。这里并未说夫差赴黄池会盟是沿的菏水路线，更不能把他所掘的这条“通于商、鲁之间，北属之沂，西属之济”的“深沟”就看成是菏水。而据《水经注》所考，吴王夫差会盟行军的路线是沿泗水至湖陆县转入梁水，根本不是经过菏水。梁水、菏水虽然都通济水，但菏水在湖陆县北，梁水在湖陆县南，二水根本不是同一条河流。查黄池在今河南省封丘县西南济水与黄沟交汇处，与《国语》中“商、鲁之间”的记述接近。夫差赴黄池不可能绕远到北部的菏水，只可能是经梁水。即便是梁水也并非夫差所掘，如《水经注》卷二十五明确说：“谓是水为吴王所掘，非也”，“不通情理矣”。

司马炎于太康元年（280 年）令大将王濬率舟师伐东吴，灭吴后王濬班师还都的路线就是从长江入淮河，由泗河入汴河等。《晋书·王濬传》载："自江入淮，逾于泗、汴，溯河而上，振旅还都。"孙吴灭亡后，中国历史进入南北统一的西晋时期。

东晋南北朝时期的泗淮运道

经过短期的统一之后，西晋爆发了"八王之乱"。这时原居住于北部边境的一些少数民族大规模进入内地，建立了多个政权，迫使晋朝贵族南迁。西晋灭亡后，司马睿在建康（今南京）称帝，建立东晋，与北方诸政权形成对峙的局面。东晋的建立大大促进了江淮和东南地区的经济发展和文化繁荣。这时的泗淮运道成为南北战争中的要道。

原来泗河向北通航至任城之南的鲁桥。东晋时由于军事上的需要，又向北开发了两条运道。

一是从鲁桥向北沿洸水通汶水，再沿汶水西行通济水。东晋永和十二年（356 年），荀羡率军征讨燕将慕容兰，自徐州引军溯泗水至鲁桥，因泗水至此向北不通舟船，军需部队无法通过，于是就从宁阳引汶水入洸水，从而疏通了由泗河经洸水、汶水、济水至东阿约 300 里的运道。《晋书·荀羡传》曰："慕容兰以数万众屯汴城（今聊城西——引者注），甚为边害。羡自光水引汶通渠，至于东阿，以征之，临阵斩兰。"

二是从泗河塌场口（今鱼台县谷亭镇北）附近向北开挖"桓公沟"。东晋太和四年（369 年），大司马桓温北伐燕，率军"过淮泗，践北境"[1]，溯泗水至金乡，还攻取了湖陆县。因天旱军船不能继续前进，遂命军民自塌场口至巨野泽开挖 300 余里运渠，称为"桓公沟"，通济水，使大军达于黄河。清顾祖禹《读史方舆纪要》卷三十三《山东四·兖州府下》言："沟在济宁州西四十里萌山下。晋太和中，桓温伐燕，遣冠军将军毛虎生凿巨野通济水，道出此，南入鱼台县界。"

---

① 《晋书·桓温传》。

由于这两条运道的开发，泗淮运道向北、向西各延长 300 里，与济水连通起来，从而使运道向西到达中原，向北到达济南，具有了重大的军事和经济意义，直接推动了东晋的北伐战争。

东晋义熙十二年（416 年），刘裕率军伐后秦，自领军由淮河、泗河经桓公沟入济水，攻洛阳。刘裕数次北伐，先后灭南燕，亡后秦，破北魏，收复山东、河南、关中等地，光复洛阳、长安两都，其间多以淮河、泗河、济水为进军线路。

南朝宋元嘉七年（430 年），大将到彦之率兵伐北魏，沿水路由淮河入泗河，由泗河转入济水，至须昌（今东平县西北）又向北到达黄河，沿黄河攻魏碻磝（今茌平县东南）、滑台（今滑县东）、虎牢（今荥阳市汜水镇）、金墉（今洛阳），但先取后失，后被迫南归。

南朝宋元嘉八年（431 年），宋廷又命名将檀道济为都督再次率军伐北魏，仍沿水路由淮河入泗河，由泗河转入济水，到达东平、寿县，在济水上与魏军连战二十余日，前后交战数十次。

同样，后来北魏攻取南朝也是利用这一水路。北魏太平真君十一年（450 年），魏主自率兵攻宋，沿泗河南下攻彭城，未克，一直进军到瓜步（今江苏六合东南）。北魏献文帝天安元年（466 年），宋徐州刺史薛安都降魏乞援，魏遣尉元等率万骑出东道据彭城。魏宋在泗淮沿线展开争夺，战事进行三年，魏获大胜，宋淮北青、徐、冀、兖四州以及下邳、宿豫（今宿迁东南）、淮阳和豫州淮西的汝南、新蔡、南顿、颍川诸郡等皆为魏所有。

隋唐时期的泗淮运道

隋朝统一南北，隋炀帝即位后大力营建东都洛阳。为了加强对南北方的统治，大业元年（605 年）始隋炀帝先后派人开挖了通济渠、永济渠，以洛阳为中心，建造了一条北至涿郡、南通江淮和杭州的大运河。通济渠上承原汴河，自杞县西分出一支折向东南，经商丘、永城、宿州、灵璧，至盱眙北直接入淮河。这条新开的河道称为“新汴河”，即南汴河。唐代对通济渠、永济渠又进行了疏通，并改通济渠为“广济渠”，继续使用，历史上统称其为“隋唐运河”。

隋唐汴河不再经过徐州、宿迁，泗汴不再直接连通，但泗淮之间的运道仍是贯通的。如隋大业十四年（618年），隋炀帝禁卫军首领宇文化及等在江都行宫发动兵变，将隋炀帝缢杀。之后宇文化及率官兵、宫人10余万众西归关中。其在江都夺得船只后，就是取淮泗水道至彭城，然后又转车西行等。

唐高祖武德七年（624年），徐州经略史尉迟敬德为向北地幽州运输粮饷，经过山东也是使用的泗淮运道，为此还对徐邳至任城段运道进行了疏浚，并在任城洸河上修建了会源闸。[①]

唐懿宗咸通九年（868年），以庞勋为首的戍边兵发难，攻下宿州、徐州，并占领了其周边地带。朝廷调遣官兵南北围剿，其中有4000余官兵驻扎于泗河古镇鲁桥，以待沿泗河增援徐州。清顾祖禹《读史方舆纪要》卷三十三《山东四·兖州府下》载：“徐州叛卒庞通等作乱，兖州发兵戍守鲁桥镇，以备侵轶。”

尤其是在唐代，由于社会稳定，经济文化发展，泗河运道在官民往来和南北贸易旅游中发挥了更显著的作用，河中商旅舟帆不断。这在唐代的许多著名诗句中都有反映，如白居易《长相思》：“汴水流，泗水流，流到瓜洲古渡头”；薛能《清河泛舟》：“绕郭烟波浮泗水，一船丝竹载凉州”；刘长卿《晚泊留侯城》：“进帆东风便，转岸山前来。楚水澮相引，沙鸥闻不猜”[②]；等等。这都反映出当时泗淮运道上的繁盛优美景象。

---

① 据历史文献，济宁漕渠以及会源闸都建于唐代。如明郑与侨《济宁张家桥筑堤建庙碑记》言：“漕渠穿于唐，武德间尉迟恭镇卢龙时运道也。其在济境者，惟泉是赖。”明万恭《治水筌蹄》卷上言：“济宁今天井闸尉迟建也。”清叶方恒撰《山东全河备考》卷一载：“闸南雁翅底有古井一甃，相传为唐时尉迟敬德所创。”道光《济宁直隶州志》卷二载：“旧说唐武德中，尉迟恭镇卢龙穿渠于济以通漕，故闸底尚有武德七年（624年——引者注）尉迟敬德建石刻。”另外，江苏省邳州市亦有关于唐代武德年间徐州经略史尉迟敬德凿徐州、吕梁二洪通漕的记载和传说。如元赵孟頫《吕梁洪关（羽）尉（迟恭）庙碑记》、元傅汝砺《徐州洪神庙碑记》等都有关于敬德开渠之功的文字。徐吕二洪系泗河于徐州以东的一个河段，历史文献中尉迟敬德的通漕记载与济宁当地的记载、传说基本一致，可互相印证，当为同一次开渠工程。清顾祖禹《读史方舆纪要》卷二十九言：徐州百步洪“泗水所经也。水中若有限石，悬流迅急，乱石激涛，凡数里始静，一名徐州洪……俗传唐尉迟敬德经略徐州，凿徐州、吕梁二洪，以通水道”。

② 诗中的“山”即微山，“楚水”指淮水。

唐代后期，由于黄河的泛滥，汴河逐渐淤废。五代时的后晋迁都汴京，又开汴泗运道："开济州金乡涞水，西受汴水，北抵济河，南通徐沛。"① 后来的后周仍定都于汴京，占据中原和山东广大地区。周世宗为攻伐占据江淮地区的南唐，命人疏浚泗汴运道：显德二年（955 年），"命武宁节度使武行德发民夫，因故堤疏导之，东至泗上"②。周军沿汴泗水路南进，大败南唐，获战舰 90 余艘。至此，江、淮、河、汴运道复通。清同治《徐州府志》卷第十三载："由淮入泗，由泗入汴者……此五代末之运道也。"同时周世宗于显德四年（957 年）、六年（959 年）又命于开封之北疏浚五丈河，引汴水东流，至定陶入济水，再向北过曹、济、梁山泊，以通青郓之路（指山东）。万历《兖州府志》卷二十载："周显德四年疏汴水入五丈河，自是齐鲁舟楫皆达于大梁。"周世宗疏浚运河的功绩不可磨灭。

宋金时期的泗淮运道

宋代完全承继了五代时后周的成果，把汴河作为汴京通江淮各路的一条重要通道。《宋史·河渠志》言："宋都大梁，以孟州河阴县南为汴首受黄河之口，属于淮、泗。"同治《徐州府志》卷十三载："自宿、邳西溯泗流，经彭城又西接萧砀入归德界，此宋至道以前及熙宁间之运道也。"同时，又疏浚五丈渠，并改名为"广济渠"。《天下郡国利病书》卷三十八载："宋太祖建隆二年（961 年——引者注）亦浚五丈渠，北历曹济及郓以通京东之漕。"每年泗汴运道运江淮漕米高达 700 万石（宋制 92.5 斤为 1 石，据考每斤约合今 1.28 市斤），广济渠岁供山东漕米 62 万石。

北宋仁宗庆历中（1045 年前后），还对北部泗河运道进行了疏浚。据清顾祖禹《读史方舆纪要》卷四十六《河南一·封域、山川险要》载："庆历中，又浚徐、沛之清河（泗水——引者注），任城、金乡之大义河，以通漕运。"从宋代大文豪苏轼任徐州知州时写下的诗句中可看出当时泗河通航情况："回

---

① 《淮系年表全编·淮系年表四》。

② 《资治通鉴》卷二百九十二。

首彭城，清泗与淮通。”[①] “东流入淮泗，送我东南行。”[②] 由此可见，泗淮运道在当时可谓一条水清船顺，令人心旷神怡的运道。

北宋后期，由于黄河决洪屡泛京东地区，汴河和广济渠不再畅通，“运河浅涩”益甚。南宋建炎二年（1128 年），黄河从滑州改道东南流，经开封北夺汴河旧道，至徐州以北又夺泗河，泗黄合流向南入淮河，并入海。这时汴河即完全消失了。但泗淮运道却仍然存在。在金朝时期，金人与南宋对峙于淮河一线，为了满足战争的需要，再次疏浚了汶水入洸水，并向南通泗淮。在南宋高宗绍兴十二年（1142 年），韦太后自金国南归，“自东平舟行由清河（泗水——引者注）至楚州（淮安——引者注）”[③]。这说明在当时黄河侵占运道、宋金交战的情况下泗运道仍保持南北贯通。

南宋后期，蒙古大军灭掉了金朝，为了进一步南进灭宋，从山东输送军需物资以支援淮北的战争，元宪宗七年（1257 年）再次疏通了汶泗运道。为此奉符（今泰安）人毕辅国在宁阳堽城筑坝，遏汶水南流入洸河，至任城合泗水（府河）南流，“益泗漕以饷宿蕲戍边之众，且以溉济兖间田”[④]，即疏通了由汶河经宁阳、任城循洸河南通泗淮的运道。南宋祥兴二年（1279 年），兵败被俘的抗元名臣文天祥被元军押解北上去大都，过长江后经过淮安、邳州、徐州、鱼台、济宁、宁阳、东平、东阿，这一路乘的大多是运河船只。他在沿途写下不少诗篇，其中在东阿写有《发东阿》一首：“东原深处所，时或见人烟……多少飞樯过，噫吁是北船。”该诗描写了运河沿途的景象，文天祥亦由此始转陆路向北。这说明当时泗淮运道经汶水向北仍然通达到大清河上的东阿。

泗淮运道与京杭大运河

元世祖建立元朝后定都大都（今北京），但在经济上却依赖于较为繁荣的

① 《江城子·别徐州》。

② 《罢徐州，往南京，马上走笔寄子由五首》。

③ 《宋史·韦贤妃传》。

④ （元）李惟明：《改作东大闸记》。

江淮、东南和湖广等："元都于燕，去江南极远，而百司庶府之繁，卫士编民之众，无不仰给于江南。"[①] 因此，元世祖于至元十三年（1276 年）决定"穿济州漕渠"[②]。至元三十年（1293 年），京杭大运河全线贯通。

京杭大运河南北绵延 3500 多里，连通北京与杭州，堪称世界水利史上的一项伟大工程。元朝开通的京杭大运河的南北两段多是利用的自然河流和旧人工渠道，只有中间的济宁至临清段是人工开挖，名叫"会通河"。从济宁向南的河道是利用的洸河，至鲁桥后接泗河，由此向南至徐州入黄河，经邳州、宿州等至淮安入淮河，由淮河至扬州入长江，过江进而到达杭州等。其任城向南至淮安 800 里河道正是利用的原来的泗淮运道，而且这也是水源较充沛、航道较稳定的一段运道，对于京杭大运河的贯通起到了重大作用。

泗河段京杭大运河从元代到明代，没有发生大的变化，包括在元末明初京杭大运河被黄河淤废而间断的 50 多年中，从济宁向南的泗运道仍继续通航，地区间的船艘往返未有中断。尤其是在洪武元年（1368 年）河决曹州双河口时，大将徐达北征，又自鱼台塌场口向北开挖牛头河，经济宁西的耐劳坡（今济宁市任城区安居街道）、南旺、郓城东至双河口，引黄河水入泗通运，其大体是古代桓公沟的流径。同时，又从郓城向北引黄开宋金河，经梁山西、戴家庙（今属东平县）向北入大清河。1956 年梁山县西北贾庄出土明代军船，据专家考证是明初洪武年间的实物，其址与宋金河位置和年代都相符，说明当时淮泗运道从鱼台向北经牛头河、宋金河可以到达大清河。这段运道通行不久即被黄河淤废，到明永乐九年（1411 年）新的京杭运河又重新贯通。

明代泗淮运道安全运行了 100 多年，但到明嘉靖年间，厄运逐渐到来，其肇因正是出自黄河。

从历史上看，黄河是一条游荡无束、河水涨落不定、决口频繁、泥沙淤积严重的河流。其在一处待久，必然使河床抬高，水浅滩多，自寻决口改道。由于上述特性，黄河并不适于航运。任何水系与黄河发生连通，最终结果必

① 《元史·食货志》。
② 《元史·世祖本纪》。

是被淤没。历史上许多著名的河流，如济水、菏水、瓠子河、灉河、濮水、洛水、漯水、沮水、大清河等无不是被黄河所淤没的；而许多运河，如鸿沟、通济渠、汴河、广济河、五丈河、宋金河、小盐河等也都是通航不久即被黄河所淤废。

自明嘉靖年间起，徐州上下段黄河决口逐渐频繁，黄水向北淹漫沛县、鱼台运道，向南冲漫徐州、吕梁二洪和邳州。运道淤积越来越多，漕舟阻塞越来越严重。此段运河亦成为当时漕运的一个最大患险段。经过明廷数十年的纠结、论争，终于决计将运河改道东移：先开挖了南阳新渠和李家口河新道，后来又开挖了泇运河，原泗河水自南阳以下注入新渠道，运河完全摆脱了黄河。这意味着自南阳经徐州至邳州直河口的泗河完全消失。

清初，邳州以下黄河也不适于航运，因此于康熙年间又先后开新河和中运河等，使运河于淮安直接入淮，完全离开了黄河。自此鲁南至淮安的泗运道即全程消失，其河道完全被黄河所独占！

结语

泗淮运道从春秋迄明代，曾存在数千年之久，其间基本上没有间断，是中国历史上延续时间最长的一条运河。与京杭大运河那种由皇朝专营的漕粮运道不同，泗淮运道更多是用于军事和地区之间的民间商旅来往，因此在历史上被记载不多。但其历史绵长，与居民生产生活结合紧密，因此对社会文明发展，尤其是对鲁南和江淮地区的经济、社会、文化发展具有重大意义。在数千年历史上，它见证了多少战争风云、兵家争雄、王朝兴灭。与此同时，泗淮沿线形成了许多历史名城和繁华古镇，如扬州、淮安、泗州、宿迁、邳州、徐州、留城、湖陵、南阳、鲁桥、济宁等，无不得益于这条水路要道的滋养，并见证历史。尤其是徐州在历史上一直是一个军事重镇，这与它居于南北水路要道的位置是分不开的：南由泗河通江淮，西接汴河连两京（汴梁、洛阳），北溯泗河达齐鲁等。泗淮运道是华东地区古代文明发展的一个印记，沉积有舟船史、航运史、水利史、水路作战史、捕捞史等丰厚的文化资源，值得我们去发掘和探索。在当前，我们要深入理解和贯彻习近平总书记“深入挖掘以大运河为核心的历史文化资源”的重要指示，勇于担负起新时代文化建设的重任。

（本文在写作过程中参考了钱宗华：《苏北运道——泗水》，2020 年 6 月 29 日，http：//www.pzwhjy.com/archives/13929；赵凯、王洪民：《徐州运河与沂沭泗水系的变迁》，《江苏水利》2008 年第 5 期；王晓风：《骆马湖与大运河的关系》等文章。在此，特向以上文章作者致谢！）

附图：

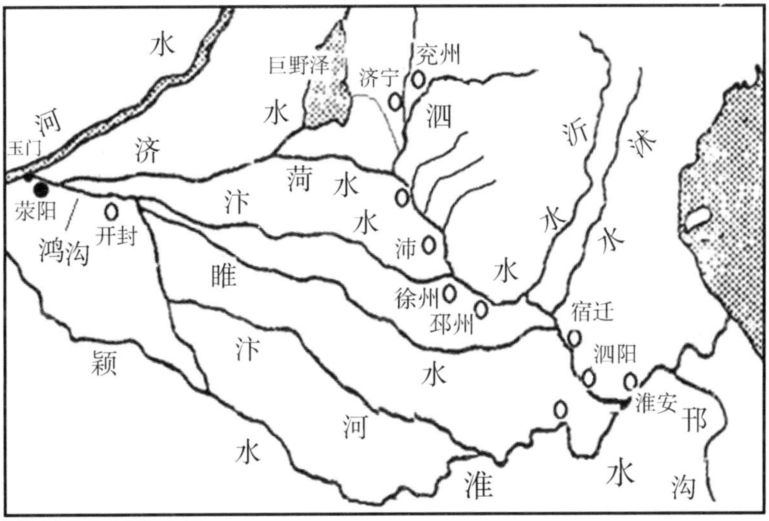

泗淮运道示意图

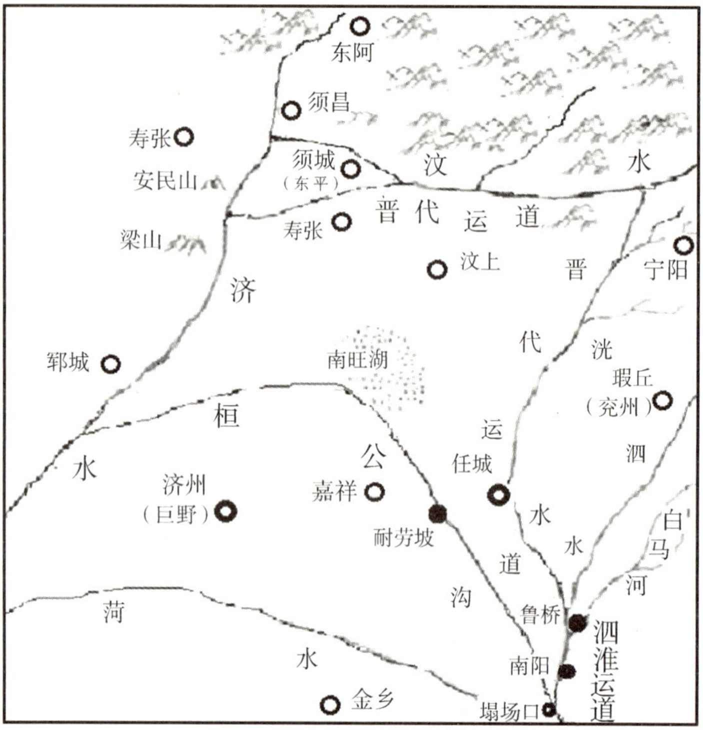

晋代以后泗淮运道的北延——洸汶济运道和桓公沟

泗河今照

任城之洸

——洸河源流考

如今的济宁市任城区居民大都知道区内有一条洸河——一条常年积水的废河沟，然而却很少有人知道它在历史上的辉煌——是任城的母亲河。从某种意义上来说，元代开凿的大运河正是以这里为始源的。

洸河历史之湮远

洸河起于何时？发源于何地？查阅文献记载，几乎共同的说法是："洸河乃今汶水之支流也……其源则出于泰山郡莱芜县原山之阳"[（元）刘承《重修洸河记》]；"洸河乃汶水之支流"（《大明会典》卷一百九十六）；"洸水，汶水支流也"（万历《兖州府志》卷十八）；等等。这种释解多见于元代以来的文献：最初是元宪宗七年（1257 年）奉符（泰安）人毕辅国于宁阳县汶水之阴堽城做斗门遏汶水入洸河，南流于任城，又向南入泗淮。[（元）李惟明《改作东大闸记》] 尤其是在元定都燕京之后，于至元年间又先后开凿任城之北的济州河和会通河，为此都水少监马之贞重筑堽城坝遏汶水入洸，南流于任城，以济运河。所谓"洸河以汶水为源""是汶河支流"的说法即由此始矣。

然而洸河并非形成于元代，或只是指元代之后的河。在此之前有无洸河？洸河源之何处？对此，有的记述中就模糊了。如元代刘承《重修洸河记》云：洸河"名不载于传记，或因旧而加以新名，尤不可知"。

其实洸河古来就有，其历史源远流长。据郦道元《水经注》卷二十五所记，洸水即洙水，是泗水的支流："所谓洸水者，洙水也，盖洸、洙相入，互受通称矣。"又言："洸水出东平阳（新泰），上承汶水于刚县西（今宁阳县境）、阐亭东。”洸水本处于汶水与泗水之间，是与汶泗二水枝津连接、多处发生合分、互有通连的一条河。它流径蜿蜒曲折，游徙多变，最后经任城向南流于邹县西境入泗河：泗水“南过高平县西洸水从西北来注之”（《水经注》卷二十五）。洸水与汶水、泗水的历史一样古远。然而《水经注》所记多据于古代典籍，而后代河道几经存废变徙，发生很大变化。约在《水经注》成书以后，洸河就作为一条独立的自然河道而存在了，与洙、泗、汶再无通连：洸河已不再是古代的洸水。

据文献记载，元代于宁阳修建堽城坝遏流工程，引汶水至任城，这一段近二百里的水道并不是开凿的一条新河，也没有为其更取新名，而是利用原有的自然河道，它就是洸河。

这就是说，洸河原来并不是以汶水为源，或者说它与汶河本不相干。对此，元代李惟明在《改作东大闸记》、明代商辂在《堽城堰记》中都有说明：“昔汶不通洸”；汶、泗“二水分流，南北不相通”。

那么它又发源自何处？明王宠所撰《东泉志》云：“洸水其源出自宁阳县北堽城之西南。”这里并未采信“汶水支流”之说，而是说它自有其源——“堽城之西南”，但并未言明以何为源，当属含混。

现据笔者所考，洸河之源就是宁阳县境内的诸泉水。据历史文献记载，原宁阳县城的北部、东部曾分布着大量的地泉，其中有名的泉，如蛇眼泉、三里沟泉、日渊泉、井泉、马庄泉、张家泉、古城泉、罗星泉、金线泉、柳泉等就有十三个（《山东运河备览》卷八），而无名泉、小泉更不计其数。这些大大小小的泉都从平地泥土或沙砾之中涌出，有的汹涌如沸，有的宛若珠玑，汇成一片片水泽。由于宁阳县地势是东北高、西南低，泉水大多向南、向西流，其中大部分流入灑河等诸流中，最后汇成一脉，就是洸河。洸河向南流入滋阳县，于该县高吴桥处又有两股坡水注入，继而流至济宁。洸河以宁阳诸泉为源，而诸泉以洸河为流，它们本系一体，源远流长。

由于洸河南通泗淮，是南北走向的水道；又由于其源头处于汶河之阴，与汶河相距很近，历史上多次有人因军务或运输、灌溉上的需要，掘开汶河引水入洸，十分便利。因此，洸河成为历史上被人工开发利用较早的一条河。据文献记载，早在晋代洸河就成为一条南北通航的运河。《晋书·荀羡传》记载，东晋永和年间，前燕将领慕容兰屯数万众于汴城（今聊城西），为边害，晋将荀羡前往征讨，曾引军溯泗水至鲁桥，因泗水向北不通船舟，粮草无法北运，荀羡乃自洸水引汶水通渠为运道，疏通了由鲁桥经任城、宁阳至东阿的运道。①

洸河再一次被开发是在唐代。唐高祖武德七年（624年）徐州经略史尉迟恭为向北地幽州运输粮饷，曾导汶、泗水入洸，开通了从山东沿洸河经任城再向南于鲁桥通泗河、直达于徐准的运道。为此，在任城洸河上修建了会源闸。如清代郑与侨《济宁张家桥筑堤建庙碑记》言："漕渠穿于唐，武德间尉迟恭镇卢龙时运道也。其在济境者，惟泉是赖。"又如明代万恭《治水筌蹄》卷上言："济宁今天井闸尉迟建也。"鲁桥在当时就成为一个衙署毕至、官兵群驻、街衢纵横、商贸繁华的小镇。公元868年，唐懿宗平庞勋起义，官兵4000余人曾驻扎于此。当时鲁桥之繁盛实与这段运河的通航有关。

洸河自北流来任城，自古就是任城的母亲河，泽润着这片风水宝地，并与任城的繁荣发展紧密相关。唐代的诗句中就有描述："秋水通沟洫，城隅进小船。晚凉看洗马，森木乱鸣蝉。菱熟经时雨，蒲荒八月天。"[（唐）杜甫《与任城许主簿游南池》] 又有明代诗人描写道："杨柳娉婷绿，荷花旖旎红。鱼游华盖底，人在鉴湖中。太白拈春酒，轻衣受晚风。"[（明）汪广洋《离济宁泛舟北行》]② 从中可以看出，当时任城的南北都有水，完全是一派河洫通连、舟楫摇曳、柳绿荷红、鱼游菱底的水城景象。可以想见，诗人当时从济宁泛舟北行的河流当是洸河，南池之水亦是洸水。

南宋年间，金人与南宋对峙于淮河一线，为了战争的需要，金人再次疏浚汶水入洸水向南通泗水的水运通道。

历史上虽有多次引汶水入洸河，但因汶河泥沙较多，水口不久即被淤塞，并未形成常态的自流状态，因而并不能改变洸河的自有源头。

---

① 《晋书·荀羡传》言："燕将慕容兰以数万众屯汴城，甚为边害。羡自光水引汶通渠，至于东阿以征之，临阵，斩兰。"

② 该诗句的作者在清代阎廷谟纂《北河续记附余》、康熙《济宁州志·艺文志》等文献中均被记作"李白"，应为误。

回望六百年青春光彩

洸河历史上最辉煌的时期是在元明清三代，这正是与京杭大运河的开凿联系在一起的。

早在蒙古人统一全国之前的元宪宗七年（1257年），为了支援南方的灭宋战争，由宁阳经任城、鲁桥南通泗淮的运道得以开通。当时济州副官毕辅国建言，经东平路行中书省兵马总管批准，在宁阳县堽城汶河上拦河修土坝，并于坝东建泄洪闸截汶河水入洸河，把洸河再次变成一条南通泗淮的运河。元代李惟明在《改作东大闸记》中说："济倅奉符毕辅国请于严东平（即严实），始于汶水之阴、堽城之左作一斗门，堨汶水入洸，益泗漕以饷宿蕲（今安徽宿州）戍边之众，且以溉济、兖间田。汶由是有南入泗、淮之派。"（雍正《山东通志》卷三十五）

在元定都燕京之后，需要将江南大量岁贡、漕粮向京都输送。为了贯通南北漕运，于至元二十年（1283年）、二十六年（1289年）先后开凿济州河与会通河，以济宁为中心，南于鲁桥接泗河，北至安民山（今属梁山县）接大清河，后又继续向西北开凿至临清接御河，长达450里。为了解决新开河的水源问题，都水少监马之贞又于宁阳新修堽城坝遏汶水入洸河，南流于济宁，在任城与来自兖州府的府河相汇合，由会源闸（即天井闸，距城东南200余步，约在今大闸口处）输入会通河。其中，府河是由兖州城东金口坝遏泗、沂二水西输，又汇合滋阳县诸泉水而流入济宁的一条河，故又名济河。洸、府二河在会源闸实现了"五水（汶、洸、泗、沂、府）济运"，并使其分流南北，从而把京杭3000多里的漕运贯通起来。

大运河工程中的核心技术是将各条泉河按照行水需要巧妙地实施汇合或分流，以供济和调控运道的水量，并利用闸坝之间的相时启闭，使船在高低不同的河道中通行。这在当时来说，无疑是一项伟大的科技创新，它充分地体现出中国古代劳动人民的高超智慧和技术。大运河尽管在明清时期又进行了许多修整和扩建，包括移堽城遏汶于戴村坝、改济宁分水口于南旺等，但从根本上说，这一核心技术和开创性成就应归功于元代，其发祥地在济宁。

这一世界史上的伟大奇迹，如果没有济宁的天赐地造之缘，是不可能产生的！而洸河由此也真正地焕发了青春光彩。正如元代刘承《重修洸河记》所说："会通之源洸也，洸之源汶也。"

自从元人建堽城坝遏汶之后，汶河三分之二以上的水量流入洸河。但开始时坝为土筑，夏秋洪水季节常被冲毁，且泥沙淤积，河床升高，河道淤塞。因此，每年秋末都需要役夫重筑大坝。延祐五年（1318年），改土堰为石堰。

由于上游河水携带大量泥沙，洸河逐渐淤塞。"时霖雨作，泰岱万壑沟渎之间合注而之汶，洪涛汹涌，泥沙溷奔，径入于洸，所以淤填也。"［（元）刘承《重修洸河记》］甚至在堽城坝以下"河身反高于汶，是以水来浅涩，几不能接于漕运"［（元）赵元进《重浚会通河记》］。据元赵元进《重浚会通河记》、李惟明《浚洸河记》、刘承《重修洸河记》等，为了给河道清淤，都水监丞宋公组织人力对洸河进行疏浚。工程于顺帝至元六年（1340年）二月始，先后分两段实施：上段自堽城闸口至石剌之碛，蔓延十八里；下段自石剌至高吴桥南王家道口，延袤五十六里百八十步。全河道按照"底阔五步，上倍之，深五尺"的标准修浚。整个工程进展顺利，成效极其显著。"挑洗各处河身之浅……五旬而工毕。"之后，又责成堽城闸司"严饰闸板，谨杜闸口，绝塞沙源，勿令流沙上漫入洸"。由此，洸河"逝波滔滔，永济会通之流，使漕事无虞"了。

关于这次洸河的大修，在元代《浚洸河记》与《重修洸河记》中均有记载。然而需要说明的是，后人多将两记混为一谈，其作者也被视为同一人，这是完全错误的。其实这是两篇内容、文句和作者各不相同的文章，前者为李惟明所撰，后者为刘承所撰。两篇文章虽文句不同，但都言及疏浚洸河之事。施工时间方面，前者言其始于至元六年（1340年），后者言其为至正二年（1342年）。两者记载时间相差两年（至元、至正都是元顺帝年号），但分析可知两者记载的应是同一工程，盖以施工之河段、工期不同而已。此外元代另有《重浚会通河记》一篇，为赵元进所撰，题名中有"浚会通河"，实际内容却是浚洸河事，时间同为至元六年（1340年），与前两篇文章内容虽有不同，但所记事迹则是同一的，由此亦可看出当时疏浚洸河工程影响之大。

洸河经过重修，水流更为通畅，不仅具备了行船的能力，成为一条水上的运道，而且还被官府设为水上的驿道。这为泰安、宁阳、兖州、济宁等地间的交通运输和经济发展创造了有利条件。

据明商辂《堽城堰记》等，明永乐九年（1411 年），工部尚书宋礼采用汶上老人白英的建议，实施戴村坝遏汶工程，导汶水于南旺，同时堵塞堽城的分水口，此后汶水不再通洸，洸河仍以诸泉为源，致使其水量一度变微。为了使洸河保持一定的流量，明成化十一年（1475 年），主事人张盛又于堽城西另置新闸，开新河 10 余里，分部分汶水入洸；嘉靖六年（1527 年），主事人吴鹏又置闸引柳泉河水蓄泄于洸河等。因此，洸河水量仍然充沛。在整个明清时期，洸河一直滔滔不绝，不仅水量充沛，而且风景优美，沿河形成了“柳岸垂钓”“村翁摆渡”“芦荡惊鸿”“虹桥观澜”等多处美景。明朝薛瑄有《过洸河》一首云：

车转香阿过远山，洸河一夕涨漫漫。
蛟鼍出没苍茫里，鸥鸟浮沉杳霭间。
浩叹每思临逝水，雄才长忆障狂澜。
龙门鱼跃波千丈，便有风云出濬端。

这首诗充分反映出时人对洸河风景的赞美。

汶泗环流，共写水城春秋

汶水入南旺之后，蜀山湖水量大增。夏秋霖潦之季，湖水涨溢，加之东平县东部和汶上县境内的坡水大量下泄，致使济宁城西马场一带的运河和农田经常被淹。为了遏蓄蜀山泄水，明成化年间于运河东岸五里营、十里铺、安居之北筑堤束水，从而形成马场湖。湖周围四十里，湖西、南两岸紧靠运河，分别建减水闸三座与运河相通。后于明嘉靖、万历年间和清康熙、乾隆年间多次对马场湖上下闸坝和周围湖堤进行增筑和扩建，使湖堤周长达到 60 多里，并建减水闸五座，使湖的储水量越来越大。

明初，洸、府两河于任城东合流，过马驿桥后，由城南天井闸入运河。

正德年间，北直隶刘六、刘七率起义军进入山东，六年（1511 年）十月犯济宁，于运河上焚毁漕船 1200 余艘，并俘虏工部主事王宠。为防乱军再犯济宁，州署引水护城，即于城东杨家桥之北筑坝遏洸河向西流，使其绕城北至西南角再转南，至城西门外折向西入马场湖，并于河上建桥以通行人与车辆，该桥即名夏桥。后来又继续向南通水至城西南的草桥口入运河，并于汇口处建会通桥。府河仍由城南入运。据道光《济宁直隶州志》卷二，明正德时，洸水由城北越城西至西南角会通桥入运；泗水（府河）由城东转城南至古南池观澜桥入运，两水环抱如玉带。这样，洸、府两河分流，形成州城四周环河的形势。但不久杨家坝又开，洸河仍入天井闸。

明崇祯十七年（1644 年），城北流寇猖獗，运河济宁卫张世臣于城东又筑杨家坝，遏洸、府二水全流向城西北，以水护城，致城北一片汪洋，使来犯者不得近抵城下。之后，水从城西夏家桥流入马场湖，而不再入天井闸。自此，马场湖主要接受洸、府两河之水，水势更盛，成为调节济宁以南运河水量的重要水柜，而不再受蜀山湖之水。天井闸作为数百年“五水济运”的枢纽亦由此退出历史。

据雍正《山东通志》卷六，洸河“至洸河口会泗水支流（府河），绕州城北迳望仙桥环而西，南迳夏家桥分为二支：北支入马场湖，南支由会通桥入运河”；府河“入济宁州界又西南流，迳杏林闸、孙氏闸、五泰闸至杨家坝折而西北流，迳林家桥会洸河入马场湖”。这里清楚记述了明清之际洸、府两河的情形。

自洸、府合水北流马场湖之后，原来靠府河泄水的东乡大量坡水无以排泄，每逢夏秋城东涨水漫溢，大片村庄和良田就会被淹及。清顺治初年，河道总督杨方兴来济，在他察明水情之后，对杨家坝进行了工程改造，使洸水仍向西流马场湖；府河仍向南流，合浣笔泉水后下任城闸（天井闸下闸，北距天井闸一里许，约在今小闸口处）入运。后至雍正、乾隆年间又多次改建杨家坝闸，使之建成双槽石闸，能够视水情大小及时启闭。伏秋涨水时开闸向城南运河泄水，而冬春弱水时又闭闸使洸、府合入马场湖待运。杨家坝成为重要的调水枢纽。

明清时期，洸、府二河就这样时合时分，调控着州城的水情：合以西入马场湖待运，分以赖府河下泄东乡涨水。这样整个州城处于洸、府二河和运河的环绕之中，四城皆以桥与外通连。当时的州城，出城可见舟楫摇曳，四临皆闻水声潺潺，是真正的水韵祥瑞之地。

更有城南的南池，碧波粼粼，绿树倒影，阁亭楼廊掩映其中，宛如瑶池仙境；城西马场湖，又名“任湖”，被称为“济宁西湖”，四周岸柳垂绿，湖中水波浩淼，鸥鹭群集，野荷芦蒲望而无际，成为当时的游览胜地。至今从许多文献记载和名人佳作中仍可窥见当时的景观，如明代李迥在《济州西湖》一诗中写道：

渺渺澄湖望不穷，画船咿哑夕阳中。
千峰突起嶙峋碧，一鉴清涵潋滟红。
鸦背浮金归古戍，雁行如字写晴空。
玉箫吹彻游人醉，十里荷香送晚风。[①]

这是一派多么优美怡人的景象啊！与这种诗情画意的环境和谐相伴的，正是州城的繁华和盛荣。运河内舟楫连樯，虹桥上行人熙攘，沿岸商旅辐辏、会馆林立、车马辚辚，各庙堂朝拜焚香者络绎，好一幅“水城上河图”！对于济宁之形胜，雍正《山东通志》卷七概括为：“环汶水而带泗流，舟车临四达之衢，商贾集五都之市。”这其中不能不说有洸河的一份功劳啊！

（本文曾发表于《济宁日报》2015年10月30日，有修改）

① 该诗在山东省济宁市政协文史资料委员会编《济宁运河诗文集粹》（2001年）中作者为“李絅”，注作元代人，似有不确，因为当时“西湖”尚未形成。另该诗在康熙《济宁州志·艺文志》中题作《马场湖夕照》，作者为“王通”，是亦有异。

附图：

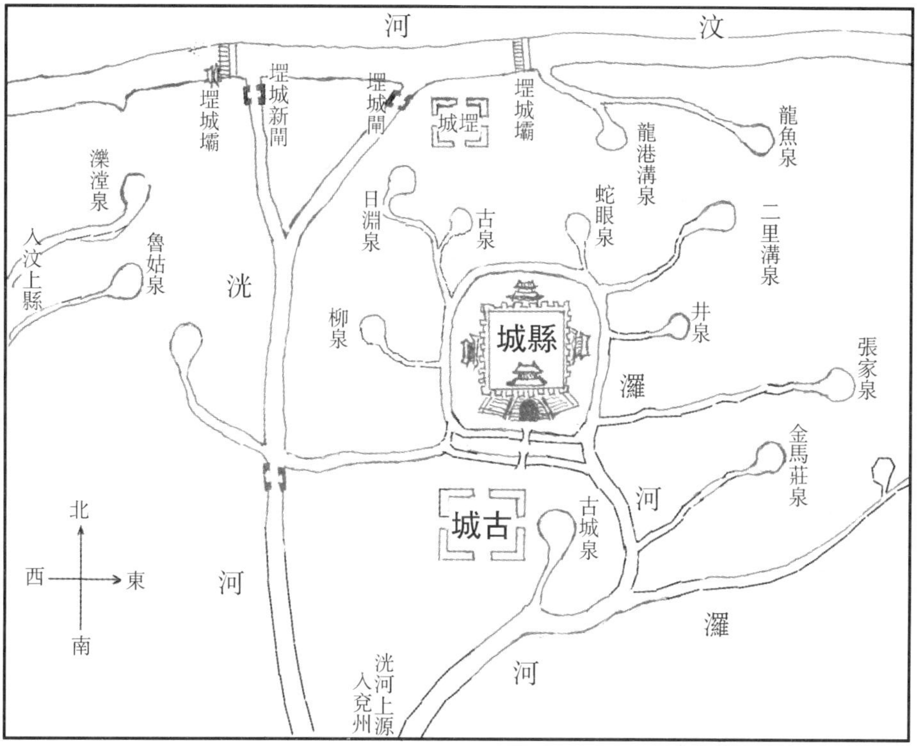

洸河源及宁阳县泉水分布

资料来源：（清）叶方恒：《山东全河备考》卷一《图志》，康熙十九年刻本。

宁阳县堽城坝

宁阳县洸河

济宁市任城区一段洸河故道

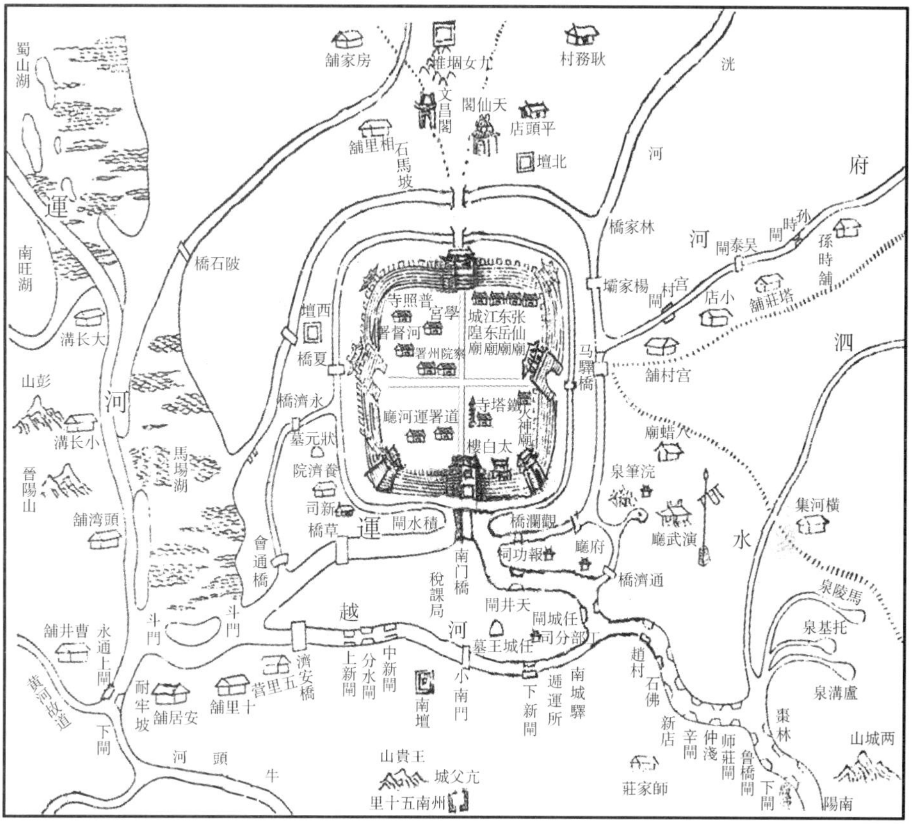

洸河及任城水系

资料来源：道光《济宁直隶州志·志图》，咸丰九年刻本。

京杭大运河从这里开始

——会通河开凿记

元代京杭大运河的贯通始于会通河（安民山至临清）的开凿。然而对于会通河是如何开凿的、其具体线路如何等问题，在目前见到的相关史志上却未有详细的记述。笔者看到诸多文献对明清运河的线路讲述得比较明确，但对元运河却讲得很少，甚至把元运河与明清运河混同起来，这是一个很大的误读。

据史所记，会通河南段（安民山至张秋镇）大部分位于古寿张县境（元时属东平路，明清时属兖州府。该县现已撤销，其辖区分属山东省梁山县和河南省台前县等）。光绪《寿张县志》卷一载："运河，县东南戴家庙入境（府志），在元名会通河，在明名漕河，名殊而河则一（遵府志而改书之）。"这里所言从"县东南戴家庙入境"，显系明清运河，而不是元运河。把元、明运河说成"名殊而河则一"是根本错误的。这里还注明此说是"遵府志"，可见《兖州府志》所记也是不清楚的——连本县、本府的方志都记载得模糊，就更别说其他文献能清楚记载了。其实，清代蒋作锦的《东原考古录》中就指出过当时的史志把元运河与明清运河混同起来的问题，说其是"未识元明运道耳"。时至今日，这个问题在有的著述中仍然存在，为此对元运河的开凿经过做一讲述仍是必要的。

会通河的发端和前期工程——济州河

元运河的开凿有其政治、经济背景。元朝是中国历史上第一个由异族建立的全国性政权，其定都大都，距南方各省路程遥远。① 为了加强对南方各省

① 《元史·食货志》载："元都于燕，去江南极远，而百司庶府之繁，卫士编民之众，无不仰给于江南。"

的统治，尤其是将江南各省的税粮、物贡等运到大都，必须建立可靠的南北通道。

江南的漕运，其开始主要是靠海上运输，但海运常被沙壅、石矶所阻，并且风险事故多发。每年春夏运漕粮上百万石，但至京都的只有八九十万石。为此，元廷极力探索开通内河运输的渠道。起初，“运粮则自浙西涉江入淮，由黄河逆水至中滦旱站（今河南封丘西南28里黄河北岸钟銮城村——引者注），陆运至淇门（今河南浚县西南——引者注），入御河，以达于京”（《元史·食货志》）。但此程水陆转输，运途周折。在这种情况下，根据有关大臣的考察和奏议，元世祖谕准开济州河，于至元十九年（1282年）命兵部尚书奥鲁赤到济州（时治所在任城），主持开河事。

整个开河线路方案由都漕运副使马之贞勘察设计。依其设计，南北两端都是利用的自然河流，南自任城接洸河，北至安民山接大清河，中间200里河程为人工开挖。当时洸河水量不足，在济州副官毕辅国主持下，于宁阳县堽城筑坝遏汶河水入洸河，南汇于任城，与引自兖州金口坝的泗河支渠府河汇合，于会源闸济运。洸河向南至鲁桥与泗河相接，南通徐淮；自任城向西至耐劳坡转北，经长沟、汶上县南旺、开河、袁口再向西北进入须城县，至安民山（时须城县与寿张县交界地，今属梁山县）之南，接古济水。安民山南是古济水与汶水汇合之处，向北即名大清河，新河循其道入海。这条人工河始源于济州，即称济州河。

济州河中穿南旺湖，直接以湖水为源。当时汶上县的东北部和东部有大量的泉水，被称为“水泽之乡”。泉水汇聚成河，分别由北泉河、南泉河流入南旺湖。自古以来南旺湖就是以汶上县的泉水为源的，水量充足。济州河从湖中穿过，将湖一分为二，变成了东西两湖。由于该处在南北方向上地势居高，湖水自然沿河道向两端分流，为济州河开通提供了最有利条件。对于长期居住在汶上县的马之贞来说，他十分熟悉当地的情况，开河方案由他设计自然是毫不奇怪的事。

济州河自济宁之鲁桥至安民山全长约250里。此渠开通之后，江浙漕船从长江入淮河，先后溯淮河、黄河、泗河北上，通过济州河，至安民山入大清河，向北沿寿张县与东平县交界处进入东阿县，再向东北达利津入海，然后浮海到达天津直沽，再转运进京。一条从江南至利津近 3000 里的内河航道得以开通，这为整个京杭大运河的开通奠定了基础。

济州河开通后，元廷设立济州都漕运司，管理济州南北漕政，始驻鲁桥。鲁桥成为当时南北水陆转运的一个重镇。至元二十年（1283 年）十月，元廷在该地又增设驿站，规定前往江南地区人员，一律由鲁桥乘船南下，“使臣无急务者，从此一站令由水驿”（《永乐大典》卷一万九千四百十八《站赤三》）。至元二十二年（1285 年）又“增济州漕舟三千艘，役夫万二千人”（《元史·世祖本纪》），达到当时最大航运规模。

元运河的开凿——会通河

济州河的开通，实现了京杭之间的河、海水路通航，但是这条航线运行不久，就遇到了问题。先是利津海口发生淤沙壅阻，并愈来愈严重，使漕船难以浮送。之后就改在东阿鱼山卸货舍舟，在此转车陆运至临清，再装船由御河（即卫河）达于天津。但东阿至临清 200 里泥路，为旧黄河泛区，车辆难行，劳费不赀。官员、夫役无不诉怨。[①] 这使元廷于至元二十四年（1287 年）罢东平河（指大清河）运粮，仍靠海运。但海运当时每年仅能运三四十万石，与每年一二百万石的漕粮总量相差很大。这成为当时朝廷和漕运官员面临的一个棘手问题。

当时自安民山向北的大清河西岸属于寿张县辖境，县治所寿张集（今属梁山县）东距大清河 30 多里。时任县令韩仲晖熟悉当地情况，深察漕运之艰苦，经他考察，提出了可由安民山直接开河至临清的方案，这样使漕船直达御河，免去了中间转陆运的繁苦，从而大大缩短粮运路程，且“比陆运利相十倍”。在他与太史院令史边源建议下，经朝臣廷议，元世祖谕准了这一建议。至元二十五年（1288 年），又遣马之贞与边源亲赴现场“循行地形，商度功用，参之众议”（嘉靖《山东通志》卷六），绘制了开河施工图。工程于至

① 《新元史·河渠志》云：“自东阿至临清二百里，舍舟而陆，车运至御河，役民一万三千二百七十六户。经茌平县，地势卑，夏秋霖潦，道路不通，公私病之。”

元二十六年（1289 年）春正月开工。

新挖河漕从安民山至临清全长 250 多里，当年六月即告竣工。河工之所以在这么短的时间内告竣，现在看一个重要原因应是开凿中利用了一些旧河道，不可能全程都是新挖。据考证，在安民山至张秋镇段就是利用的古代济水支津和宋代广济河的一段旧道。据顾炎武《天下郡国利病书》：“《水经注》曰济水至寿张分为二，水其支津西北出谓之马颊，马颊水首受济西北流，历安民山北又迳桃城东（东阿桃丘也），又东北迳鱼山南东注于济，谓之马颊口。”又曰：“小盐河，在张秋东岸，古之马颊故道也。马颊，济之支津。”我们知道，济水的主河道是由寿张安民山之东向北流至东阿鱼山再向东北入海。据《水经注》，济水在安民山南又分出一支津向西北流，谓之马颊水，马颊水至张秋向东北流，后即称为小盐河，流经陶城铺再向东北至鱼山南入济水。因郓城向北原经梁山泊的运道不畅，朝廷又自郓城向西北重开新道，经梁山西北黑虎庙东至张秋南入小盐河，循之至鱼山入大清河。雍正《山东通志》卷六言：“自黑虎庙以下为宋时运道。”这里所说的“宋时运道”即指广济河。广济河在金以后已废。元代开会通河，其路线与历史上的济水支津和广济河一致，不会不利用这段旧道，即自安民山之南向西北循马颊水，入广济河故道，至张秋。从张秋到阿城，也有古代瓠子河的旧道可循。再向北经阳谷、东昌至临清，在历史上这一带河流也很多，还有黄河故道。该段会通河的开挖，也必然是利用了某些旧河段。这充分体现出古人的治水经验和智慧。

2001 年梁山县在前码头村发现大元新开会通河记石碑一通，落款为杨文郁撰。该碑碑文与文献中保存的元代杨文郁《开会通河功成之碑》内容基本一致，较为具体地记载了开河的过程。

新开河渠，自安民山南与原济州河相接，“引汶绝济”，“起须城安山之西南寿张，西北行过东昌，又西北至临清达御河，其长二百五十余里”。这样使济州河向北延伸直通于御河。整个开河工程以断事官忙达儿、礼部尚书张礼孙、兵部郎中李处巽董其事，并命马之贞、边源同主其役。朝廷共征用附近各县丁夫三万人，凡用工二百五十一万七百四十八，拨中统楮币一百五十万缗，米四万石，盐五万斤等。在施工中“吏谨督程，人悉致力，渠寻毕功，益加浚治”。因此工程进展很快，于当年六月即竣工。“决汶流以趣之，滔滔汩汩，倾注顺适，如迫大势，如复故道。”为了调控渠道流量，又先后建节制闸十三座，“起堰闸，以节蓄泄；完堤防，以备荡激”。其中临清建闸三座，聊城包括阳谷县建闸八座，寿张县境建闸两座，即安山闸和寿张闸。

新渠通水后，沿岸百姓欢庆，百官称颂。“滨渠之民，老幼携扶，纵观徊翔，不违按堵之安，喜见泛舟之役。于是，须城、聊城两县父老各诣所治致辞。谓幸生长明时窥瞻仁政，纳大臣经济之谟，兴官民悠久之策。”元帝更是圣心甚慰，赐名“会通河”，并首置提举司职河渠事。后又建都水分监于景德镇（即张秋镇），以掌管会通河事务（见《元史·河渠志》）。

会通河开通之后，连同原来的济州河，便统称为会通河，全程四百五十里。济州河的名字从此就退出了历史。

寿张县与会通河

会通河开挖起于安民山，向北至张秋这一段当时主要在寿张县境内，南北纵贯该县六十多里。寿张县在当时的开河工程中具有重要地位。整个开河方案不仅是由寿张县令提出的，而且是充分利用了该县的有利地势和条件。

寿张县是春秋时的古邑，是历史上更名、治所迁址较频繁的一个县邑。“寿丘”“刚寿”“良邑”“寿邑”“张县”等，都是寿张先秦时期使用过的名称。其治所曾在微乡（今东平县戴家庙一带），西汉时改“张县”为“寿良县”，治所移于今东平县新湖镇霍家庄。“良”者，以境内有“良山”而得名。东汉时因避讳光武帝刘秀叔父刘良之名，而改“寿良”为“寿张”。“良山”亦改为“梁山”。南朝时寿张改为“寿昌”，北朝复为“寿张”。北魏统一北方之后，州郡设置繁乱，济州与兖州两州皆设东平郡，每个东平郡又各置一个寿张县（见《魏书·地形志》）。济州寿张县治所设在今梁山县寿张集，兖州寿张县治所仍于霍家庄。到北齐时兖州东平郡的寿张县并入须昌县，从而结束了两个寿张县并存的局面，只剩下治所在寿张集的一个寿张县。唐武德四年（621年），寿张曾升为“寿州”，并领寿张、寿良二县。武德五年（622年），废寿州，省寿良入寿张。后历经五代、宋、金、基本上未有大的迁移变动。但在金大定七年（1167年），河决坏城，县治又向西北迁于竹口镇（今属阳谷县)，而十九年（1179年）又复旧治（见《金史·地理志》)。现在的寿张集村是县治复建后于元初建立的，以址在寿张县故城而得名。

寿张县治在历史上多经迁变，其主要原因是避水。寿张县境本就地势低洼，历史上济水、汶水、黄河先后交汇于此，多次聚水成洋，漫淹大片土地。元初之时，县治寿张集就在安山湖西岸，东距大清河30多里，会通河就于县城东门而过。

考察当时这个区域，东临须城，正对应历史上梁山泊的西北部。北宋时，梁山泊方圆八百里，南至郓城，北到阳谷、东阿南境的古金堤，西达今梁山县的赵堌堆一带。从张秋镇至梁山水路65里，自古就有“一篙撑梁山”之说。北宋之后，由于黄河的冲积，梁山泊逐渐淤成沮洳之地，至金、元时期，大部分湖区虽已涸成陆地，但地势仍然低洼，极利于开河。这正是开河工程得以顺利实施的重要原因之一。

由于会通河所经过的这一带当时全为湖涸新区，在一望无际的旷野上除有个别零散开荒户之外，基本上寥无村庄，因此自张秋镇以南，除寿张县治之外，有记载的地名很少。考目前分布于这一带的村庄，大多是明清时期建立的。由于元代河道在黄河的冲漫下早就踪迹湮迷，今天人们已很难得知元运河在这里的路径。

据笔者近年来的考察和研究，关于寿张县元会通河的路径，大致如下：

当时的会通河于安民山西南6里处建有安山闸，发掘证明其址就在目前梁山县的前码头村，自此向西北10里至故寿张县东门（今梁山县寿张集镇)，再向北8里至大路口，又15里到雷口，又3里到万桥村（老万桥，已坍于黄河中。以下今属河南省台前县)，从万桥村向北六里到半边店（今名前店子和后店子)，再向北经金庄与张广村之间、丁桥、沙湾、前后夹河村、八里庙、堤头、西董等到张秋镇，约18里，纵贯寿张县境约60里（包括现在梁山县约36里，台前县24里)。以上所经的村庄都是后来所建，而在元代是没有的。即使后来名载运河史册的沙湾、八里庙也是建于明初，元代并无记载。

元运河的兴废

会通河开凿之后，连通南北八大自然河流（江、淮、黄、泗、济、汶、卫、海），把江南至大都3500里的内河航道完全贯通起来，这在当时无疑是一项伟大的工程。对元廷来说，这是一件振奋的事情，正如泰定四年（1327年）御史台在一份奏章中所说："世祖屈群策，济万民，疏河渠，引清、济、汶、泗，立闸节水，以通燕蓟、江淮，舟楫万里，振古所无……实万世无穷之利也。"《元史·河渠志》其对于南北交通以及周边地区经济文化发展起到了十分重大的作用。

新河通航之后，因河道泥沙淤淀，朝廷又多次进行疏浚，使其运输量不断增加，每年通过运河的江淮漕米达到四十多万石。（当时江南漕粮岁贡主要靠海运）"江淮、湖广、四川、海外诸番土贡、粮运、商旅懋迁，毕达京师。"（《元朝名臣事略》卷二）同时，其还承载了民间的物资运输和商贸往来功能。这大大促进了沿岸经济发展和文化交流，对原梁山泊新区的开发更具有重大意义。

会通河的核心工程和技术成就在于把各条自然河流连接起来，按照行水需要巧妙地实施合流和分流，以保持和调控运道的水量，并利用闸坝之间相时启闭的功能，使船在高低不同的河道中通行。这在人类历史上称得上是一项伟大的科技创新，它充分地体现出我国古代劳动人民的高超智慧和技术。大运河尽管在明清时期又做了许多修改和扩建，航运量增长了十倍之多，但从根本上说，其核心技术和开创性成就应归功于元代。正如明代国子监掌监事礼部右侍郎邱濬所说：会通河为"元人始创为之，非有所因也，元人为之而未至于大成，用之而未得其大利，是故开创之功虽在胜国，而所以修理而拓大之者则有待于圣朝焉。前元所运岁仅数十万，而今日极盛之数则逾四百万焉，盖十倍之矣"（《大学衍义补》卷三十四）。

元人所开会通河在河道的广深、水量、船载货量以及闸坝建置上都远不及后来的明清运河。其河宽在10米以内，水深0.8～1米，船只最大载重量150料（约合9000斤），但当时的有利条件是水源较为充沛。汶河水势汹涌，其部分流量从宁阳县堽城坝引入洸河，至任城会源闸济运；堽城坝下水流至东平境后又纳入坎河等支流，下注至安山湖济运，向北供水至临清。而在南旺一带，则有汶上县下流的大量泉水为源，直接汇于南旺湖，由此向南北分流，主要供任城至安民山一段用水。这使漕河的水量经常保持充足状态，因而保持了漕运在元代的长期畅通。

然而，元人在设计会通河线路时却忽视了一个最要害的问题，就是黄河的冲犯。黄河自宋、金时期就已改道南流，从徐淮地区入海，虽然多次向北决口，但自金明昌五年（1194 年）决口以来，再未犯到原梁山泊地区，并且金政府已开始在这片土地上实施屯田，有流民亦开始在涸地上耕种。据《金史·河渠志》言，“黄河已移故道，梁山泺水退，地甚广，已尝遣使安置屯田。民昔尝恣意种之，今官已籍其地”；“梁山故道多有屯田军户”；“招复梁山泺流民，官给以田”；等等。元人错以为从此再无黄河的忧患，却不知黄河是一条游徙无定，改道、决口最为频繁的河流，在时隔五十多年之后又开始在原梁山泊地区肆虐，会通河由此濒临不治之患。

元至正四年（1344 年）河决兰考白茅，洪水冲漫安山湖和会通河，运道被淤塞。朝廷虽于至正十一年（1351 年）又进行了疏浚，但航道逐渐浅塞，到至元末会通河即被废弃不用。

到明洪武元年（1368 年）黄河决洪又一次到达这里，竟冲溃了寿张县城西门，使县城圮于水，县衙被迫向南迁到薛屯（位于梁山西脉，距原县址 20 多里）。因受灾严重，明廷于洪武三年（1370 年）一度撤销寿张县，将其辖区分划入须城、阳谷二县。十三年（1380 年）又恢复寿张县，但将县治迁至西北距旧城 50 多里的王陵店（今阳谷县寿张镇），从此远离了梁山泊故地，而寿张集作为 900 年的县治所也随之成为历史。

更严重的一次洪水发生在明洪武二十四年（1391 年），黄河从原武黑洋山决口，洪水经曹、郓冲漫原梁山泊地区，致使安山湖与会通河被淤平，元会通河也因此被废弃。据明人谢肇淛《北河纪》卷三载，当时北上漕粮不得不于济宁之北卸船，改“陆运至德州”再入运河。

现在看元会通河的路径，是从东南向西北穿过原梁山泊地区，几乎垂直于西南而来的黄河决洪，并且挡在安山湖的前面，因而洪水每至必然首当其冲，完全、直接地处于洪水横冲之下。这显然是当初元人在开河时没有考虑到的一个重大问题。

明成祖继位后迁都于北京，江南漕粮北运又成为一个重大问题。因此，有人建议重开被废弃的会通河。明人充分考虑到元会通河的教训，重开新河时将原河道向东移了 30 里，即从袁口（今属梁山县）向北行，经靳口、王仲口等到东平故城之西 15 里处折向西北，经八里湾、戴家庙、十里堡，进入寿张县姜家庄，再向西北经田湾、沈堤，至“寿张之沙湾，以接旧河”，过寿张县共十八里。其路径已与元运河大不相同。这次改道虽然把运河受黄河冲犯的河段大大后移，使患险段缩短，但仍然不能避开被黄水横冲这个问题，只不过把冲突集中于戴家庙至张秋这 30 里的运段上，致使这一河段成为明代漕运中最令人惊怵的患险段，“沙湾”这个名字因此而闻名。运河史上著名的“治河保运”工程正是以这里为中心而展开的，由此涌现出徐有贞、刘大夏等治河能臣及其丰功伟绩。当然，这是后话，这里毋庸赘言。

（本文曾刊于《济宁论坛》2016 年第 1 期，有修改）

附图：

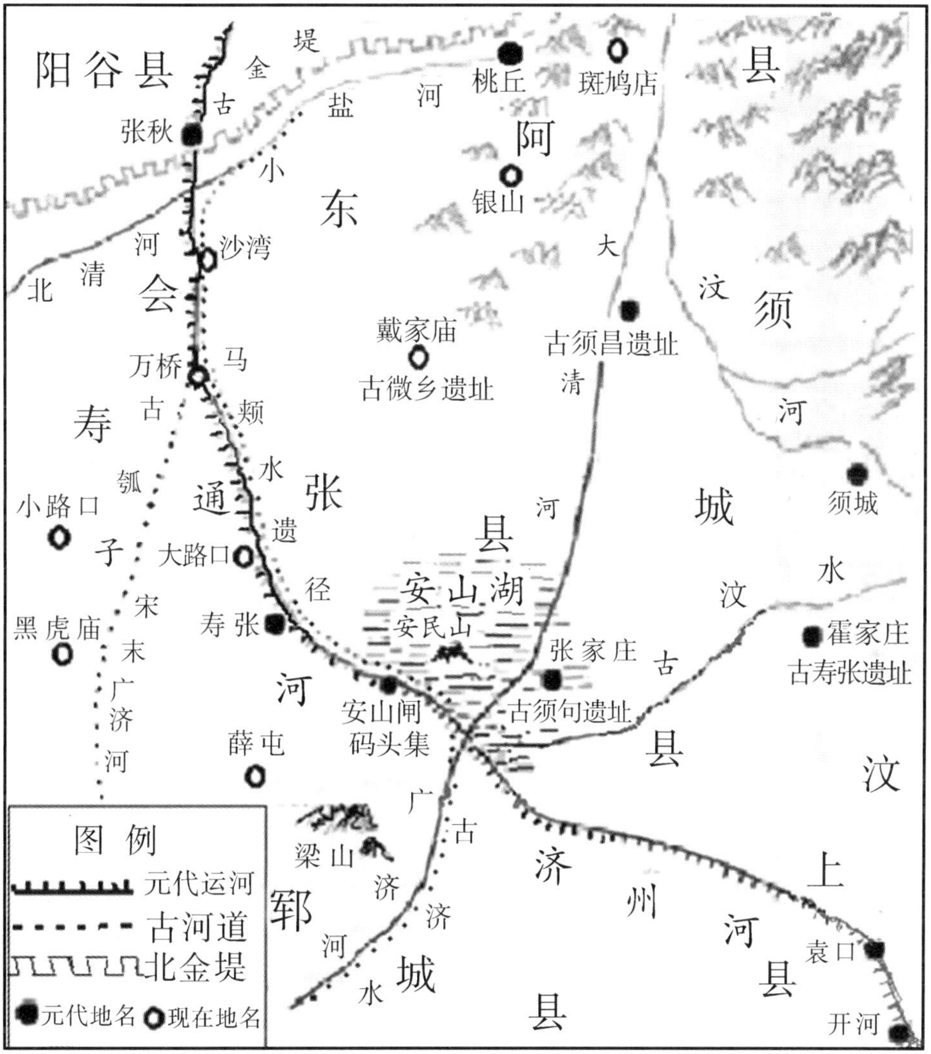

元代会通河南段示意图

泉水，山东运河之源

齐鲁之乡自古就是人杰地灵之地。谓之地灵者，余以为首要的在于泉多。

历史上，泰莱、鲁兖各州县分布着大量泉水。泉的数目究竟有多少？据清代文献《山东运河备览》记载，其中泰安有六十九泉、莱芜有六十四泉、泗水县有八十二泉、曲阜有二十九泉、邹县有十七泉、滕县有三十三泉、峄县有十三泉、鱼台有二十三泉、滋阳有十四泉、宁阳有十三泉、汶上有十一泉、东平有四十七泉、济宁有六泉等。以上所记仅据有名之泉，而其他的无名泉、小泉更是多得不计其数。至清代，仅供济运河的泉水就发掘至一千四百三十眼。这些大大小小的泉水，或奔突于平地泥淖、砂砾，或喷涌于山涧壑谷，或跃动于崖壁石缝，形态各异，各具风采，润泽着鲁兖大地。

泉下成溪，溪流成河，众多的溪水蜿蜒曲折，汇聚成大大小小的河流。泰兖地带的河流都是以泉水为源的，被称为泉河。因此这里自古又被称为“泉河之乡”。在明代王宠《东泉志》、胡瓒《泉河史》两书中，就详细记载了当时泰兖济三府各州县的泉水及其河流。据书中所载，汶水就是汇聚一百四十四道泉水而形成的一条河，其中有新泰的二十五泉、莱芜的二十四泉、泰安四十七泉、蒙阴二泉、宁阳四泉、平阴二泉、东平二十五泉、汶上六泉等。又如泗水，发源于泗水县陪尾山四泉，又汇聚了县内五十九泉以及曲阜五泉、滋阳九泉等。沂河，源于曲阜尼山并汇聚县内十九泉西流于泗河。洸河，源于宁阳县诸泉又汇聚了滋阳县部分泉水南流于任城。济河，源于滋阳县诸泉（后来又纳泗河分水，亦称“府河”）向南流入任城又受浣笔泉水入洸河。白马河源于邹县诸泉，又汇聚曲阜县境一些泉水。沙河、薛河分别由滕县、峄县的一些泉水汇流而成，前者源于十一泉，后者源于七泉，等等。

关于鲁兖地带的河流，民间曾流行一种说法：“天下的河流皆向东流，唯有鲁地的河流都向西流。”人们以此说明这里是圣人的出生地。其实这种现象并无神秘之处，只是因为鲁兖之地处于泰莱山区的西南方向，地势东北高而西南低，因此境内的大小河流都向西南方向流。然而千条河流都要流归大海，向西流的河最终还是要向东流，这使得鲁兖河流的入海之路十分曲折。北起梁山、郓城、嘉祥，南到金乡、鱼台的济宁以西区域，以及菏泽地区的地势又向西南隆起，这与东部地势正好相倾，东来之水流到这个地带不能西进，只能分别向两端寻路入海。南部大小河流先后汇入泗河，水势汹涌，向南奔徐淮地区入海。而北面的汶河、坎河、席河等大小河流则在东平县汇入大清河，向北沿东阿、平阴等地奔利津入海等。涓涓细流无迷失，千曲百折归大海。

自元代始，京杭大运河经过山东。元人之所以能够跨越山东地脊而实现南北通漕，就是利用了该地带的大量泉水。山东段大运河的总体走向是从东南向西北，这正与自东向西流的诸泉河相交，因此诸泉河之水无一例外地都流于运河中，成为南北漕运得以贯通的"天赐之源"。可以说，如果没有鲁兖地带的泉河之水，就没有山东的大运河。正如明代胡瓒《泉河史》卷七所言："山东凡发地皆泉，其为漕河之利者，不过三府十八州县二百四十四泉也。"

依据诸泉河汇入运河的位置，历史上济运之水被分为"五派"。据清代叶方恒《山东全河备考》的概括，从北向南依次为：

分水派，汶水于东平县戴村坝遏流至南旺，并经南旺入分水口者为分水派。

天井派，泗、沂二水自兖州金口坝分水西南流于任城，与来自宁阳的洸河汇合于天井闸入运者为天井派。此流因后来改入马场湖，故又名马场派。

鲁桥派，白马河以及源于邹县、曲阜、济宁、鱼台的诸泉河于鲁桥闸上下入运者为鲁桥派。

新河派，鱼台、滕县、峄县诸泉分别会于沙河而入运者为沙河派，自明嘉靖四十五年（1566 年）挑南阳新河通运后即将前滕鱼峄之泉注之当为新河派。

泇河派，沂水、蒙阴诸泉及邹县许池等泉流于邳州入淮者为邳州派，自明万历三十五年（1607 年）开泇河通运后滕峄诸泉改入泇河者为泇河派。

五派泉源因其水量与所处的地势不同，对于济运的作用大小是不同的，其中尤以汶泗二水为重。二水一北一南，通贯于京杭。正如清代陆耀《山东运河备览》卷八所称：“五水济运，实则专赖汶泗，其泉源散布于十七州县，分隶兖泰二府。”

就是说，自从京杭大运河经过山东之后，兖济各泉河被人们不同程度地施以改造，与大运河形成支津相连、紧密一体的关系，被赋予新的历史意义。各地的泉涌情况关乎整个漕运的存废安危。正如清代叶方恒《山东全河备考·序》所言：“东南岁漕数百万，借以达京师者惟由运河一线。而运河之得以不匮惟泉源是赖。”明代王宠《东泉志·序》言：“山东诸泉据其上流，又漕河之命脉也。”要保持漕运的畅通，就必须保护好各州县的泉水。为了加强对泉水的保护和管理，自明朝永乐年间，朝廷专门设置了管理泉水的机构——管泉分司于宁阳（后归并于济宁的管河分司）。各州县都设有管泉水司，其主事皆由各知州、知县兼任，各配置管泉夫十名至百名不等，如泰安泉夫六十五名、莱芜六十四名、泗水七十九名、宁阳一百名等。清代则置泉河厅，与运河厅分设。

泉河源于地下，而地下之水又源于天上。由于不同季节、不同年份的降水量不同，涌泉的多少和水量是变化的。在干旱季节和年份，必然出现因水量不足而造成漕船浅阻的问题。为了保持运河水量充足，漕运畅通，明代除了利用沿线的自然湖泊以调节运道水量之外，还实施了圈堤蓄水修湖的措施，以作为运河的“水柜”，即于丰水期蓄水于湖，枯水期即引湖水济运。

这样沿运河一线就形成大大小小的湖泊。山东运河沿线的湖泊有多少？以济宁为中心，人们常说的是“北五湖、南四湖”。北五湖有安山湖（实为前后两个）、南旺湖、马踏湖、蜀山湖、马场湖。另见于记载的还有大薛湖、晋阳湖、伍庄湖等。北五湖主要是以汶水为源，另有少量源自汶上、东平、宁阳的泉水和周边各县的坡水等。南四湖有南阳湖、昭阳湖、独山湖、微山湖，它们其实是连在一起的一个湖，统称为“微山湖”。现在的南四湖是自明代屡经黄河冲泛而形成的。但其实早在此前，该地区就零星分布着许多的小湖，见于记载的有昭阳湖（古）、塔具湖、孟阳泊、满家湖、独山湖（古）、阳城湖、李家湖、微山湖（古）、郗山湖、吕孟湖、武家湖、张王湖、常皋湖、平山湖、白山湖、南浴湖、枣庄湖、韩庄湖、周柳湖、蛤鳗湖、连汪湖等[①]，其数目之多难以弄清。这些湖有常年性的有季节性的，都是由东部邹、峄、滕、鱼台等鲁南地带的大量泉水汇流于此而形成的。这一连串的湖从北向南基本上都处在一条线上，形成一个水带。

处在这个水带中心的济宁，当时完全是一种河渠纵横、湖泽通连、芦蒲荷菱遍布、舟楫往来如织的水乡景象。在历史文献和名人遗作中，有大量关于这种景象的记述。如明李迥在《济州西湖》一诗中写道："渺渺澄湖望不穷，画船咿哑夕阳中。千峰突起嶙峋碧，一鉴清涵潋滟红。……十里荷香送晚风。"这是对济宁城西的写照。在其城东，从明朝薛瑄《过洸河》一诗中可以看到："车转香阿过远山，洸河一夕涨漫漫。蛟鼍出没苍茫里，鸥鸟浮沉杳霭间。……龙门鱼跃波千丈，便有风云出浚端。"在济宁南乡则有："万顷碧波迷塞雁，一川红照落江鸥。风声萧索分渔火，晚色凄凉起棹讴。"［（明）罗正《谷亭晚渡》］"林霭横兰径，孤帆落野塘。……白鸥知我意，去住欲相忘。"［（明）沈恺《次谷亭》］……这完全是一派秋水渺漭、芦蒲无际、野荷菱藕遍布、汀鸥雁鹜群集的湿地自然生态景象。

总之，正是由于泰兖地带有丰富的泉水，济宁这片大地得到润泽，南北三千多里漕运亦能保持畅通。可以说，涓涓之泉，润千里之外，上达于京师，下达于江淮，维系和承载了元明清六百多年的运河繁荣，孕育了永远值得我们自豪的中华文明。

大运河兴于泉，但也废于泉。京杭大运河后来被废弃的直接原因当然是黄河改道山东，但主要原因还是山东水源缺乏。我们知道，京杭大运河全程断航以后，济宁以南至杭州段运河至今仍能通航，而济宁之北至华北却不能通航，并且有些河段早已消失，其原因就是缺少水源。历经百年沧桑，山东和华北地区气候发生了重大变化，降水量逐渐减少，加之现代社会工农业生产和人民生活用水的大量增加，使地下水位普遍下降，由此造成山东省内大量泉水停涌。泉停则河无源，连汶、泗二河现在都只能以雨水为源，一年中有大半时间断流，变成了季节河，其他河流则出现干涸现象。山东省内的南

---

① 参见（清）叶方恒：《山东全河备考》卷二，清康熙十九年刻本。

四湖、东平湖每年都有数月的枯水期，只能靠从长江调水来保持一定的生态水位。

面对目前干旱缺水的状况，人们更加怀念历史上那河流纵横、涛声喧哗的情景。目前不少地方提出“复流”“复湖”的口号，其愿望自然美好，但要把这些变成现实，首先要解决水从何来的问题。我们说，河道易开而水源难寻。例如，要使小清河复航，首先就要解决济南七十二泉停涌的问题；要使汶河复流、泗河复流等就要解决泰莱、鲁兖地区的诸泉复涌的问题，否则必然是空话。至于靠抽取地下水来复河、复湖、造湿地则是再愚蠢不过的事情。

依笔者之见，要真正地实现复流，最基本的工作应是大力保护地下水、严格控制使用地下水。同时，要多方采取措施截储降水和地表水，包括拦蓄黄河水，使其少一些流失于大海。要进一步推进南水北调工程，多引一些长江水来山东。只有山东大地的总水量增多了，地下水位上升，才能使泉复涌，河复流，以及运河复航。我们高兴地看到，济南市大力推进保护地下水的举措，已使趵突泉、百脉泉等实现了常年喷涌。经验说明，其他各地的泉水也是可以复涌的。在水源问题上，只要贯彻习近平总书记“共抓大保护、不搞大开发”的重要指示，积极采取综合治理的措施，我们相信泉水叮咚、河渠奔流、湖水荡漾的美好景象是一定会再现的！

（本文曾刊于《运河研究》2016 年第 4 期，有修改）

附图：

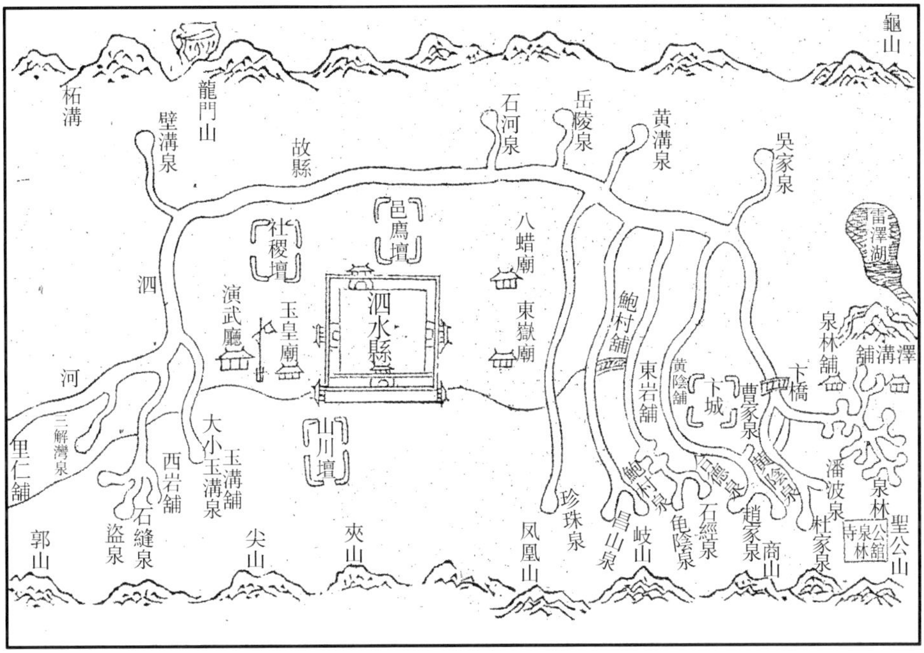

泗水源泉图

资料来源：万历《兖州府志》卷首《府境州县图考》。

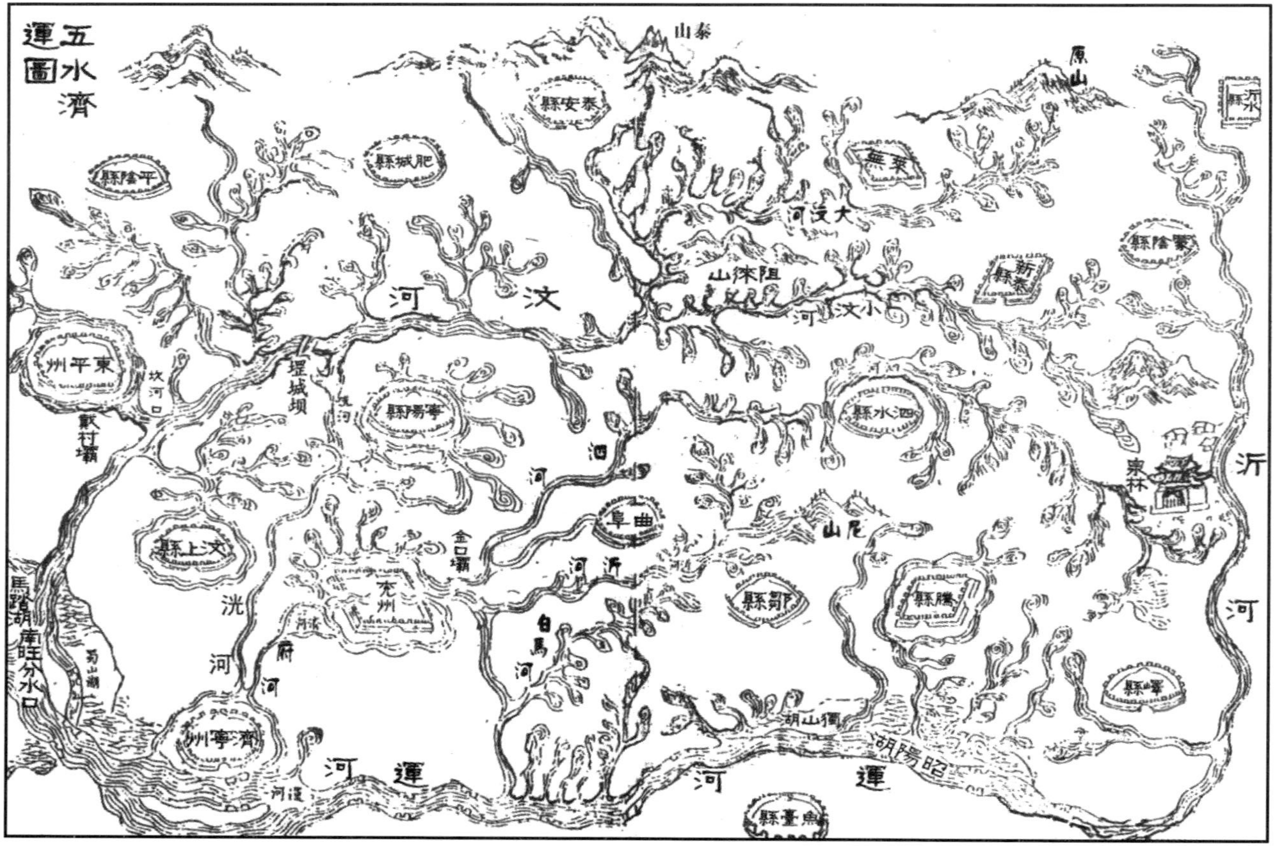

五水济运图

资料来源：（清）傅泽洪：《行水金鉴》卷首《运河图》，雍正三年刻本。

济州河水源考

济州河，是元朝初自济州（时治所在任城）开挖的一条运河。据历史记载，该河自任城之南的鲁桥与泗河相接，经城南折向西到耐劳坡（今安居一带），再折向北经长沟、南旺、开河、袁口至寿张之安民山（即小安山，今属梁山县）之南，接古济水，全长250里，由此向北循大清河入海。

济州河开通之后，把南北几条自然河道贯通起来，江浙漕船从长江入淮河，先后溯淮河、黄河、泗河北上，通过济州河入大清河，直达利津入海，然后浮海到天津直沽，经北运河进京，从而开通了一条全长3000里的内河航道。

然而由于年代久远，目前对于济州河的历史尚有许多不清楚的地方。济州河的水源问题就是其中之一。这条长250里的人工河道究竟是以何水为源以承载漕船运行的？

据历史文献记载和通行的说法，济州河及后来的元会通河是引汶、泗、沂之水以通漕——元人于宁阳堽城筑坝遏汶水入洸河，于兖州金口筑坝遏泗、沂二水入府河，洸、府二河于济宁汇合，由会源闸（即天井闸，位于任城南门以东半里）入运，并在此分流南北：向南入泗河，向北至安民山入济水，由大清河入海。如元代李惟明在《改作东大闸记》中说："至元二十年（1283年——引者注），朝议以转漕弗便，乃自任城开河，分汶水西北流，至须城之安民山以入清济故渎，通江淮漕至东阿。"元揭傒斯在《重修会源闸记》中说："导泗、汶以会其源，置闸以分其流。西北至安民山入于新河，埭于临清。"清叶方恒《山东全河备考》卷二言："至元二十年（1283年——引者注），李奥鲁赤自任城开穿河渠，分汶之西北流至须城入清济故渎，通江淮漕，经东阿至利津河入海。"现代出版的运河史著作更多采用这种说法："济州河的水源是采取引汶济运的办法解决的，毕辅国在堽城筑土坝，遏住汶水，引其南流入洸河，在兖州以西再与泗水汇合，至任城城西，注入济州河，南北分流……”① 这种观点在学术界几成定论，在笔者看来却大有可疑之处。

考察历史上的济州河，其沿线地势是不平坦的。其中南旺地势最高，被称为“水脊”，由此向南向北都逐渐降低。据《明史·河渠志三》：从南旺至会通河终端的临清“三百里，地降九十尺……南至镇口（位于徐州北的镇口河——引者注）三百九十里，地降百十有六尺……”而其中从南旺至济宁落差达三十尺，“自分水龙王庙至天井闸九十里，水高三丈有奇”。众所周知，水往低处流是不变的自然规律，据此来看，当时从任城会源闸入运的汶、泗之水只能向南流，而不会向北流。即使在关闭下闸的情况下水向北至多能到达通济闸一带（此闸位于济宁北30多里的火头湾村，为明代所建），而绝不可能爬高30尺流到南旺，更不可能越过水脊流到安民山及临清。考察历史上济宁之北的水道，所有坡水、河水都是向南流，而从未有向北流的情况。济宁的汶泗之水本是从北面顺势而来，又怎会再向北倒流？对此笔者唯见《大明会典》卷一百九十六不曾附会：“元于堽城之左筑坝，遏汶水入洸，南流至济宁，合沂泗二水以达于淮。”这里只说了汶泗沂合水向南流的事情，而未言其向北分流的意思，更显现出其用字之慎。同样，安民山的济汶合水也不会逆势向南流于南旺。

我们知道，明代重开会通河，主持开河的工部尚书宋礼接受白英的建议，在戴村筑坝遏汶水南流于南旺。当时输水口位于水脊上，由此才有了汶水南北分流的事情：向南合泗河，向北直达临清御河，从而解决了明代运河的水源问题。然而，在此之前的元代任城却没有这种水脊地势，何来的分水功能？当时的会源闸既没有水脊地势，又不居水平之地，而是在北高南低的斜坡上，南与一里之距的下闸之间落差达二尺之多，有记载称“天井闸水急，粮艘不得上”（雍正《山东通志》卷十九）。在这种地势上水岂能向北分流？考察会源闸的历史，旧闸因年代久远（传说始建于唐武德年间），濒于圮废，故于元至治元年（1321年）重建，这晚于济州河近40年，在济州河和会通河开挖时它还只是个输水口，不可能有分水的功能，又怎能在北高南低的河道里使水向北分流？

---

① 于德普主编：《运河文化（山东）文集》，山东科学技术出版社1998年版，第28～29页。

历史上官家文人写史，多有不谙实际、闭门造车之嫌，所谓“任城分水说”当属此例。当初著家写史，以河开到安民山，就认为汶泗之水也随之到了安民山，而不知其间有30尺的落差之阻隔，以臆想代替实际，因而酿成谬误，并且以讹传讹，这种情况不无可能。

既然元代会源闸分水是不可能的，那么当时任城之北的济州河（及会通河）水又是从何引来的呢？究竟是由何水浮送漕船行过济宁至安民山这段200里的河程的？这不能不是一个历史之谜。

从历史文献的记载来看，济州河的开挖实际上并不是一次完成的。早在蒙古人统一中国之前的宪宗七年（1257年），就开通了济宁之南的航道，为此在宁阳堽城筑坝，遏汶水南流入洸，至任城合泗水，南流以济饷运。在元世祖忽必烈定都燕京之后，于至元十三年（1276年）即诏谕“穿济州漕渠”（《元史·世祖本纪》）。至元十四年（1277年），元朝设立了尚膳院，任命元朝将领、河西党项贵族来阿八赤（又作“阿八赤”“阿八失”）为同知尚膳院事。其下属机构尚珍署来济州实施屯田。为了转运“济宁等处田土子粒”，于至元十七年至十八年（1280—1281年）开挖了一条人工河道。当时“发兵万人开运河，阿八赤往来督视，寒暑不辍”（《元史·来阿八赤传》）。这条河道起止于何处，流经哪里，我们不得而知，但可大体确认就在济宁之北经过南旺到安民山一带。宋金之时，梁山泊逐渐干涸，当时政府就开始遣调军民到此垦荒。可想而知，元初阿八赤下属的屯田、开河也是在安民山至南旺的梁山泊涸区一带。至元十九年（1282年）元世祖命兵部尚书奥鲁赤（又作“李奥鲁赤”）主持开挖济州河，经过勘察，就利用了这条现成的河道，并对原河进行了延展，使之与原来济宁之南到鲁桥的一段河道相连接，所以仅用了一年多的时间就将新河挖成。济州河开挖所占用的土地就包括阿八失屯田之地：“阿八失所开河经济州，而其地又有一河，傍有民田，开之甚便……若开此河，阿八失所管一方屯田宜移之他处，不阻水势。世祖令移之。”（《元史·河渠志》）值得注意的是，当时阿八失所开的河并未与汶、泗之水相接，它必定自有其水源，而其水又引自何处？难道运河之水是出自地下吗？上述问题令人百思不得其解。

近来笔者几番研读有关汶上县的历史，遂有豁然开悟之感：或许水源正是从地下而来！

考察济宁之千年沧桑巨变可知，古代在汶上县城东北约五十里的一带区域，曾经分布着许多地泉，据清代文献记载有名的泉就有11处，如龙斗泉、鸡爪泉、薛家沟泉、老源头泉、玲珰泉、泺澢泉、赵家桥泉、西泺泉、西龙泉、白沙泉、新泺澢泉等。在城东还有马庄泉，其泉眼有24处。此外，其他无名的小泉则更多。这些泉大都出于土中，有的汹涌如沸，有的玲珑如珠。据当地群众介绍，直到20世纪60年代有的泉还在涌水，到70年代龙斗泉的喷涌量还有10～12立方米/小时，为此当地农村公社还修建了一座扬水站。另外还有发源于宁阳县西北部的一些泉，如鲁姑泉、坡当泉等泉水也流来该地区。这样就在当地形成泽水连片、溪流纵横的景象。汶上县的地势是东北高、西南低，涓涓细流终汇成河，因此在历史上当地先后出现过多条从东北向西南流的河，如鲁沟（席桥河）、周家河、白马河、北泉河、南泉河、鹅河（故宋运河）、黑马沟（圣泉河）等。南旺处于汶上县最西南部，其地势最低，各条河流必然汇聚于此，由此形成了历史上的茂都淀，即后来的南旺湖。它其实是古代梁山泊的东潴。宋金之后由于黄河的冲积等，梁山泊涸为平陆。但是来自汶上东北部和宁阳的泉河、坡水仍然下流，因而南旺湖仍然独立存在，其周围达150里。在古代，北方大地上的降水量曾是很丰富的，来自汶上县和宁阳西部地区的大量坡水、径流也都顺地势向这里汇聚。由于进入西面的嘉祥县境地势又逐渐升高，因而流水只能向东南济宁方向下泄，经济宁西的耐劳坡一带流向鱼台县的塌场口一带，汇入泗河和南阳湖。这一自然水系在历史上曾保持了数百年之久。据说，位于南旺至济宁之间的长沟镇，其地名就是取自宋代这里一条从南旺流到济宁西的“长沟”。

元初，阿八失在济州实施屯田，经过数年的考察，清楚地了解了当地的地势、水情，因此他开挖的河道充分地利用了这里的特殊条件。南旺在东南—西北方向上位于最高点，而在东北—西南方向上却是最低点，在这里横向开河，就必然把来自东北部的泉河之水完全接受于新河中，同时还把来自汶上、宁阳几县的大量的坡水截蓄入漕。这些水在地势落差的作用下自然向南北分流，顺势而淌，这就为漕舟运行提供了所需的水量。加之还有南旺湖作为蓄水的水柜，随时可以补充河道水量。由此说明当时汶上县境的水量是充足和稳定的，足以供济任城至安民山这段漕渠用水，无须援引其他客水。

元代时，梁山泊已经消失了，但位于其中心区域的安民山周围尚有一片潴水，被称为安山湖。其水源主要是汶河（南支）的下注之水和来自西南的济水遗渎，二水在此汇聚并向北由大清河入海。济州河开到此处，向北即入了大清河。

在济州河开通之后不久，又于至元二十六年（1289 年）由安民山继续向西北开挖了至临清的会通河，其所引用的水源主要是安山湖之水。但这时“引汶绝济”，把这段向北流的大清河截断了（此后大清河只受汶河北支漆沟之水），安山湖和会通河就只以汶水为源，向北输至临清。而安民山以南的河道仍然是靠南旺的供水。元代的江南漕粮以海运为主，运河承运量较少，据明代王在晋《通漕类编》卷一：“当时河道初开，岸狭水浅，不能负重，每岁之运不过数十万石，非若海运之多也，是故终元之世，海运不罢。”就当时的漕运规模来说（考当时河宽约 10 米，水深 0.8～1.0 米，船载量 150 料），会通河的水量是充足的，不存在缺少水源的问题。

总之，南旺的分水早在元代就开始了，而不是始于明代，只不过当时南旺引用的是汶泉之水，而不是汶河之水。

在明朝迁都于燕京之后，由于通过内河承运的漕粮大增，每年多达三四百万石，是元朝的 10 倍之多。因此永乐年间重开会通河，在元河的基础上又大大拓宽、挖深，船只尺寸和运载量也成倍增加（船载量达八百斛），这就要求运河水量必须充足，仅靠当地的泉水已经不够。当时主持开河的宋礼采用白英的建议，在戴村汶河上筑坝遏水，并开挖了小汶河引水南流。而泉河水仍然按原道向下流淌，两水于县城西北的草桥处汇合一流，入南旺运河，从此才有了汶河水在南旺分水的事情。而在此前的元代，这段运河流淌的却是汶上县的泉河之水及坡水，而不是汶河之水。宋礼、白英的南旺分水其实是总结了元代分水的经验，而并非首创。不少历史文献无视汶上境内诸泉水的存在及其对于元运河的作用，杜撰出任城分水之事，而又说南旺分水始创于宋礼、白英等，这是不符合历史事实的。

其实，对于任城分水的说法，至明代就偶见有质疑的文字。如明代治河能臣万恭在《治水筌蹄》卷上就说：“以天井之北注天津。而南旺地特耸，济宁水上行。”他在这里明确提出了南旺地势高，从济宁至南旺水如何由低向上行的疑问。但他却并不知道这其实并不是事实，真实的情况是这段河道水从来都是由南旺下流济宁的，而多数史家所说的任城分水、“水上行”都是假的。众所周知，济宁西的马场湖就是由南旺的下泄之水积蓄而成的，而岂又有济宁汶泗之水向北流的事？然而至今在所有史志上，关于汶泗合水自任城向北分水仍是一种共识。

在汶上县民间至今流传着一个传说，即“白英找泉”的故事。说的是有一年天气大旱，南旺河枯，运道不能行船，朝廷震怒，限令汶上县官员和当地百姓找水救漕，逾期就要拿当地的官民问罪。人们只得去求当地智人白英。白英应当地官民的要求，带领人们找水。他走到城东北云尾村一带，伸手指出了四处地方，人们在地上浅浅一挖便冒出四股巨大的泉水来，这便是被称作龙斗泉、薛家泉、鸡爪泉、泺澢泉的汶上“四大名泉”。接着，他带领群众走到城东南马庄一带，又找出了马庄泉等。人们根据白英的指点，将城北各泉南引，取名北泉河；将城东南各泉引向西南，取名南泉河。两河至城西南合流，一起流向南旺，很快给大运河补足了水，船只得以通过，当地官民得以免遭劫难。

在民间传说中，白英成为神仙似的人物，这自然不足采信，但这里反映出的南旺运河与汶上县泉水的关系未必不是真实的。这里所说的白英是引的汶泉水而不是汶河水。汶泉自古就有，不可能是自明代才被发现。其昼夜奔涌，川流不息，这是当地百姓世世代代都知道的事情。白英家居城东北彩山附近的白家店，对这一带的水源及水的流向自然十分清楚，这毫无神秘之处。白英向宋礼献策之时，年龄为四十八岁，算不上真正的“老人”，亦未见其个人有何远见卓识，其见识不出当地百姓日常所见所知。对于如此现成的下泄之水，任何开渠者都不能视而不见，岂有不使用之理！况且此地正处水脊，水能够自然向南北分流，实是一种难得的天赐地造之缘。事实说明，汶泉的存在对于济州河和会通河的开通具有决定性意义，当初如果没有当地的泉水为源，就不可能有大运河。无论是元代运河还是明清运河，汶泉都是保证运河通航的重要水源。但遗憾的是，在漕运史上，对于汶泉济运和分水之事却只字未现。史家只知有引水汶泗的盛绩，却不知本土的诸水之利。由此说明，大运河历史研究中确有一些尚待深入考证的问题。

（本文曾刊于《山东社会科学》2016年12月刊，有修改）

附图：

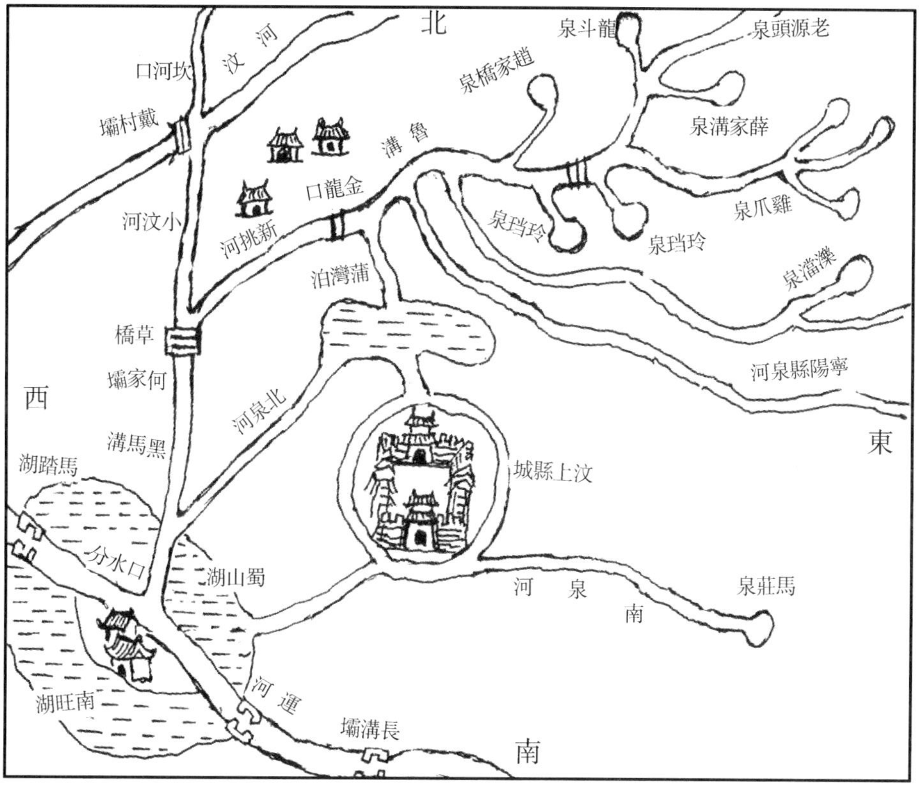

汶上县泉水分布

资料来源：（清）叶方恒：《山东全河备考》卷一《图志下》，清康熙十九年刻本。

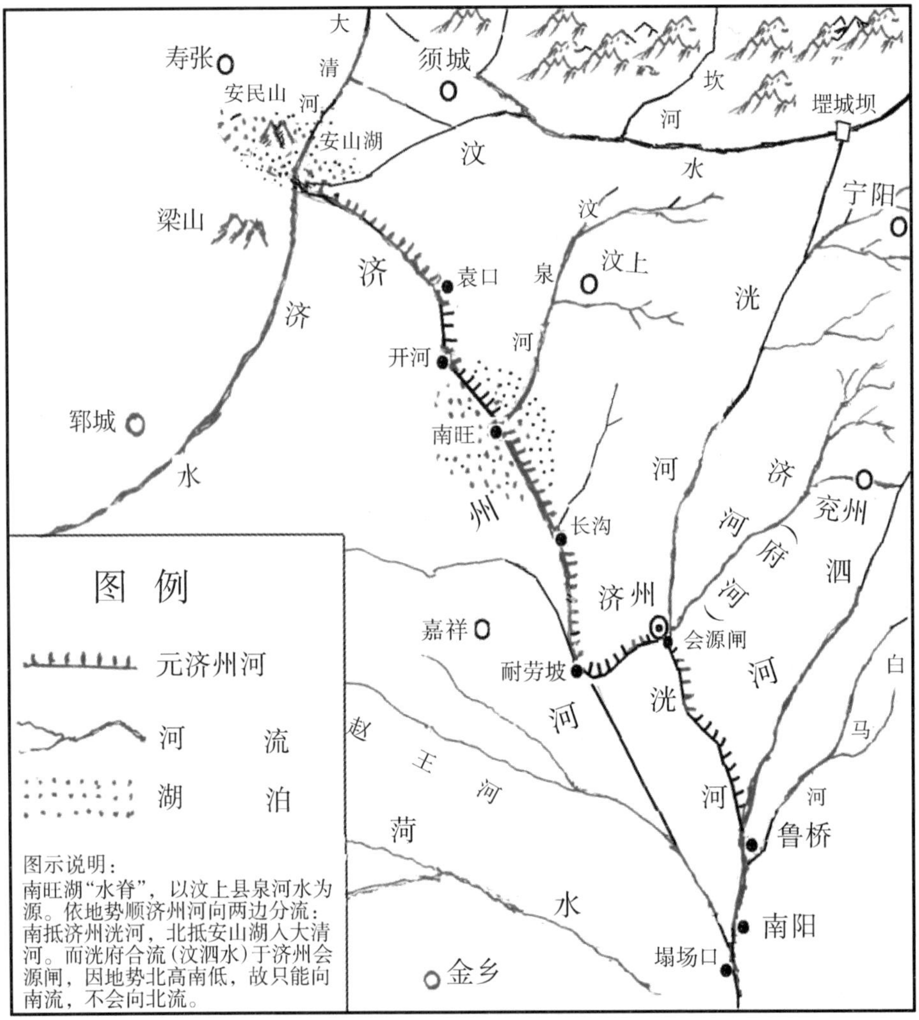
大清河
寿张
安民山
须城
坎河
堽城坝
安山湖
汶水
宁阳
梁山
汶
泉河
汶上
济州河
袁口
济水
洸河
开河
郓城
南旺
济河（府河）
兖州
长沟
泗河
济州
嘉祥
会源闸
耐劳坡
洸河
白马河
赵王河
菏水
鲁桥
南阳
塌场口
金乡
图例
元济州河
河流
湖泊
图示说明：
南旺湖“水脊”，以汶上县泉河水为源。依地势顺济州河向两边分流：南抵济州洸河，北抵安山湖入大清河。而洸府合流（汶泗水）于济州会源闸，因地势北高南低，故只能向南流，不会向北流。

济州河水系示意图

京杭大运河究竟是谁规划设计的?

元代开通的京杭大运河的南北两端利用的都是自然河流和旧渠道，唯有中间济宁至临清400里河段是人工开挖的，其对于京杭大运河全程贯通具有关键意义。今天，有几个疑问有必要弄清楚：京杭大运河究竟是如何开通的？又是谁规划设计的？

有学者认为，郭守敬是“京杭大运河的总设计师”“京杭大运河之父”；“京杭大运河线路的真正设计或规划者便是郭守敬。通过对隋唐大运河的截弯取直，京杭之间缩短行程近800公里，初步奠定了元代迄今京杭大运河的走向和格局”；等等。[①]

元代京杭大运河是由一个人规划设计的吗？有一个“总设计师”吗？对此笔者的看法是否定的。下面主要围绕京杭大运河山东段的开通展开论述。

元代京杭大运河贯通工程中最关键的是山东段。该段运河穿过鲁中丘陵西缘，处于南北运道的最高势位上（其“水脊”在汶上县南旺），因而使运河南北两端之水不能连通。自古以来在山东的鲁中丘陵地区就分布着大量泉水，它们汇流成汶、泗、洸、府、沂、白马等诸水，山东更有“泉河之乡”的美誉。诸水由东向西流入济宁至东平一带高地之后，顺势向南北分流。这种特殊的地势和丰富的水源，成为山东段运河贯通的客观条件。

实际上元代开通的山东段运河并不是一次性贯通的，而是因不同时期的需要分多次开挖而成，有其历史的过程，并非一时一人之功。

为了向南输送军需物资以支援对南宋的战争，蒙古政权于元宪宗七年（1257年）即着手疏通自山东南部向南通江苏的水路。为此，时任济州副官的毕辅国（泰安人）在东平路行军万户严忠济（严实之子）等支持下，主持在宁

① 参见崔建利：《郭守敬：山东运河的规划师》，《齐鲁晚报》2014年5月8日。

阳堽城筑坝，遏汶水南流入洸河，至任城合府河，再南流至鲁桥入泗河等，即开通了由汶河入洸河南通泗淮的运道。对于这段运道的开通，元人李惟明在《改作东大闸记》一文中有清楚的记载："国初岁丁巳，济倅奉符毕辅国请于严东平（即严实——引者注），始于汶水之阴、堽城之左作一斗门，堨汶水入洸，益泗漕以饷宿蕲戍边之众，且以溉济、兖间田。汶由是有南入泗、淮之派。"（雍正《山东通志》卷三十五）

元世祖忽必烈定都大都（今北京）之后，为了加强对南方各省的政治、经济控制，尤其是将江南各省的税粮、物贡等运到大都，特别需要修建一条连接南北的通道。其开始主要靠海上运输，但海运的风险和损耗很大，漕粮每年春夏二运达上百万石，往往至大都的只有八九十万石。因此，元廷极力探索开通新的运道。起初，"运粮则自浙西涉江入淮，由黄河逆水至中滦旱站，陆运至淇门，入御河，以达于京"（《元史·食货志》）。但此路水陆转输迂曲，劳费不赀，因此元世祖于至元十三年（1276 年）决定"穿济州漕渠"，改运道于山东。

实际上在济州漕渠开挖之前，就有元朝将领、河西党项贵族、尚膳院院事来阿八赤（又作"阿八失""阿八赤"）在济州先开了一条人工河。至元十四年（1277 年），其下属机构尚珍署来济州实施屯田，为了转运"济宁等处田土子粒"的需要，于至元十七年（1280 年）开挖了一条运河。当时"发兵万人开运河，阿八赤往来督视，寒暑不辍"（《元史·来阿八赤传》）。这条河道起止于何处，流经哪里，并无历史记载，但可大体确认就在济州之北的南旺至安民山一带。[①]

至元十九年（1282 年），元世祖命兵部尚书奥鲁赤（又作"李奥鲁赤"）主持开挖济州河，经过勘察，就利用了这条现成的河道，并对其进行了延展，向南与任城的洸河相接，至鲁桥通泗河。其仅用了一年多的时间，到至元二十年（1283 年）就将新河挖成。济州河开挖所占用的土地就包括阿八失屯田之地："阿八失所开河，经济州，而其地又有一河，傍有民田，开之甚便……若开此河，阿八失所管一方屯田宜移之他处，不阻水势。世祖令移之。"（《元

① 宋金之时，梁山泊大部分水域涸为圹原，当时朝廷就开始遣调军民到此实施屯田垦荒。可想而知，元初阿八赤下属的屯田、开河也是在南旺至安民山的梁山泊涸区一带，河道自此经大清河北出。

史·河渠志》)

济州河从任城向西至耐劳坡（今济宁市任城区安居街道）北行，经长沟和汶上县的南旺、开河、袁口（后两地今属梁山县）入须城县（东平县前身），至安民山（古寿张县，今属梁山县）之南，全长约200里。安民山南是古济水与汶水汇合之处，向北即为大清河。此渠开通之后，江南漕船从长江入淮河，先后溯淮河、黄河、泗河北上，通过济州河，至安民山入大清河，直达利津入海，然后浮海到达天津直沽，由此再转内河到达北京。

济州河作为元运河的前期工程，对于整个京杭大运河的贯通具有决定性意义。然而这条河的开通究竟与郭守敬有多大关系呢？

据历史记载，郭守敬（1231—1316年），河北邢台人，是元代著名科学家、发明家，其在天文历法、水利、地理、数算等多方面都有杰出的成就，于至元二年（1265年）被任命为都水少监，五年后又升任都水监，主管全国的水利事务。但郭守敬对整个京杭大运河线路的设计规划，尤其是在山东段运河开挖中所起的作用，历史文献中却未有记载。据《元史·郭守敬传》记载，至元十二年（1275年）元廷为支持丞相伯颜的南征，打算建立水运站，曾“命守敬行视河北、山东可通舟者”。但郭守敬在行视后提出了什么方案？其与运河的开掘有什么关系？对此，史书中并未有记载。而实际上，到次年即至元十三年（1276年），当江南平定，元世祖决定开济州河时，郭守敬即被委以制定天文历法的事务，投入到观测南北天象、编修新历法、制作一系列天文观测仪器等繁忙事务中，并于至元十六年（1279年）被任命为同知太史院事，直至至元二十八年（1291年）。在此期间他在天文观测、新历法编制等方面取得了卓著的成就，如编制出了我国古代最先进、使用最久的历法《授时历》等，但他并未事治河之类的工作。而这期间也正是阿八失、奥鲁赤等先后主持开挖济州河之时，无任何文献记载郭守敬对于济州河线路、工程有何奏议、设计。

认为郭守敬是山东运河的勘测、策划者的依据，主要是说他曾受命勘察山东水情，“前后六次往返于济宁和东平之间，行程数千里”[①]。然而关于他的

① 山东省济宁市政协文史资料委员会编：《济宁运河文化》，中国文史出版社2000年版，第22页。

这次勘察，无论是《元史·河渠志》还是《元史·郭守敬传》等正史中都无见记载。只是在《元文类》卷五十中有一篇《知太史院事郭公行状》有所记述。该文由元太史院使、天文历法学家齐履谦所撰。文中言："十二年（至元十二年，即1275年——引者注），丞相伯颜公南征，议立水驿，命公行视所便。自陵州至大名，又自济州至沛县，又南至吕梁，又自东平至纲城，又自东平清河逾黄河故道，至与御河相接，又自卫州御河至东平，又自东平西南水泊至御河，乃得济州、大名、东平、泗、汶与御河相通形势，为图奏之。"这里所记的考察，与《元史·郭守敬传》中所言"命守敬行视河北、山东可通舟者"比较契合，相信应是符实的。从中看出其行视地区较广，涉及今河北、山东、江苏、河南数省，在今山东省则到过德州（陵州）、济州（济宁）、东平、堽城（纲城）等地，这应该就是前文所述"前后六次往返于济宁和东平之间"的出处。然而这种概括并不符合《知太史院事郭公行状》的原意：《知太史院事郭公行状》中并没有"前后六次往返于济宁和东平之间"的意思，而只是说郭守敬行视了山东多个地方。从《知太史院事郭公行状》一文中还可得知，郭守敬在这次行视中画了地图献奏给朝廷（"为图奏之"），但图的内容是什么，对后来开渠是否有帮助，历史文献中并未提及。而于次年，郭守敬就被任他职，即"十三年，立局改治新历"，并于"十六年，迁同知太史院事"。

而济州河的开挖却是在至元十九年（1282年），有记载说开挖济州河的方案是由都漕运副使马之贞（祖籍河北沧州，迁居山东汶上）勘察后上奏的。据《济宁运河文化》，马之贞献策曰："宋金以来，汶、泗相通河道，北清河相通渤海，若于济州城（今济宁市）南汶（洸）、泗合流于北清河之间开一新河，然后北引汶水，东引泗水分流南北，便可南达江淮，北通京津。"[①] 可以看出，该方案明确、具体。至元十七年（1280年），元廷议定马之贞开凿济州河的方案，并任命马之贞为泗汶都转运史，参与开河筹划施工。实际上，济州河的线路是经南旺至安民山，这正是马之贞上奏的方案，与郭守敬所行视

---

① 山东省济宁市政协文史资料委员会编：《济宁运河文化》，中国文史出版社2000年版，第203页。

的线路根本不同，因此可以说该工程与郭守敬并无密切关系。

对元代京杭大运河的贯通来说，开通济州河只是前期工程，会通河的开凿（至元二十六年，1289 年）才具有真正的决定性意义。会通河自安民山至临清全长 250 里，开通以后，江南漕船从济州河通过会通河到临清入卫河，然后经德州、天津直达通州，基本实现了京杭之间全程的水运贯通。据《元史·河渠志》，会通河之开挖其实并无任何预先的设计和规划。它完全是在东阿至临清段陆路运输发生艰阻致使元廷不得不于至元二十四年（1287 年）“罢东平河（指大清河）运粮”的情况下，经寿张县县尹韩仲晖与太史院令史边源禀奏朝廷，最终由元帝决定的。都漕运副使马之贞与太史院令史边源经实地勘察后，绘制了开河施工图。整个工程由断事官忙达儿、礼部尚书张礼孙（祖籍吉林，元时随父任迁居东平）、兵部郎中李处巽（东平县人）等董其事。其中，郭守敬并未参与规划设计。

在会通河开通之后，至元二十八年（1291 年），郭守敬兼领都水监事，并于次年主持修治了通州至元大都的运河，即通惠河，一年后完工，使漕粮可以直运京城。通惠河全长 40 里，作用虽然很大，但与山东段运河以及全长 3500 多里的京杭大运河相比，我们仍不能认为其具有决定性的地位，把通惠河的规划设计者视为京杭大运河的规划设计者是不符合实际的。

从整个元代运河的开掘历程来看，其是在不同阶段分别有多人主持实施的，是一步一步的。其线路也是经过了几次变化、修改，先后有多人参与规划和设计，而并非始终依照的某一种规划或由一人设计而成。其中，毕辅国、马之贞、韩仲晖、张孔孙、李处巽等这些具有当地背景的官员的勘察、建言和筹划等起了重大的作用。

所谓“对隋唐大运河截弯取直”“弃弓走弦”的说法，不过是后人对元运河的一种评判。我们知道，元代距隋唐，中隔五代、宋、金，时隔 360 多年，其间旧运河的河段多有废弃。当时元人开挖新河，经过山东，完全是基于实际需要和客观情况，而没有与隋唐大运河相比较的主观意识，更不可能有“对隋唐大运河截弯取直”“弃弓走弦”的先验之见。“截弯取直”“弃弓走弦”诚然是对其客观结果的一种评论，但如果以此作为开挖运河的一种设计理念加于古人，是没有根据的。

众多的官员、专家和百姓为京杭大运河的开通做出杰出贡献，可以说京杭大运河实为群体智慧的结晶，是中国古代劳动人民的创造性成果。盲目将一个群体的伟大成果归为某一人规划、设计，属一人之功，而忽视其背后众多人的贡献和作用，是违背历史真实的。

（本文曾发表于《大众日报》2021 年 4 月 13 日，有修改）

元代京杭大运河线路选择得失考

京杭大运河自元代始经过山东，其全线贯通开创了中国运河的新的历史时期。京杭大运河全长3500多里，其开通主要是利用的两端的自然河流：南自济宁的泗河直通江淮，北自临清的卫河通达京津，唯济宁至临清之间450里的间隔由于跨越山东丘陵余脉，处于南北地势的最高位置上，因而使两端之水都不能通达。如何连通这450里的路程就成为整个京杭大运河贯通的关键。

自至元十二年（1275年）始，元世祖就设想从山东通漕渠，为此曾命郭守敬“行视河北、山东可通舟者”（《元史·郭守敬传》）。

最初元人在山东所看到的通漕的最有利条件是大清河。该河南接济水，东纳汶水，二水于安民山（今属梁山县）之南汇合，然后向北流，经寿张、东平、东阿、平阴、历城、济阳等地至利津入海。该河贯穿山东，在当时是中国北方较大的一条河。利用大清河通运必然是当时的一种现实的选择。循此河，南来漕船于利津浮海北上天津，就可以由此到达京都。然而要使大清河与南部的泗淮相通，关键是要接通济州至安民山这200里的路程。因此元世祖于至元十三年（1276年）决定“穿济州漕渠”，即开挖济州河。

济州河的河程虽然不长，但当时元廷的策划者却面对着一个艰难的选择，即在开河线路上存在着两种不同的方案。

济州的中心在任城。考察任城的形势，自古以来在东、西两边就分别存在着两条水道，其东是分别以宁阳县和嵫阳县的泉水为源而形成的洸河和济河（府河），两河于任城汇合，折由城南向南流，至鲁桥入泗河；其西是以汶上县东北部的诸泉为源，并汇聚了汶上、宁阳等地的大量坡水而形成的河流，经南旺向南流于济宁西的耐劳坡，此流在宋代有长沟河，后来又有沙河等。该水道由耐劳坡继续向南流于鱼台县塌场口（今南阳镇南调咀村附近）入泗河。东西两边的水道都由北向南流入泗河，把任城夹在中间。因此任城自古就有水路向南通于泗淮。早在晋代就曾开挖了洸河至鲁桥这段古运河，从宁阳行舟经任城可直达徐州和江淮一带。唐代这条水路要道更加繁盛，鲁桥就是当时因水运而兴起的一个官方驿站和重镇。而城西自耐劳坡至塌场口的水路亦早有通舟的历史记载，如晋代的古运河“桓公沟”就是取道于这一路径。清顾祖禹《读史方舆纪要》卷三十三曰：“沟在济宁州西四十里萌山下。晋太和中，桓温伐燕，遣冠军将军毛虎生凿巨野通济水，道出此，南入鱼台县界。”

任城周边的水系复杂，究竟选哪条线路通漕，在地方官员和朝臣中也必有不同的意见。面对难题，当时的元帝难以决断，致使开济州河的决定已做出五六年之久也未能开工。直到至元十九年（1282 年）朝廷才确定了开河方案，并命兵部尚书奥鲁赤（又作“李奥鲁赤”）等来济州主持开河，并由都漕运副使马之贞勘察筹划，工程于次年即告竣。

济州河最终选择的线路是任城的西路，即自安民山经袁口、开河、南旺、长沟、耐劳坡至任城的线路。若单从通漕方面考虑，运河线路应该由南旺至耐劳坡一直向南，至鱼台塌场口入泗河，这样运道才更为近便、顺直，但这样做存在的最大问题是远离州城（约 20 里）。为了解决这个问题，运道至耐劳坡后不再径直向南，而是折而向东，有意绕到州城，于城南接洸河古运道，然后向南至鲁桥入泗河，拐了一个“之”字弯，其径路显然迂曲。对此，元俞时中《重修济州任城东闸记》称“自济州任城委曲开穿河渠”。但考虑当时的情况，不能不说实际施工中是对两种意见做了折中处理。

当然，该线路的选定也是考虑到当地的水源条件的。济州河中穿南旺湖，引水十分便利。该湖以汶上县东北部和宁阳县西部下泄的大量泉河水和坡水为源，水量丰富。又该处所居地势最高，可向南北自然分流，北接安山湖，南通任城。自任城则直接洸河古运道，向南入泗河等。这是漕渠贯通的一种天赐地造之缘。

济州河开通之后，江浙漕船从长江入淮河，先后溯淮河、黄河、泗河而上，进入山东，然后通过济州河入大清河，直达利津入海。但是这条运道通航不久，就遇到了问题。先是利津海口发生淤沙壅阻，并愈来愈严重，使漕船难以向北浮送。之后就改由在东阿鱼山卸货舍舟，在此转车陆运至临清，再装船由御河（卫河）达于天津。但东阿至临清 200 里泥路，车辆难行，劳费不赀。尤其是道经茌平黄河故道地区，地势卑下，遇夏秋霖潦，道路不通，艰阻万状，官员、夫役无不诉怨。最后，元廷于至元二十四年（1287 年）罢东平河（大清河）运粮。

面对实际情况，当时的人们觉得大清河并不是通运的理想路线，一些官员开始考虑向北通运的其他方案。当时的寿张县境位于大清河的西岸，县令韩仲晖熟悉当地情况，深察漕运之艰苦，经过勘察和思考后，他提出由安民山直接开河至临清御河的方案，使漕船由御河到达京津，免去了中间转陆运的繁苦，可大大缩短粮运路程。临清之北的御河即是过去隋唐运河永济渠的一段故道。在他与太史院令史边源建议下，经朝臣廷议，元世祖谕准了这一建议。至元二十五年（1288 年），又遣都漕运副使马之贞与边源亲赴现场勘察地势，绘制开河施工图。工程于至元二十六年（1289 年）春正月开工，当年六月即竣工。新开的河渠完全抛开大清河，“引汶绝济”，自安民山南与济州河相接，向西北经寿张县城、阳谷县张秋镇、东昌府至临清入御河，全长 250 余里。元帝赐名曰“会通河”，此后，包括原来自安民山至济宁鲁桥的济州河即统称为会通河。这标志着京杭大运河的全线贯通，自此 600 多年里这段运河的基本走向和线路没有大的变化。

毋庸置疑，元代山东运河的开通对于整个京杭大运河具有重大意义，它集中地体现了我国古代劳动人民的高超智慧和先进科技水平。今天站在历史研究的角度，我们有必要提出：元代山东运河所选择的行水线路是最佳决策吗？有无失误之处？

从后来元明清三代山东运河的运行和治理的实际情况看，这段运河线路所存在的突出问题主要有两个：

一是水量不足，河流落差小，水势较弱，常有枯水之患。

运河自南旺至临清约 350 里运程主要是靠汶河分水行运。汶河于戴村坝向南分水至南旺（其余水仍入大清河）；从南旺再向南北分水，北至临清，其水路狭长而迂曲。南旺至临清间的地势虽有“地降九十尺”之说，但据考证这段河程实际落差只有 7～8 米。[①] 以如此长的河程和如此小的落差，中间又

① 参见孙培同：《大运河与济宁水利》，于德普主编：《运河文化（山东）文集》，山东科学技术出版社 1998 年版，第 573 页。

有 20 多座闸坝相阻，水流必然缓弱，尤其是张秋之北的东昌段运河常有漕船浅阻问题。如清代治河名臣张伯行在《居济一得》一书中就多次明确说："数十年来每遇天旱，东昌一带辄有胶舟之患，粮运迟滞职是故也"；"自安山湖闭而东昌一带每有浅阻之患矣"；等等。

二是运道长线常有黄河横冲之患。

元运河线路选择的最大失误是对黄河的冲犯认识不足。会通河从南旺至安民山，再至张秋，从东南向西北穿过梁山泊涸地，这里正是黄河北决必然冲泛的地带。黄河自宋金时期就已改道南流，从徐淮地区入海，虽然时有向北决口，但自金明昌五年（1194 年）决口以来，再未冲犯梁山泊地区，并且金人已开始在这片土地上屯田。元人以为梁山泊地区再无黄河之患，在这片广阔的土地上村落稀少，低洼的地势更是开河的有利条件。但黄河游徙不定，是一条改道、决口频繁的河流，元末以来又开始在梁山泊地区肆虐。黄河从河南省的原武至兰阳一带向北决口直冲梁山泊地区而来，由于会通河处于安山湖的西南岸，它与来自西南的洪水几乎垂直相交，这显然是当初元人在开河时没有考虑到的。当明洪武二十四年（1391 年）黄河再次决口冲泛这里时，安山湖与会通河即被淤平，会通河因此遭废弃。当时漕粮不得不在济宁之北卸船，"陆运至德州入河"。永乐年间重开会通河，时人显然发现了这个问题，就对河道做了局部修改，即从汶上县的袁口（今属梁山县）向北行，进入东平，将河道由原来安山湖之西南移于湖之东北，然后西行，至寿张县沙湾（今属河南省台前县）再入元运河。明代线路虽然在很大程度上降低了黄河冲犯风险，但自大安山（属东平县）至张秋镇这 60 里的河段仍处于黄河的直冲位置，致使这段运河成为明清时期漕患最突出的河段。每次黄水来犯必冲决运道，夺流入大清河归海，致运道淤塞、漕运停滞。当时的沙湾段因此成为"治河保运"的中心地带。虽经徐有贞、刘大夏等能臣治理，黄河得以南归徐淮地区，山东运河得以安流，至清代进一步兴旺繁荣。但在清咸丰五年（1855 年）黄河从兰阳改道北来山东之后，该段运河终遭大患，于光绪年间废止。

由于以上两个问题的存在，运河治理的难度和航运的艰阻大大增加。为了防止黄河冲犯和恢复漕运，朝廷必须频繁地清淤、整修河道、加固闸坝、建水柜、筑堤防等，修治工程经年不断，使航运成本大增，运河效益低下，最终成不治之疾。

以上问题不能不说是由运河线路选择的缺陷造成的。假如当初元人不取“南旺—安民山—张秋”线路，而另选更佳方案，那么相关问题将不复存在，或许京杭大运河的历史和命运将会是另一种情况。

如果回到元初，济州漕渠的规划者能遵照充分利用当时的现实条件的原则，那么其在济州所能利用的最现成的河流是洸河——它南通泗河，北通汶河，并且早在元宪宗七年（1257年）就被疏浚为一条南北运道。如果从任城循洸河北上宁阳，入汶河后顺流西行，至东平境内循汶河北支即入大清河（汶河进入东平分为三支，皆入大清河，其北支古名漆沟，即现在大清河河道）。其实自东平至兖州以北这段汶河古来就有通航的记载，如明代商辂在《堽城堰记》中就言：“自古舟楫浮于汶者，自兖北而止。”自金朝时，泗汶水道就能通到东阿。这条线路与“南旺—安民山—张秋”线路相比，其位置更靠北，地势更高。这样就能保证漕船完全在汶河—大清河一线行运，水量也更充足。如果取此线路，就无须开挖从任城经南旺、安民山等至临清的450里运道，可直接从大清河东阿段向西北开河，经东昌至临清，只须开挖160里的河道。当然也无须实施戴村筑坝遏流及南旺分水等复杂工程，而只须在宁阳堽城一处建闸分一部分水至洸河即可。

现在查阅有关资料得知，戴村坝一带海拔是51.7米，南旺蜀山湖底海拔是36.5米，两地海拔落差达15米之多。本来汶水在东平段是向西再向北流的一条河，但在戴村坝却被遏流南下南旺，从南旺入运再返向北行。这样不仅水路曲折，而且更重要的是损失了15米落差的势能，从而造成北部运河东昌段流水缓弱。如果运河取汶河线路，不分水于南旺，即可直接顺流至临清，那么两地间的落差就达到22.5米之多，这么大的落差是南旺至临清落差的3倍之多，那样将使运道水势大大加强，水量增加，通水更加流畅，运船浅阻的问题亦将大大减少。其间运道上也无须建造那么多的闸坝等导水设施。在从济宁至张秋之北七级镇之间的闸坝多达20多处，大多可以省去，这无疑将会使航运效益大大提高。

如果按照这一设想，运河的线路大为北移，地处高亢，在东平境运段上西有山丘为障，那么就在最大程度上避开了黄河决犯的风险。黄河尽管在东阿境内穿越大清河入海，但该地西有古金堤阻挡，岸狭水急，也难致运道淤塞，即使偶有淤塞亦可通过治理解决。以该地的位山引黄干渠为例，自20世纪50年代修建以来已历半个多世纪，并无淤废之患。

对于“宁阳—东平—东阿”线路通运的可行性，当时主持开河的兵部尚书奥鲁赤等未必不知，但为什么还是取“南旺—安民山—张秋”线路呢？除了上述对黄河的冲犯缺少认识之外，一个重要原因就是当时在南旺至安民山一带已经有一条河，利用其通运十分便利。

从历史上看，元代开通的山东运河并不是一次挖掘而成，而是在不同的情况下分段开挖的，其全线通航实是一个不断摸索的过程。在开挖济州河之前，有元朝将领、河西党项贵族、同知尚膳院院事阿八赤（又作“来阿八赤”“阿八失”）下属的机构尚珍署来济州屯田，为了转运“济宁等处田土子粒”，曾于至元十七年（1280年）开挖一条运河。该河规模并不小，《元史·来阿八赤传》载：“发兵万人开运河，阿八赤往来督视，寒暑不辍。”这条运河起止于何处，流经哪里，今已无从查知，但可大体确认就在济宁之北的南旺至安民山一带，并向北通大清河。宋金之时，梁山泊东部区域涸为平陆，当时朝廷就开始遣调军民到此屯田垦荒。可想而知，元初阿八赤下属的屯田、开河也是在安民山至南旺的湖涸区一带。至元十九年（1282年），奥鲁赤来济州主持开漕渠，首先考虑的必然是这条河。《元史·河渠志》载：“阿八失所开河经济州，而其地又有一河，傍有民田，开之甚便……若开此河，阿八失所管一方屯田宜移之他处，不阻水势。世祖令移之。”对于奥鲁赤来说，该河已经完工，利用这条河通运，显然是一稳妥之策。循此河道向南延伸，使之与任城的洸河相连接，工期将大为缩短。因此，利用此现成河道必然作为首选方案。最终，工程仅一年即告竣。济州河开挖所占用的土地就包括阿八失屯田之地。在济州河开成不久后又开挖会通河，即由安民山继续向北开河至临清等，完全抛开了大清河，属一次失误，二次因袭。笔者认为，为求近功而失远虑，为持稳策而弃创新，实为元运河规划失误的主因！

我们今天研究这段历史，无意求全责备于古人，而是要全面地总结历史经验，以史为鉴，冀以提升今人的智慧和远见。

（本文曾刊于《运河研究》2017年第4期，有修改）

附图：

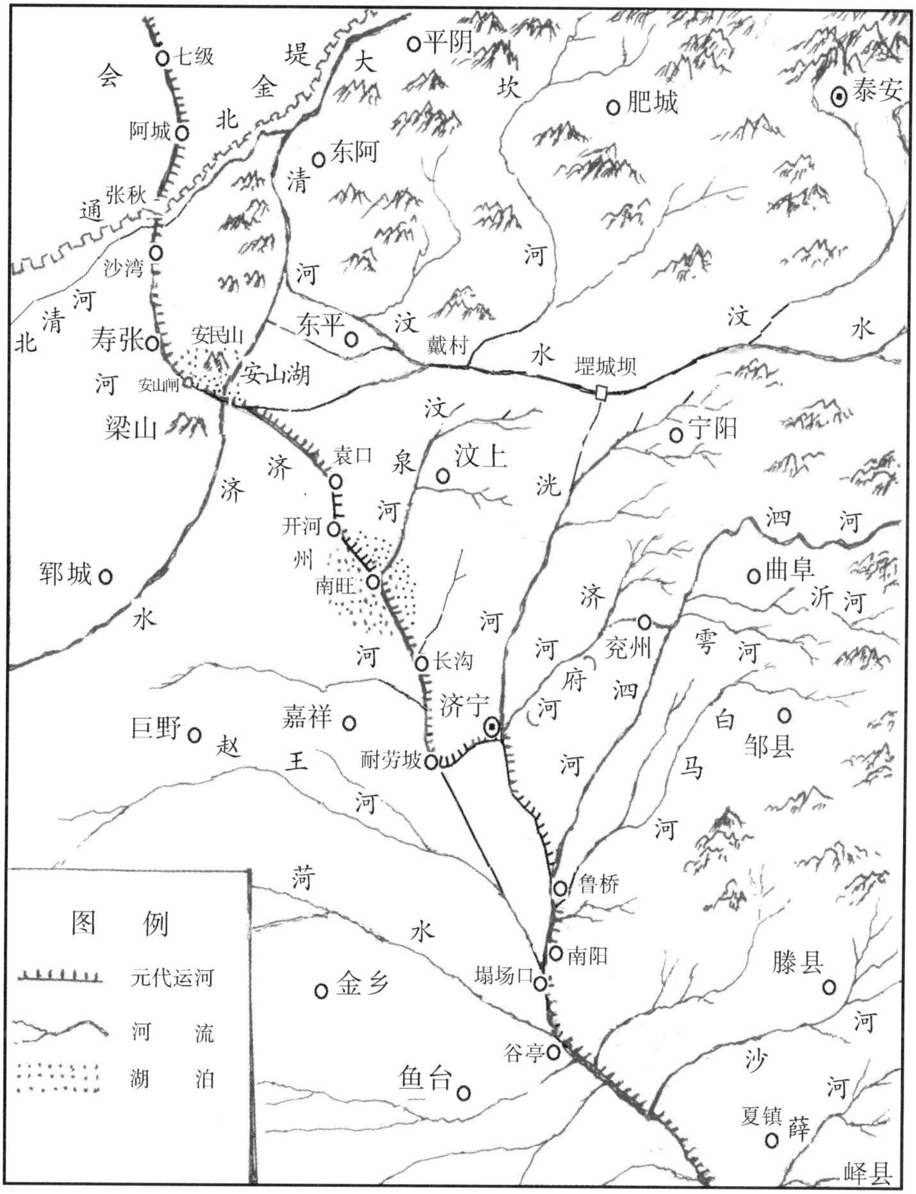

元代山东运河水源利用图示

明代沙湾漕患与“治河保运”成就

明朝永乐年间重开会通河，在元河的基础上进一步拓宽、疏浚，增建水闸，使南北漕运重新贯通，其航船和航运量都比原来增加数倍。由此，运河航运进入空前繁盛的时期，而原来的“海陆运俱废”。

《明史·河渠志》载：“会通安流，自永、宣至正统间凡数十载。”明初漕运安全运行数十年后问题突现，那就是受黄河的冲犯。

宋建炎二年（1128 年）后，黄河改道南流徐淮地区，并由之入海。自金元时期，黄河决口后的洪水多向东南流，入于泗淮归海。然而自元末明初之后，黄河却时常在原武至封丘一带向北决口，洪水经濮、曹两州流向原梁山泊地区，循大清河入海。黄河决洪的流径恰与南北运河相交。在这里，特殊的地势使该段运河避无可避，成为整个大运河的瓶颈和最险处：令人闻之生畏的沙湾险段就在此处，元、明、清三朝几次导致运河漕运中断的事故都发生在这里。

沙湾的具体位置在什么地方？历史上在沙湾发生过什么事情？为什么沙湾险段成为决定大运河存废的一个关键所在？这是下面要论述的问题。

一

明清时期的山东运河，现在绝大部分尚有迹可寻。从济宁向北，经汶上县南旺分水处到开河、袁口、靳口（以上三地今属梁山县），再到东平县的大安山、八里湾、戴家庙。然而，由此向北就踪迹无觅了。如果再向北看，自阳谷县的张秋镇往北，运河古道亦有所踪：经阿城、七级、东昌到临清，然后进入卫河，经德州进入河北省。由此可见，唯有戴家庙至张秋镇之间这 30 里的区域，运河古道不见踪迹，即使当地人也很少知道具体路径。在一些地图上，这一段运河也变得标识不清了，如运河穿黄处，有的地图把它标在梁山以北的国那里黄河上，有的地图标在东阿县位山，甚至有的地图把新中国成立以后修建的引水干渠当成运河，这都是错误的。

然而，恰在这30里的黄土地下却隐藏着一段持续数百年的治河斗争史，漕运史上闻名的沙湾、八里庙就处于这个地段。

根据历史文献记载和笔者实地考察，我们得知这段明清运河的路径：从戴家庙向西7里到十里堡，从这里过黄河3里到西岸姜家庄，进入河南省台前县。由姜家庄向西北，依次经过田湾、沈堤、沙湾、前后夹河、八里庙、堤头、西董等村庄，最后到阳谷县的张秋镇。

现在，我们就说说从戴家庙到张秋镇这30里的河段。现在这里是跨黄河两岸分处于河南省台前县的夹河乡和吴坝镇与山东省东平县戴家庙镇的地段，在历史上则处于山东省寿张、东平、东阿、阳谷四县交界的区域。在宋代，这里是梁山泊水域的最北部，运河古镇张秋就在其北畔。有一条横亘河南、山东的古长堤——北金堤，傍张秋镇南而过。张秋镇距梁山65里，古时有“一篙撑梁山”之说。由于黄河的冲积，金元之际梁山泊大部分地区变成了涝洼地。

梁山泊的地势是南高北低，西、南来水，北有金堤为障，东有泰山余脉所遏，只有大清河一个出水口。大清河在东平、东阿县境的山丘间由南向北，过清河门至鱼山折向东入海。这个水道是古济水的河道，也是来自泰莱山区和东平县境的汶水、小清河、盐河、坎河（汇河）等诸水的入海道。北金堤从张秋镇以东10多里的陶城铺处折而向北，连接位山、关山、鱼山等成为河之西岸，与东岸的连绵山丘（耿山、金山、银山、柏木山、子路山、解山等）相对峙。总之，无论是东来之水、南来之水、西来之水，都汇于一流，过鱼山向东入海。诸水一门，别无他道。这里的地势前阔后窄，像一个喇叭口，自陶城铺以下两岸间最狭处不过2里，进洪量大，泄洪量小，因而水深流急、百川争涌。而戴家庙至张秋镇这段运河就在这一隘口前约30里处横向穿过。这里的地势最低洼、运河堤防最薄弱。每当上流洪水奔来，小则侵漕道北上天津入海，大则挟漕水向东汇入大清河。两种情况都会造成运道的溃毁、淤塞，危及漕运的安全。《明史·河渠志》称：“惟河决则挟漕而去，为大害。”自明初出现的沙湾险段就在这个河段上。清代《寿张县志》称“兹地为漕运要津”。《明史·河渠志》曾记述沙湾的水势：“沙湾水湍急，石铁沉下若羽，非人力可为。”据传，明嘉靖年间，一名押运漕船的周姓四品官员在此落水溺亡，被朝廷敕封为“大王”，并祭祀于当地的“大河神祠”中。这更增加了人们对沙湾河段的畏惧感。

我们知道，当初元朝首开会通河，挖掘从安民山至临清长约250里的河道，就是采纳寿张县县令韩仲晖的建议。当时的黄河是从徐淮地区入海，罕有北犯，运河得以通航了60多年。然而至元末黄河又出现向北决口的问题，在黄河水的冲积下运河即“废而不用”。明洪武二十四年（1391年）黄河从原武黑洋山向北决口，洪水直冲原梁山泊地区，安山湖和会通河均被淤废，从而导至元运河被废弃。我们看到，当时元朝会通河自安民山经寿张县约60里至张秋，从东南向西北穿越梁山泊地区，与西南来洪几乎垂直相交。后来明朝政府显然看到了这个问题，所以在永乐年间重开新河，将原河道由此向东移了30里，即从袁口向北行，绕到安山湖的东北畔（后来的大安山），再向西经戴家庙、十里堡，至“寿张之沙湾，以接旧河”。这次改道虽然使运河患险段缩短，但仍然不能避免被黄水横冲这个问题，戴家庙至张秋这30里的河段仍受到黄河决洪的威胁，沙湾就处在这个河段的中间位置。

因此，沙湾河段就成为漕运中最凶险、河患最集中、行船最艰阻的一个河段。沙湾漕患成为需要解决的一个棘手问题，明清两朝几百年间投入大量人力物力。可以说，明清两朝的“治河保运”斗争皆是以沙湾河段为中心而展开的。

二

明朝正统年间，黄河多次从原武、金龙口、新乡八柳树等处决口，洪水经曹、濮下泄于寿东，冲漫张秋、沙湾漕河，夺运河水向东从大清河入海。沙湾河患频发，运堤多处被冲塌，河道淤塞，漕船屡被梗阻。

面对河患，明廷束手无策。朝臣们所忧心、关注的并不是洪水淹没了多少田庐，因为对于梁山泊一带来说，当时这里可谓人烟稀少，除了几片高地有零散的打鱼户或开荒者居住之外，大片分布的是荒滩野洼。若不是京杭大运河由此经过，朝廷对洪水大可无须理会：这里本来就是一片水域，不会形成灾害，但由于漕运由此经过，这段河道的畅通与否就直接关乎京城的物资供应，成为朝廷最忧心的一个隐患。

正统十三年（1448 年），黄河再次从新乡八柳树决口，抵寿张，溃沙湾运堤，东入海，漕船不能行。朝廷命工部侍郎王永和赴沙湾治河。

明朝官员最初缺乏治河经验，所采取的多是头疼医头、脚疼医脚的做法，弄不清河患的根本原因，缺乏治河的整体观念，还经常采取建龙王庙、祭河神、加封河神封号等方式，劳民伤财。因此往往当年修了，来年河患复发。其间，朝廷先后命王永和、陈全、洪英、王暹、石璞等重臣治理河患，他们虽然采取了很多措施，耗费了大量人力物力，但效果并不显著。在治河问题上，山东与河南的官员经常互相推诿，发生矛盾。山东的官员说，黄河决口发生在河南，而受害的却是山东的州县，因此治河应由河南担承；而河南的官员却说，黄河本是从山西省流下来的，并不源自河南！

据《明史·河渠志》，景泰四年（1453 年），“五月大雷雨，复决沙湾北岸，掣运河水入盐河，漕舟尽阻”。在这种情况下，朝廷又命徐有贞往治沙湾。

徐有贞考察了山东、河南一带的河道、地形、水势，上“治河三策”。据《明史·河渠志》，其基本内容是“置水门、开支河、浚运道”等。他称这样“其内则有古大金堤可倚以为固，其外有八百里梁山泊可恃以为泄”，就可以解除沙湾的河患。朝廷接受了他的建议。为了督理施工，徐有贞带员亲驻沙湾。除了疏浚运道、坚筑堤防等措施之外，他还命人开挖了自濮阳至张秋间的广济渠数百里，并于运口建了通源闸一座，以控制上游沁河之水。他还在戴家庙建了三空桥一座，以泄运道的异涨之水入大清河等。整个工程用时 550 多天，于景泰六年（1455 年）七月告竣，共用木铁竹石累数万，役夫 5.8 万多名。这样漕运终于恢复正常。为纪念工程完竣，徐有贞特撰文立碑。碑阳刻篆体“敕修河道功完之碑”，至今犹存。据传，徐有贞治河时曾携河防营驻沙湾，并建有“武衙门”（俗称“衙门口”）作为治水指挥部。

自徐有贞治河以后，黄河复归南流。山东漕河又畅行安流了 30 多年。至弘治年间，黄河又从开封及金龙口（又名“荆隆口”）决口，洪水直灌沙湾漕河。由于多年来堤防疏于维护、戴家庙减水闸浅隘不能泄水等，张秋之南至戴家庙之间的岸堤多处被冲毁，漕水漫溢，被挟入海。因水流湍急，决口最阔处达 90 余丈。漕运中断，漕舟鳞集。朝廷先后命户部侍郎白昂（1489 年）、都察院右副都御史刘大夏（1493 年）赴张秋治理决河，1494 年又命太监李兴、平江伯陈锐协同刘大夏治河。

白昂按照其“既杀水势之东南，必须筑堤于西北”的观念，发役夫 25 万名，修筑了黄河阳武长堤，以从上游阻挡洪水北流。又施工引导中牟决河出荥泽阳桥以入淮。于濉河上疏月河 10 余处，塞决口 36 处，引河入泗以达淮。又于东平至兴宁间挖掘小河 12 道，使其入大清河等，实施了大量工程。

刘大夏到张秋后，看到决口宽广，首先从上流临时开挖了 3 里多的越河，使鳞集的漕船通过。接着于仪封黄陵冈（今河南省兰考县东北，与山东曹县相近）以南疏浚贾鲁旧河 40 余里，以引水经曹州流向徐州。又浚孙家渡口，掘新河 70 余里，以导河水向南由中牟、颍川东入淮。又浚祥符等多处淤河，使其俱汇于淮。又堵张秋决口，采用大船实土阻流，又以树枝秸捆等压阻急流。决口堵了又决，随决随筑，昼夜不息，终于成功。然后于堤岸上又缭以石头，隐若长虹。为利于盛涨时运道泄水，还于张秋城南漕河东岸建了五空桥一座，以泄运道涨水。由此，张秋一带的漕患被成功平息。[①] 孝宗皇帝因此下圣谕改张秋镇为“安平镇”。根据刘大夏的建议，弘治八年（1495 年）又筑塞上流黄陵冈及荆隆口等七处决口，使黄河复归兰阳、考城故道，经徐州、归德、宿迁，南会淮水，东注入海。而在河北岸修筑了西起胙城，历滑县、长垣、东明、曹州抵虞城的长堤——太行堤，凡 360 里。堤岸上的所有石坝都培筑坚厚。至此，黄河北溃之患即被消除。黄河基本定位在自开封经兰考、商丘、砀山至徐州、淮阴一带的“明清故道”上。在此后至明终的 140 多年间，沙湾运河基本上保持了安流。

从徐有贞、白昂、刘大夏的治河中，可以清楚地看出当时明廷已经形成了一个明确的治河观念，这就是：运河的最大灾患来自黄河，因此治理运河的根本在于治理黄河。“治漕”与“治河”应作为一个整体来做，“治河保运”。对黄河治理只能采取“北堵南疏”的方针，将治流与治源、疏和堵相结合，导河向南流经徐淮，而不使北犯。明终清兴，这一治河方针一直未有改变。正如清代河道总督杨方兴所概括的：“宋以前治河，但令入海有路，可南亦可北。元、明以迄我朝……必借黄为转输，是治河即所以治漕，可以南不可以北。”（《清史

① 张秋，原名“涨秋”，因地处低洼、秋季多涨水而得名。后居民忌讳水患，故改“涨”为“张”，始为“张秋”。明初，沙湾一带村庄寥寥，附近唯一著名村镇就是张秋，因而历史上大量关于张秋水患的记载实际上是指金堤以外的沙湾水患。

稿·河渠志》）就当时而言，这不能不说是治河观念的一种进步。

经过明初以来黄河决洪的屡次冲积，原来的梁山泊涝洼地，包括安山湖这时都涸成了平原。据《明史·河渠志》所记："河水北出济漕，而阿、鄄、曹、郓间田出沮洳者百数十万顷。"这里指的主要就是梁山泊地区。此后，周围居民以及政府组织的外地移民陆续前来垦荒种地。如果说，在明初梁山泊还只有个别零散的居民，那么在此之后，就有了许多村庄。到清初，这里就成了阡陌纵横、人烟辐辏的繁盛之乡。康熙年间人们这样记述梁山泊地区的农村面貌："村落比密，塍畴交错，居人以桔槔灌禾"；"黄河归旧道，绿野任驱车。弦诵声名起，桑麻岁事奢。荆公田泊语，今日尽农家。"（康熙《寿张县志》卷八）上述文字反映了明末清初梁山泊地区的巨大变化：往日的荒滩野泽已变为良田美宅。在洪武年间才只有一户人家的戴家庙，在清代已成为运河畔的一个大集镇。查沙湾段运河两岸各村庄的历史，包括夹河、沙湾、八里庙、姜家庄等都是明朝徐有贞、刘大夏治河之后建立的。[①]

黄河南去之后，自然把河患带至泗淮地区。在北自金乡、鱼台、曹县、单县、丰县、沛县，南至睢宁、邳州、宿迁、泗阳、洪泽湖的广大区域游徙不定。黄水流经哪里，哪里就洪水泛滥，田庐淹没、运道淤塞，给当地人民和漕运带来灾难。但不同的是南流黄河与运河并不存在穿插关系，而是长线间相向南流，可以借黄行运。而且该地区面积广大，通航的回旋余地较大，治河可供选择的方案较多。围绕对运河的治理，明清两朝官民开展了持久的斗争。在治河过程中分别采取了"治河保运""借黄行运""避河行运""北堵南疏"等措施，尤其是新开了南阳新渠、泇运河、中运河新道，在几百年间，基本上实现了"黄淮顺流，漕运畅通"，保持了明清时期运河经济文化的延续、发展和繁荣。其间又出现了像潘季驯、盛应期、朱衡、舒应龙、刘东星、李化龙、靳辅、齐苏勒等大批治河能臣，积累了许多成功的经验，充分体现了中华民族的勤劳勇敢和高度智慧。

（本文曾发表于《济宁日报》2014年1月10日，有修改）

① 沙湾村，有文称其"始建于元代"，此说不确。据考元时张秋以南广大地区遍布沼泽，尚无村庄。又据当地传说，沙湾原名"三湾"，因运河在此拐弯而起名，这只能是始于明代，因为元代运河在此处是南北顺直走向，没有"湾"，不可能以"湾"来起名。

附图：

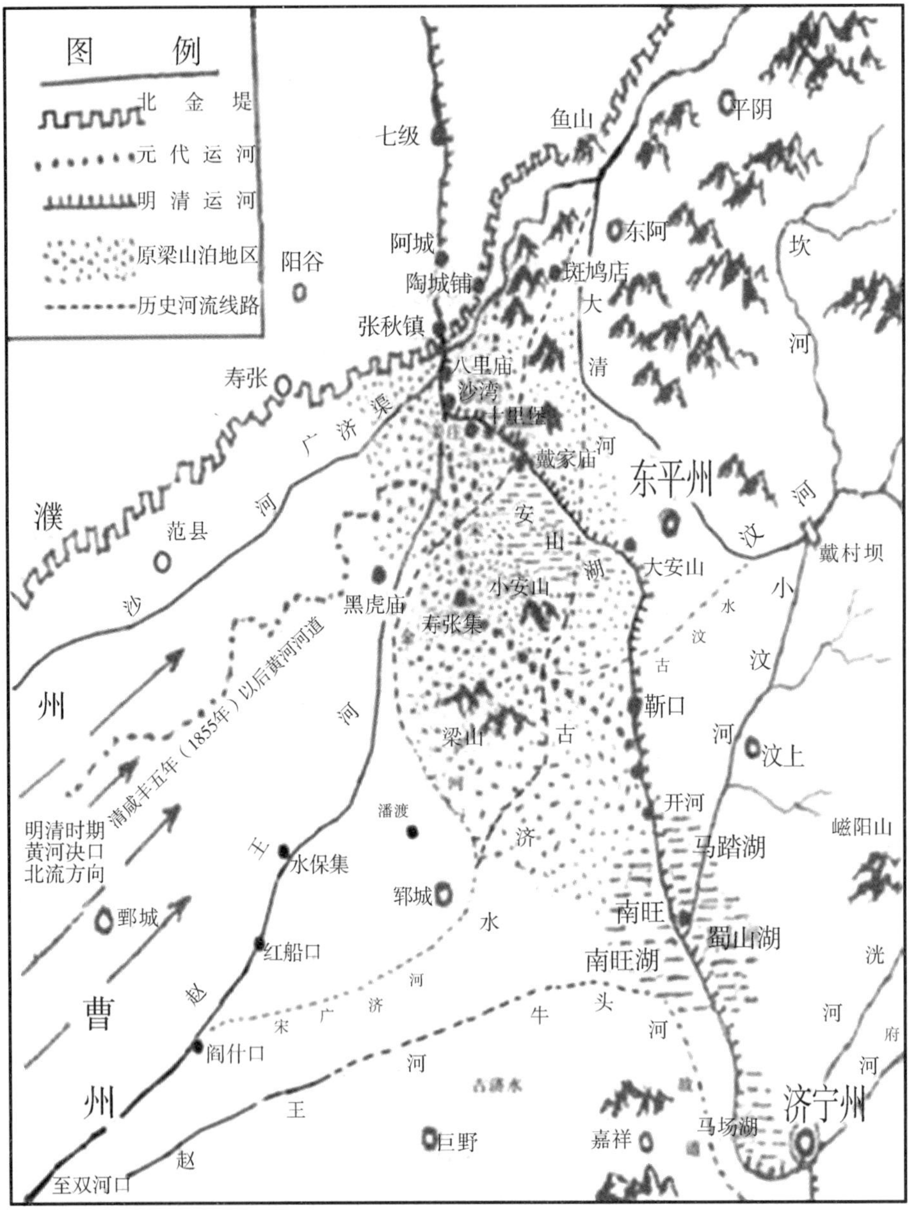

明代沙湾、张秋运河形势图

明敕修河道功完之碑（徐有贞撰碑文）

现存于八里庙的明清运河碑群

明代山东南部运河的改造和南四湖的形成

现在的南四湖地区，在明代之前并不是这种面貌。这里原是受古泗河冲积而形成的一片平原。发源于东部邹滕峄丘陵地带的大量泉水分别汇流于此地形成了许多小湖：昭阳湖（古）、塔具湖、孟阳泊、满家湖、独山湖（古）、阳城湖、李家湖、微山湖（古）、郗山湖、吕孟湖、武家湖、张王湖、韩庄湖、常阜湖、平山湖、白山湖、白浴湖等，星罗棋布。这里浓缩了丘陵、平原、河湖多种地貌和生态特征，优美的环境和丰富多样的物产赋予这一带人民一个富庶适宜的家园：地肥水碧、禾绿万顷，村舍密集。古泗河经由这里向南直达徐淮，自古以来就是一条水路要道。伴随一个个王朝的兴灭，这里历阅了多少兵家争雄、商旅络绎。鲁桥、南阳、谷亭、湖陵故城、庙道口、金沟、古留城等一个个古城名镇熠熠生辉，车马辐辏、舟楫连樯造就了这片经济、文化繁盛之区。尤其是自元代以后，古泗河被借道行运，一条贯通京杭的交通大动脉给这里带来繁荣。

但是这一切在明代之后都被彻底改变了。当时的平畴沃野、城镇乡村都变成了烟波浩渺的江北大泽——南四湖。

这一巨变究竟是如何产生的？

简言之，这是黄河的冲积和明代对大运河的改造导致的，是人与自然相互干预的结果。其间经历了一个曲折坎坷、令人纠结、不断探索的过程，并始终贯穿着纷争与论辩，充分地体现出前人在治水通运方面所具有的前赴后继、顽强拼搏、艰苦奋斗精神和高度智慧，涌现出无数英勇悲壮、惊心动魄、可歌可泣的事迹。考察了解这一历史，对于我们今天的治水兴运大业来说有重要的借鉴意义。

南阳新渠的开挖

京杭大运河自元代始经过山东。元明大运河自济宁向南完全是利用的自然河流：以洸河行运，至鲁桥通泗河，继而向南至徐州通黄河，借黄行运，再向南至淮安入淮河等。当时泰沂地区水源充沛，自北向南先后有洸、济、泗、白马、漷（沙）、薛等诸多河流济运，地势顺平，因此这段运河自元至明中期保持了 250 多年的畅通。

在这里最大的患险是黄河的冲犯。当时黄河从河南省封丘、兰考向东南流，经商丘、虞城、砀山等由徐淮地区入海。在元末明初，黄河多从上流阳武、封丘、兰考一带向北决口，冲犯安山至张秋段运河。经徐有贞、刘大夏等赴张秋、沙湾治河保运，还筑塞黄陵冈、荆隆口等决口，修筑太行长堤等，黄河北溃之患即被消除。但自嘉靖年间后，黄河决口又向南徙，多次于曹、单和徐州丰、沛县决口，漫淹丰、沛、鱼台县一带泗河，运道屡被淤塞，南部运河不再畅通。

尤其以嘉靖五年（1526 年）的一次决口更为严重。《明史 · 河渠志》载："黄河上流骤溢，东北至沛县庙道口截运河，注鸡鸣台口，入昭阳湖。汶、泗南下之水从而东，而河之出飞云桥者漫而北，淤数十里。"这时不仅运道淤塞，"粮艘阻不进"，而且连丰县县城也没于水，被迫迁治。河水漫溢使昭阳湖与其周围的塔具、孟阳、满家等七八个小湖连成一片，湖面大大扩展。

面对漕运的危机，嘉靖帝忧虑不安，朝廷大臣"各献治河之议"，但他们的意见无法统一。有的主张重新"导河使北，至直沽入海"；有的主张"引河向南，自兰阳注宿迁"；有的主张从上流汴城疏浚原废黄河的故道，引黄下泄；有的主张从上流"引河水注于卫河至临清、天津，则徐、沛水势可杀其半"；有的主张于丰、沛、谷亭间筑堤护漕，疏浚被淤塞的运道；等等。其中，左都御史胡世宁的建议更为大胆，他主张干脆放弃原泗河运道，另辟新径，于湖东开新渠。《明史 · 河渠志》载："当于湖东滕、沛、鱼台、邹县间独山、新安社地别凿一渠，南接留城，北接沙河，不过百余里。厚筑西岸以为湖障，令水不得漫。而以一湖（指昭阳湖——引者注）为河流散漫之区，乃上策也。”对于此议，兵部尚书李成勋等表示支持，嘉靖帝却犹豫不决！泗河运道自元至明已使用二三百年，岂能轻言废弃！

嘉靖六年（1527 年）冬，朝廷以盛应期为总督河道右都御史。他上任后经过实地勘察，认为胡世宁开新河之策切实可行。“询之官民，咸称昭阳河……北引运河之水，东引山下之泉……可为永久之利。”（《明世宗实录》卷八十四）于是奏明朝廷，获准动工。工程共役夫 65000 人，用银 20 万两。动工后黄河又决，淤庙道口运道 30 里，谷亭之黄流断绝。盛应期当即命人浚赵皮寨（位于兰阳北）、孙家渡（贾鲁河）、南北二溜沟（位于徐州北境）河道，以杀黄河上流水势，并疏通下流河道使之畅通。同时，又筑成武以西至沛县以南长堤，以防黄水北溃。

为使新渠尽快竣工，盛应期昼夜行宿水中。由于督工迫急，百姓渐生劳怨。工程进行到第四个月，适逢川陕、湖广等地发生大旱，谣传开河不吉。这时一些官员也借机弹劾，谬言盛应期劳民伤财、体罚民夫等。在各种流言蜚语蛊惑下，嘉靖帝即令罢役。闻此后盛应期立即上奏自辩，请求展缓一月，以毕其工。嘉靖帝接奏后大怒，不仅拒绝其奏请，而且下诏将盛应期革职罢官，另派工部侍郎潘希曾往代其任。对于此事，有的官员为其鸣不平。如胡世宁就上疏言：“以新河之役，我是首倡；应期克期六月竣工，现已四月，工程已完成十之八九。由于督工急促，招致众怨。自古当责首议，我请与应期同时罢官。”嘉靖帝未许。新河之役，就这样功亏一篑。“自是四十年无敢言改河者。”［（清）叶方恒《山东全河备考》卷二］

其后，黄河又频繁决口，漫淹鱼台、丰、沛以及向南至邳州的运道。后来历任总河潘希曾、戴时宗、朱裳、刘天和、詹瀚等人先后采取疏浚淤道、“筑堤束黄、借黄资运”、开支河分黄等一系列措施，使漕运又艰难维持了 30 多年。

据民国《沛县志》卷四记载，至嘉靖四十四年（1565 年）七月黄河又于沛县决口，洪水穿运河入昭阳湖，“上下二百余里，运道俱淤……散漫湖坡，达于徐州，浩淼无际”。是年冬，朝廷命朱衡为工部尚书监理河漕，以潘季驯为佥都御使总理河道，往赴治河。

朱衡亲率部属，赴当地勘察河势，驾轻舟、凌风雨巡行河道，看到原来沛渠旧河潴水如泽，汪洋一片，原运道积淤甚厚，泥泞不堪，在这种状况下，无论是疏浚还是筑塞都不能施工。他认为即使现在治理了，他年黄水再来也会被淹没，对漕运无济于事。据当地人反映：昭阳湖以东从南阳至留城因其地势高，每次河水泛滥都不能及；从现场看到昔日盛应期开凿的河渠故迹仍然存在。朱衡把勘察的情况奏于朝廷，朝廷准予开新渠。但工程刚开始不久，因触及当地某些人的利益，一些非议之声又起；有些持反对意见的官员又上言以复旧渠为便。总河潘季驯也以新河劳费不赀等为由而坚持恢复旧渠。更有官员诬称朱衡好大喜功、“违众自用”，为督“难成之役”竟“用腰斩截发之刑，致死万余人”。嘉靖帝收到这些弹劾后当时未置可否，后以“国之大事谋之深慎”为由，遣工科给事中何起鸣前往实地调查核实。

何起鸣赴沛地又做了深入考察，回京后奏于朝廷。据《明史·河渠志》，他在奏疏中翔实说明旧河难复有五：“黄河全徙，必杀上流，新集、庞家屯、赵家圈皆上流也。以不赀之财投于河流已弃之故道，势必不能，一也。自留城至沛，莽为巨浸，无所施工，二也。横亘数十里，褰裳无路，十万之众何所栖身，三也。挑浚则淖陷，筑岸则无土，且南塞则北奔，四也。夏秋淫潦，难保不淤，五也。”这实际上是说旧河已无法疏治，同时言：“新河开凿费省，且可绝后来溃决之患。”至于当地居民的意见有两种：“在新河者则称新河可开，在旧河者则执旧河可复，彼皆自便其私，非为国家运道计。”最后他明确表态：“臣断以为开新河便”，“宜用衡言开新河，而兼采季驯言，不全弃旧河”。经过廷臣议定，嘉靖帝谕决朱衡开新河。

朱衡主持开新渠，亲驻夏村施工现场，昼夜督工。新河循当年盛应期的故迹，自鱼台南阳经三河口（薛河、沙河、赶牛沟三河交汇处，位于滕州市西南 45 里，南至夏村 20 余里）过夏村至沛县留城 140 余里。同时自留城以下又疏浚旧河抵境山、茶城（二地均在徐州北境，相距 5 里）53 里，由此与黄河会。又筑马家桥堤（在微山县之西）遏河出飞云桥趋秦沟（在徐州市铜山区东北 30 里）以入洪。方工未成，河复决沛县，冲坏马家桥堤，当时一些官员又借之起议罢免朱衡。但不久工竣，嘉靖帝大喜，并赋诗赞扬朱衡，至此非议乃止。此后又于新渠上修建了利建闸、邢庄闸、夏镇闸、马家桥闸、留城闸等共 9 座，另建减水闸 20 座等。自此南阳至留城段运河离开了使用数百年的古泗河河道，不再受黄水东侵的影响，漕道通而沛流断矣。这段新渠名为“南阳新渠”，又名“夏镇新渠”，自明至清长期保持畅通。

从盛应期首开新渠因流言蜚语被罢免，功亏一篑，至朱衡功业创成，前后经近四十年，南阳新渠之路可谓曲折坎坷，令后人感叹！这也说明，真正利国利民的事业终能经得住历史的考验，最终获得成功。成业之关键在于治吏，官员谋政以私，决策者无卓识之见，必然贻误大业。而像盛应期、朱衡那样把国家和民众利益置于个人安危之上，心存“功成不必在我”之念，敢于力排众议、勇于担当、尽职尽责的官员才是成就大业的栋梁，他们会永远被人民铭记！

泇运河的开挖

南阳新渠开成之后，留城以南仍沿用泗运旧渠，虽经疏浚，仍避不开黄泛。隆庆元年（1567 年）、三年（1569 年）、四年（1570 年）黄河又连年决口，多是淤塞留城南北至秦沟、浊河口和茶城一带。运道阻塞不畅，漕船阻于邳州不能北进。

据《明史·河渠志》，工部及总河都御史翁大立于隆庆三年（1569 年）、四年（1570 年）多次向朝廷奏言：“于梁山之南别开一河以漕，以避秦沟、浊河之险。”“比来河患不在山东、河南、丰沛，而专在徐、邳，故先欲开泇河口以远河势……经久之策在开泇河以避洪水。”翁大立的建议不仅未被采纳，而且不久他还因延误漕运而获罪罢官。他虽被罢官，却引发了一场近四十年的“泇河之议”。

泇河原是由分别发源于费、峄县山中的两条河流汇成的一条自然河流，东、西两支汇合后向南流于邳州、宿迁入泗淮。如果从吕孟诸湖向东开河接到泇河，沿此河道行运，就可以使运道东移，完全避开黄河的冲漫。但沿途三四百里的河程，穿丘陵越湖塘，地质状况复杂，开通之后其结果究竟如何，可否通运，令人难料。

隆庆五年（1571 年）四月，黄河又在邳州决口，这时工部尚书朱衡又奏请开泇河。于是朝廷命礼科给事中雒遵前去勘察。雒遵勘察后上言：开泇河虽然取道便捷，但是施工实在是艰难；所经过的葛墟岭（位于今微山县韩庄镇境内）高出河底六丈多，开凿仅仅才二丈，就会涌出水来；侯家湾（即侯迁，位于枣庄市台儿庄区之西）、良城（今邳州市戴庄镇良王城村）虽然都有了河的形状，但河里伏石太多，坚硬难凿，即使开凿，水流湍急，漕船也难以通过。况且蛤蟃、周柳等湖与河道相连必须在水中筑堤，用工和经费也没法算清多少。微山、赤山、吕孟等湖虽然可以筑堤，但是需要凿开葛墟岭来泄正流，开挖地浜沟来排泄零星的支流，做完这些才可以施工。

隆庆帝看了这个奏议，下令朱衡会同总河万恭等前去勘察。这一次朱衡回来却转变了看法，奏报开泇“有三难，大略如遵指”，并且说现在的漕河已经畅通了，徐、邳之间堤高水深，不必再另行开河。这个奏报再加上万恭提出的“开泇六难”“永罢开泇之策”等，开挖泇河的事也就作罢了。

万历三年（1575 年）二月，总河傅希挚又上疏朝廷，他在考察后向朝廷重提开挖泇河。据《明史·河渠志》，他在《开泇疏》中系统阐明：“治理黄河应当从它最大的祸患去着眼，一定要使它从根本上得到治理。不久前我看到徐州、邳州一带黄河的河床越淤越高，阻塞、决口、改道不在今年秋天发生就会在明年发生。如果在徐州、吕梁下游决口还好办一些，若在萧县、砀山的上游，那么不但会导致漕运中断，恐怕连徐、吕二洪都会干涸！如果在北岸决口，那么不走张秋也一定会冲到丰县、沛县。只有重新开挖泇河，把黄河放在一边，不把它作为运道，或许是最好的办法。”他在疏中批驳了原来开挖泇河的“三难”之说，言：“我派专人到‘三难’的地方逐个勘察。得出的结论是如果一开始就从上泉河口打通，一直向东南方向拓展，那么，水就是向低洼的地方流去。这样，水流趋向高处的难题就避开了。再向南一点经过性义村（今属微山县韩庄镇），那么岂不又避开了向东经过葛墟岭地高、石坚的难题了吗？稍微移动一下陡沟河，让它经过郭家西的平坦之地，那么，良城、侯迁的伏石就又可以躲避过去了。至于泇口上游和下游河水有深有浅，湖塘一个接着一个连片成网，其间还有不少砂礓石的问题，并不阻碍河床的拓宽。总比上自泉河口引水，下至大河口出水要好得多。这样，从西北到东南总共五百多里，比借黄河这条线近八十里，而且这条运道上，补充水源的河、渠、湖、塘占这一区域的十之八九。源头的水都是地下、地上水网相互贯通。这真是老天爷在帮助我们的漕运啊！过去朱衡开挖的新河、潘季驯开挖的邳河都是姑且补救一时之急，他们当时所用的工、费之多，难以用语言表达。现在虽然有幸没有出现阻塞，但是关键问题不解决，不能不担心会有突然的事故发生。到后来再用尽所有的财力来疏通最关键的地方，那么又和新河、邳河治理后依然水势汹涌有什么两样呢？如果用十年来治理黄河的费用完成泇河的开挖，泇河就是现在的黄河，而且不用担心它再堵塞和决口了。茶城也不再担心淤平阻塞了。徐、吕二洪的艰险也不用再担心了。漕运的船只不用担心沉没和折损了。洋山这条河可以不用挖，境山的船闸也不用再建，徐口防洪的役夫都可以省去，马家桥的堤坝工程能够中止。现在不提供这些经费，今后节约下来代替（开挖泇河的费用）还绰绰有余呢！我认为开挖泇河是适宜的。”

傅希挚的《开泇疏》如此深入翔实、精准透辟、入情入理，与一些官员奏章中的那种空泛、教条、庸冗之风形成鲜明对照。当时万历帝看后即命工科都给事中侯于赵会同傅希挚和巡漕御史刘光国考察后共同提出一个明确具体的议案来回报。开挖泇河之事看似可成为现实。

然而侯于赵赴实地考察后却提出一些实际的问题，认为应该先开凿良城伏石，事先修好丰、沛的堤防，然后再慢慢商议动工开挖泇河的事。主管此事的工部在呈报中的说法与侯于赵一样："谓开泇非数年不成，当以治河为急。"万历帝听后，很不高兴，责备侯于赵等人阻碍这件事，对其奏议表示质疑，并说这和傅希挚的奏议大不相同，但实际上仍接受了他们"先治黄河后开泇"的做法，使开泇之议再次泡汤。

至此，"开泇河"之议已成为一个"烫手的山芋"，对朝廷来说拿不起又放不下，朝臣们对此更是缄口不言，再不敢触碰这个话题。然而推动事情进展的却仍是黄河。据明人于慎行《韩庄新河记》，万历二十一年（1593 年）黄河又决口下灌沛县、徐州，加之"徐沛鱼滕诸郡邑雨潦大作，泉湖溢溢，汪洋滔天，漕堤溃决几二百里"。秦沟河口段愈淤愈高。此时，东起微山、吕孟诸小湖，西至马家桥、李家口一带汇为大湖。李家口河行船时纤挽无路，粮船无处停靠。当时舒应龙任总河，他借宣泄微山湖及其鱼台等县积水的议题，奏准在韩庄开一支渠，从韩庄向东，引湖水经过彭河走泇。工程于第二年动工，经过五个月的时间，开挖了四十五里中心沟（即彭河），并建成湖口闸。这就是泇河的上游。舒应龙以泄洪水的名义成功地开挖了一段泇河，虽有意避开争议的问题，实际上却积极地把开泇付诸行动。这样做也充分体现了舒应龙在从政谋事上的智慧和聪明。

其实在舒应龙开韩庄支渠之前，总河潘季驯曾于万历十九年（1591 年）主持开挖了一段李家口运河。据万历《滕县志》记载，李家口河自夏镇吕公堂（夏镇南六里老坝村）迤西转东南近微子山（今微山岛），又西南经龙塘至内华闸（位于微山湖西南端，在内华山西侧、张谷山东南，现属徐州市铜山区茅村镇）接镇口河（位于徐州市铜山区柳新镇）共 100 里。镇口河 18 里内建梁境、内华、古洪三闸，古洪闸原接黄河，后河口另建镇口闸，闸南 80 余丈入黄河。开挖李家口河之后坨城（即茶城，在徐州市铜山区柳新镇）段运河东移了 16 里至内华，由此原泗运旧道即完全废弃。

李家口河、韩庄支渠的开挖虽然仍没有解决运河避开黄淤的问题，但它在很大程度上揭开了开挖泇河的帷幕。

万历二十五年（1597 年），黄河又在徐州黄堌决口，河道向南迁移，徐州、吕梁以下河段几乎断流。这时开泇之议再起，连工部也赞同开泇河，但在行动上却犹豫迟缓，不见结果。至万历二十八年（1600 年）又有更多的大臣提议和赞同开泇河，其中尤以时任总河刘东星、夏镇分司主事梅守相、御史张养志等起了决定性作用。刘东星被万历帝命为开挖泇河的督理。张养志向朝廷提出“四议”，对开泇河做了新的论证，对实施方案等做了调整和修改。在原来舒应龙开挖的韩庄支渠基础上，刘东星主持了对河槽的加宽加深工程，开良城、侯迁庄、万庄、由黄泥湾到宿迁之董口河道。虽“地多砂石，工艰未就”，但他排除了种种困难，终于在万历二十九年（1601 年）开通了泇河。他还于韩庄向北在湖东开河 45 里以便纤挽船只，避免湖中行船发生漂沉之风险；同时在韩庄以东的河槽上分别建巨梁石闸和德胜、万年草闸等。为开泇河，刘东星“殚精竭虑”，带病督理，最后殉职于任上，令后人赞叹！

泇河虽然初步开通，但尚不能通运，仅能通行小船：“河身尚浅，水正二三尺不等，江浙、湖广粮船重大，难以通行。”（《行水金鉴》卷一百二十七）万历三十一年（1603 年），时任总河李化龙再一次提出开挖泇河通运，并于次年正月上《请开泇河酌浚故道疏》，其中提出开泇河的“六善”“二不疑”说，全面阐述了开泇通运和避黄的必要性和益处。万历帝表示赞成，诏命即刻集中力量开工。新开运道自夏镇南李家口（今三孔桥）向东经种口渐转东南郗山，至韩庄折向东，经台儿庄，转东南至邳县直河口入黄河（黄河夺泗之运道），全长260里，统称泇河，至万历三十二年（1604年）五月通航。当年粮船就有三分之二通过泇河。泇河开通后，南来船艘由邳县直河口入泇河，经台儿庄、韩庄、李家口入漕运新渠，经夏镇至南阳，再向北经鲁桥、济宁等驶达北京。万历三十三年（1605年）漕船过新渠达8000多只。此时李化龙因母丧离任，总河曹时聘接其任又完成了未竟之工，包括修台儿庄、侯迁、万年、张庄、德胜、韩庄等船闸八座，疏通东部山泉济运支渠等工程，还设立了泇河运段的管理机构，增设河官和闸夫，建邮驿、巡检司等。到这时，一项前后争议了近40年的工程在经历一波三折之后，终于完成。

泇河新渠虽然通航了，但围绕开泇河的争议却并未结束。

明代围绕山东南部的治河保运，朝廷大臣在主张上形成两派：“借黄行运”派与“避黄行运”派。“避黄行运”派的主张从上文翁大立、傅希挚、舒应龙、刘东星、李化龙等人的奏议中已看得比较清楚；“借黄行运”派以潘季驯、万恭、常居敬等为代表，他们认为当时的根本问题是黄河，只要集中全力把黄河治好，既可以使百姓摆脱“黄祸”，又可以“借黄行运”。潘季驯治理徐淮黄河的成功案例证明，黄河淤塞运道问题是可以解决的，分散力量再开新河是没有必要的。在泇河之议中，“借黄行运”派反对开泇河；在泇河开通之后，他们又认为开挖泇河是不成功的，反而贻误了对黄河的治理。正如万历三十四年（1606年）二月，广西道御史史弼上疏所言：“泇河开成以后就一定可以代替黄河吗？目前泇河经常河浅没水，到夏秋就受沂河、武河和京河的山洪冲击，出现大量淤沙，而黄河却仍然到处决口。”

在这种争议的推动下，泇河新渠在明末又不断进行拓宽、疏浚，而“借黄行运”的方案也并未立即废弃，在一段时间中两条线路均可通航。直到明朝灭亡，对于泇河的争议才完全止息。

清代完全继承了开挖泇河的成果，并把它作为京杭运河的主航道，旧运道被完全废弃。清代治河专家靳辅评价说：“有明一代治河，莫善于泇河之绩。”（《山东运河备览》卷三）这似乎就成了对开挖泇河的历史总结，此后的300多年中，这段京杭运河再没有改变。

南四湖的形成

在南阳新渠和泇河开通之后，整个鲁南运河从南阳至江苏邳州400多里完全变成了人工河道，运道东移。古泗河消失了，其流域成为黄泛的散漫之区。在黄河的屡次冲积下徐州段地势逐渐升高，南流的水系无道下泄，在当地形成广大的积聚区。这一重大变迁的结果是原来广袤的田野都变成了大泽——南四湖，该地区的整个自然面貌和生态也都改变了。

南四湖的出现，总的来说是明代黄河频繁决口漫溢泗河以及开挖运河工程改变原来水系的结果，是人与自然相互干预的产物。具体来说，各湖的形成过程和水源情况并不完全相同。了解其形成的历史，对于我们今天保护和利用南四湖有重要意义。

1. 昭阳湖

现在的南四湖中最早形成的是昭阳湖。原来的古昭阳湖是以东部丘陵地区的泉水为源的，初现于宋末元初，面积较小，方圆仅数里，在其上下还有几个互不连接的小湖。明嘉靖《徐州志》卷七载：“昭阳湖在县治东北八里。”其大体位置当位于今微山县赵庙村北、聂庄铺西。明永乐九年（1411年），工部尚书宋礼重开会通河，把昭阳湖作为水柜，并在昭阳湖南口建石闸，东西两个小湖南口各建板闸（成化时都改为石闸，弘治时重修）。由于蓄水济运，昭阳湖的面积逐渐扩大。据《明史·河渠志》：“诸泉所汇为湖，其浸十五……南曰大小昭阳，大湖袤十八里，小湖杀三之一，周八十余里。”其下游与薛水合，改由金沟口入泗，北属滕，南属沛，南距沛县八里。明嘉靖年间，黄河频繁向沛县、谷亭一带决口，泗河淤垫，洪水越过泗河运道进入昭阳湖，将昭阳湖与周围的几个小湖连成一片，面积迅速扩大。当时官民船只可以假道昭阳湖。嘉靖四十四年（1565年）七月，黄河大决曹、沛，将谷亭至徐州间200余里的运道淤为平陆。隆庆元年（1567年），工部尚书朱衡主持开挖南阳新渠，运道东移，南阳至留城段泗河运道被废弃，昭阳湖失去堵截西来黄水的屏障，黄泛逐步向东挤压，万历二十年至三十年间（1592—1602 年），昭阳湖面积进一步扩大。其南端便与塔具湖相连，北边与谷亭以南 20 里的孟阳泊相接。在清代微山湖、南阳湖形成之后，昭阳湖南北先后与微山湖、南阳湖连在一起，这时昭阳湖南起沛城东，北至南阳马公堤，“周围一百八十余里，界在滕、沛、鱼台三县境内”（《山东运河备览》卷四），达到其历史上的最大面积。

2. 独山湖

现在的独山湖是明代开挖南阳新渠以后形成的。古独山湖初现于元末，位于现在的独山脚下，面积很小，由北、东诸山的泉水汇集而成。因范围逐渐扩大，近于南阳，又有南阳湖之称（后来的南阳湖当时尚未出现）。后来又与阳城湖相接，因而又称之为阳城湖。阳城湖初现于明朝初年，地点在独山东南，西距鱼台县治（旧县治）70 里，位于今滕州市的岗头、望冢西，初为滕县城北的三里桥泉、七里沟泉漫流形成的陂泽。为蓄水济运，明正统二年（1437 年），漕运参将汤节在其南岸建积水闸一座，开渠引水由鸡鸣台入运河。其后面积逐渐扩大，约在明成化年间与独山湖合而为一，周围 50 余里，嘉靖中扩展到 70 余里。

明隆庆元年（1567 年），漕运新渠凿成后，把阳城湖隔在新渠东岸，北面凫山山脉的诸泉水以及东面邹、滕县的界河沙河诸水大都汇集于此，使湖的面积迅速扩大。后来南阳新渠为排泄湖水，建了许多进、排水闸，随着昭阳湖逐渐淤高，湖水上涨，阳城湖水不能下泄，便逐渐扩展成大湖。万历年间扩展至今留庄镇南、北羊庄以西，此后即多以独山湖称之。

在清代，独山湖进一步扩大，面积超过了现在的范围。北、东两面紧靠山坡，西、南即漕运新渠，隔渠与昭阳湖相望。乾隆《鱼台县志》卷二：“独山湖在运河东，中有小山耸峙故名。湖长九十里，周一百九十余里……据明史，湖周七十余里，今已倍之，缘河底渐淤，增筑堤埝，水随埝长，南北漫溢而然也。”民国《济宁直隶州续志》卷三载：“独山湖在鱼台、滕县境，近日北岸兼溢入济宁境。其属鱼台境者，随运河左岸迤而东，成东西斜长，约五十里弱，西、南二面湖堤长约三十余里，水口十有八……湖岸自济宁枣林闸南运河左岸起……绕两城山麓……南入鱼台境……又东经寨山、染山之南……入滕县境，曲折约行六十里弱。”

3. 微山湖

现在的微山湖湖区，在明代之前是一片低矮的岭地，以微山最高。在其东、南分布有许多小湖，如微山湖（古）、郗山（又作“赤山”）湖、吕孟（又作“吕蒙”）湖、武家湖、张王湖（有文献作“张庄湖”）、黄山湖等。诸小湖分别是由滕、峄县山中流来的泉水和运河闸坝的蓄水而形成，有常年性的或季节性的。它们初现于明弘治至嘉靖年间。据康熙《大清一统志》卷九十九载：“微山在滕县南一百里……上有留侯墓，其下为微山湖，黄沟水入焉；又东南为赤山，其下为赤山湖；又稍南为吕孟山，其下为吕孟湖。”郗山湖受薛河之水。在明代中期，由于黄河淤积，徐州一带地势逐渐抬高，使微山一带积水向南排泄受阻，因而诸小湖逐渐扩大并连成一片。在隆庆年间夏镇新渠开成之后，留城至境山（位于徐州北境，北距留城 53 里）段仍沿用泗运旧渠，后来黄河又数次决口，漫淹淤积留城南北和秦沟一带。万历年间先后开挖李家口运河和泇运河，使运道步步东移，将诸湖隔于运道之西，完全变成黄泛的漫溢之区，积水更加增多。至明万历年间，微山、郗山、吕孟诸湖就连成一片，统称吕孟湖。如明人万恭《治水筌蹄》卷上所言：“吕孟诸湖原属膏腴，以运河水不得泄汇而成者，改鱼课焉，名曰‘湖米’。”此后，其又逐渐与留城一带的积水相汇。在万历二十一年（1593 年）黄河发大水时，湖水大涨，古留城被淹没于水中。据清康熙《滕县志》记载，顺治年间废镇口河，专用泇河，微山、郗山、吕孟并昭阳等湖汇而为一，李家口诸河故迹遂没。连接成片的湖初称“吕孟诸湖”，后又进一步向北与昭阳湖相接，东至韩庄、西至故留城，南抵茶城，东西四十里，南北八十里。嘉庆《大清一统志》卷一百六十五载：“吕孟湖在滕县南一百二十里，北为运河，其西为赤山湖、微山湖，东为张庄河，又东接峄县之韩庄湖，实一湖也，今通谓之吕孟湖。”其亦名曰“赤吕诸湖”。在吕孟湖与昭阳湖汇成一体后，因其位于微山之南，故人们渐称其为微山湖。

4. 南阳湖

在南四湖形成中以南阳湖为最晚。该地区原系一片平原，并无湖泊。南阳湖是因后来下游河道淤塞而形成。

在明隆庆年间南阳新渠开通以后，原泗河运道的南阳至留城段被废弃，原来自西流入泗河的赵王河、牛头河等河道失去下泄之路，因而在南阳一带积聚漫溢成湖。其源为上流河南省黄河的决洪和鲁西南曹濮郓巨嘉诸州县的地表水。明代总河翁大立言："遇黄流逆奔，则以昭阳湖为散漫之区；遇山水东突，则以南阳湖为潴蓄之地。"（《明史·河渠志》）

南阳湖与昭阳湖成因不同。清代之前，南阳湖地处鱼台县境，清康熙年间之后逐渐向北扩展至济宁境，周回四十余里。康熙三十年（1691 年），鱼台知县马得祯为防止南阳湖向南与昭阳湖连接起来，隔断南阳湖与外通路，主持修筑了一条大堤，并建长桥，后称马公堤或马公桥。康熙三十三年（1694 年），济宁知州吴柽为阻止湖水北泛，在运河与牛头河之间修筑了一道长 1260 丈的横坝。乾隆十年（1745 年），湖水越过横坝北漫，南阳湖面积迅速扩展。清光绪《鱼台县志》卷一载："南阳湖，在县东北五十里，牛头河、新开河之水所汇也。东距运堤，西畔广运闸、柳沟诸村，北界济宁境横坝，南则马公桥也。桥以南即昭阳湖矣。"又据民国《济宁直隶州续志》卷三载："乾隆间，湖已北溢。二十年，复于旧横坝之北筑新横坝，东起州境鲁桥南、枣林闸北运河西岸，西至秦家庄，长约六里余，南距旧坝约五里余。近时水泛滥益北，两坝俱毁，与运河、牛头河之溢水合，北抵石佛闸，西逾牛头河，面积大十余倍。"

自清康熙年间南阳湖形成并向南与昭阳湖、独山湖连接之后，四湖即连成一个整体，南四湖也就形成了。这一过程前后历百余年。全湖南北长 460 里，成为我国北方最大的淡水湖。

在南四湖中，昭阳湖与其他三湖有所不同，其形成时间较早，而且自清代之后面积逐渐缩小。由于明代运道东移，昭阳湖被隔于运河西岸，不能再接纳东山诸泉水，逐渐失去作为运河水柜的功能。又由于受黄河漫溢影响，其被淤填后地势逐渐抬高。自清初南面微山湖向北扩大与昭阳湖连成一片之后，因地势北高南低，昭阳湖有水即流入微山湖，再也蓄留不住积水。其虽然上流与南阳湖相接，但只是充当为下流微山湖输水的角色。南阳湖、独山湖因纳上流诸河流之水，水源较丰，其涨水通过昭阳湖南排于微山湖。昭阳湖自身无蓄水的条件，因而瘦身如河，湖水浅狭。每逢大旱或缺水之年，常成为旱地。其原来的大量湖地被周围之民开垦为农田。清嘉庆《大清一统志》

卷一百六十五载："湖水填淤，居民树艺其中，化为膏壤矣。"总之，受运河东移、昭阳湖来水条件改变、黄河淤积以及人工围垦等影响，昭阳湖的面积是逐渐缩小的。这也是整个南四湖呈现两头阔、中间狭的原因。

经过100多年的变迁，原来广袤的田野变成了汪洋大泽——南四湖，伴随着自然环境的改变，该地区的经济、社会生活也发生了巨大变化。由于大部分农田变成湖泊，广大居民失去了土地和家园，只能弃农从渔，常年驾船漂泊于湖上，以捕捞为业。在环境变迁中，原泗河沿线的许多古城、名镇一个个消失了：湖陵故城、古留城、庙道口、鸡鸣台、金沟、沽头、马家桥等先后没于水或被冲废。而随着运河的东移和漕运兴盛，一批新的城镇出现了。在南阳新渠和泇河未开时，其所在的地区都是人烟稀少、地貌荒凉的旷野，如躧城、夏村、韩庄、台儿庄等不过是普通的村落，而随着新运河的贯通，它们一个个华丽转身，很快成为繁盛的名城重镇，至今名闻南北。

今天我们无法说明当初的那场变迁究竟是得还是失、是益还是损，如果没有当时的改变，泗河流域会是什么面貌呢？每个时代的人们只能接受前人留下的成果，并且面对现实解决好当前的事情，以史为师，放眼长远，把新的伟大事业做好。

（本文曾发表于《济宁日报》2020年7月18日、26日，有修改。系根据相关历史文献和网络资料所编写，尤其是引用了王伟、王新学、关琳《京杭运河微山段前世今生》和董运启《历史上的"泇河之议"》等文中的一些观点和材料。在此特向以上诸位作者表示感谢！）

附图：

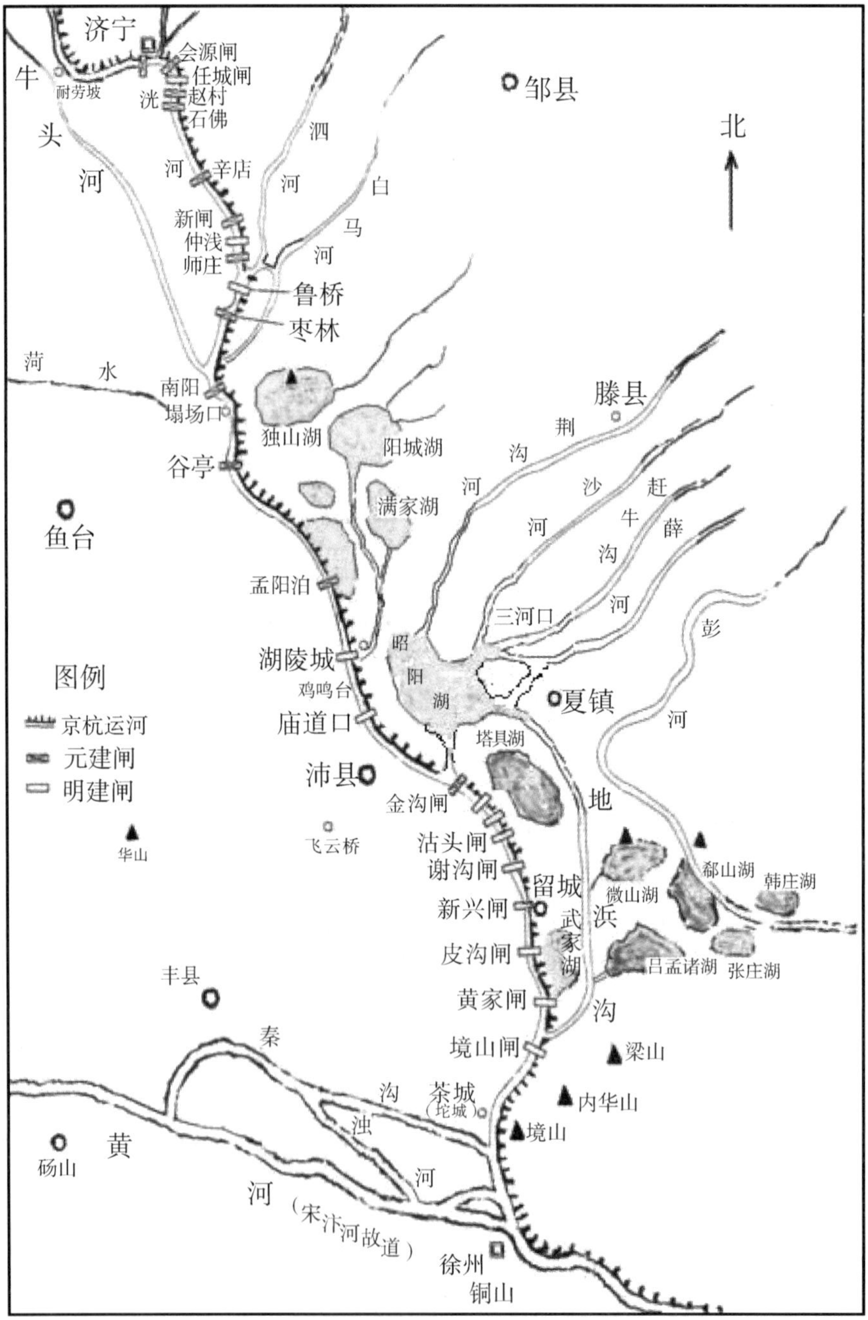

元代至明初山东南部运河示意图

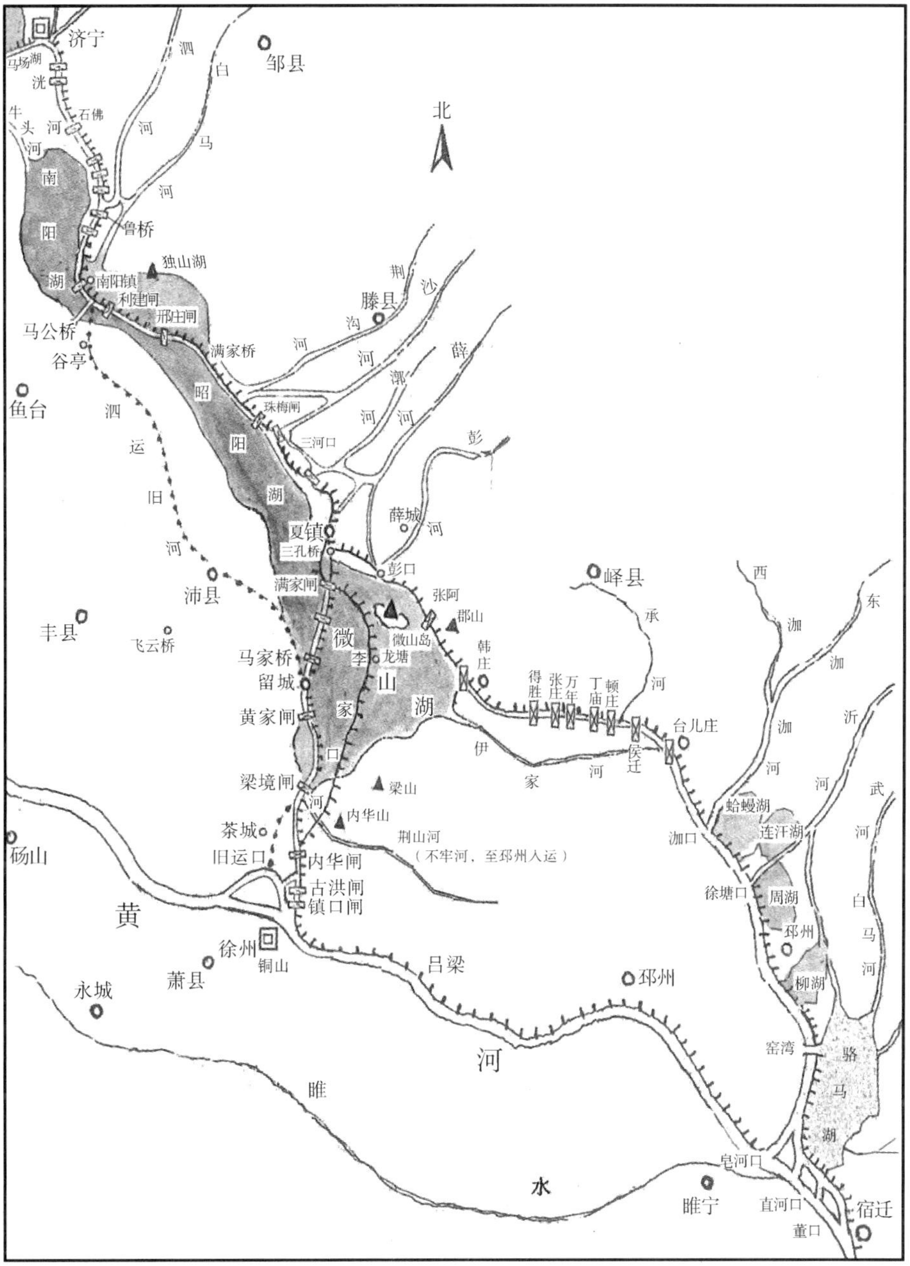

明隆庆年间至清初山东南部运河示意图

明清两朝“恢复安山湖”始末

安山湖，是山东运河开挖中的一个重要关联水体。现在不少人都知道它的名字，但却未必清楚历史上的安山湖其实并非一个，而是两个——在形成时间、所处位置、演变过程等方面完全不同的两个。

早先的安山湖存在于金元时期。它是自然形成的，是古代梁山泊的余潴。宋代以后，梁山泊由于屡受黄河冲积，地势逐渐抬高，大部分泊地涸为平陆，其水面向中心收缩，至金元时期就只剩下安民山周围的一片水域，由此被称为安山湖。其水源主要是纳济水（遗渎）和汶水，二水汇聚于此，继而向北循大清河入海。元代自任城开挖济州河（1283 年），其北端就在此处，向北即入大清河。后来元人开挖会通河（1289 年），又以这里为起点，沿湖南岸和西岸向西北行，至临清，其 250 里漕渠主要是从安山湖输水。但由于开挖会通河“引汶绝济”，此后安山湖就只以汶水为源了，其水量逐渐减少。元末明初黄河又数次决口冲漫梁山泊地区，最后安山湖和会通河均被淤平（1391 年），二者俱由此而废没。

本文所讲的安山湖，是明代才出现的。永乐年间宋礼重开会通河，运道改由安民山以东 30 里的袁口至大安山一线，然后向西经东平县的戴家庙、八里湾、十里堡等进入寿张县沙湾归入元漕旧道。新开的运河主要以汶水为源，为此修筑了戴村坝遏水至南旺济运。由南旺向南北分水，贯通济宁至临清间的运道。为了解决南旺至临清之间河程长、水量不足的问题，明廷重建安山湖，以为济运水柜。

新建的湖仍以“安山湖”为名，但位置与旧安山湖不同，位于运河南岸（该段运河成东南—西北走向）、安民山以北，全系由人工筑堤圈建。它东起大安山马家口，西至戴家庙，西南至寿张集，东南至赵家庄等，周围八十三里零一百二十二步。湖东北大安山处建通湖闸以与运河相通。其水源主要是以新开的柳长河，引西南濮曹一带济水旧渎下泄入湖。据清蒋作锦《东原考古录》载：

“柳长河，济水旧渎也……所谓北清河也。明置安山湖，别无泉源，河由荆隆口出水，分入济渎，名济水，迳郓城东南，由北清河汇入安山湖，以济运。”又载：“安山湖在安民山北，旧小洞庭湖也……周围八十三里有奇。”

安山湖建成以后，又于正统三年（1438 年）在东平州知州傅霖主持下进行了复修疏浚，并于运河南岸建置戴家庙闸和通湖闸两座。在这一时期湖内水量充盈，对于补济山东北部运河用水起了很大作用，时“蓄水最盛，并建两闸，出水济运”。尤其是使张秋至临清段漕运保持了经常性畅通。但是作为一个人工湖，其还要接受自然条件的考验。安山湖在良好运行了七八十年之后，便出现了一个变化趋势，即水量逐渐减少。

尤以弘治八年（1495 年）以后，由于刘大夏筑黄陵岗（在今河南省兰考县东北，与山东曹县相近）以塞黄河荆隆口决河，同时也堵塞了济渎的北流，此后安山湖就失去了来自上流河南省的水源，只能靠湖南一带下泄的坡水（雨水），成为季节湖。每年有大半年干涸，当冬春运河乏水之季，湖内恰逢无水，再不能起到水柜作用。湖堤、闸口多有圮废。湖内涸出的土地越来越多，逐渐被当地绅民盗垦侵种为禾田。

面对安山湖的状况，究竟是废是修，朝臣们的意见长时间不一。

然而漕运的安危毕竟是主要的考量。终于在嘉靖六年（1527 年），于河臣的奏请下重修安山湖。新修湖的面积比原来缩小，湖周围涸出的土地听由绅民垦种，只筑堤圈了周围为三十里的一部分为水柜。傅泽洪《行水金鉴》卷一百二十五载：“东北自通湖闸起至西北焦天禄庄止计长十三里，自焦天禄庄起至西南王禹庄止计长七里零，自王禹庄起至东南青孤堆止计长九里零，自青孤堆起至通湖闸止计长七里零，周围共计三十八里。”于运河南岸增建了似蛇沟、八里湾二闸，以与湖相通。湖修得可谓规整，但湖内增蓄水量有限，并且“岁久填淤”。对于这个新湖的情形，明代治河专家潘季驯在其《河防一览》卷十四中曾记述：“湖形如盆碟，高下不甚相悬，水积于中，原无堤岸，东南风急则流入西北燥地，西北风急则流入东南燥地，未及济运消耗过半。且自许民佃种以来，百里湖地尽成麦田。”据清陆耀《山东运河备览》卷六，万历六年（1578 年）清丈安山湖，“其高而宜田者已有七十七顷有奇，其卑而宜柜者止四百一十六顷有奇”。

万历十七年（1589年），工科给事中常居敬奏请复湖，“规以潴水”。朝廷遣人于湖中修筑了土堤四千三百余丈，于湖之南北口各置一闸蓄水济运，但修好之后仍无水可蓄，湖“旋以浅涸”。

自此至明末，朝臣中关于复修安山湖的声音渐微，大多数人的看法是安山湖已失去水柜功能，主张将其废弃归田。如总河万恭在《治水筌蹄》卷下中就言：“安山湖不可柜。”

然而，对此做出决定性取舍的还是自然之力。清顺治七年（1650年）河决荆隆口，泛漫张秋以南运河，安山湖完全被淤平。时有河臣卢崇俊曾奏议挑复湖心，计费帑金二十余万，但因朝廷无可设法而中止。这时当地官府不得不放开湖地，听民垦种。至康熙十八年（1679年）进一步升科纳租，经前任河道总督靳辅委官丈量，当时共开地九百二十五顷三十八亩有奇。据康熙四十四年（1705年）《山东兖宁道册》记载：“南旺以北，旧止有安山一湖，而今尽成民田。”

由于安山湖被废，山东北段运河缺水之疾日显。这成为此后张秋至临清段漕船不畅的一个主要原因。尤其是在春季枯水之季，正值江南漕船北上山东之时，东昌一带河段时常出现浅涩不能进的情况，这成为困扰朝廷的一个重大难题。面对这时状况，朝臣中要求恢复安山湖的动议又重新出现。清代治河名臣张伯行就是一个代表，他在《居济一得》卷四中言：“查从前北运不浅阻者有安山湖以蓄水也。自安山湖闭而东昌一带每有浅阻之患矣。今宜复安山湖，并各湖口闸照旧修补完固，以备蓄泄，则水有所蓄，而北运自无浅阻之患矣。”

在恢复安山湖的呼声推动下，雍正三年（1725年）内阁学士何国宗同护军参领翟桑，御史尤清、王之锜，工部员外郎马泰等官员赴山东勘察，然后奏议恢复安山湖，重建运河水柜。据《江北运程》卷十五，相关奏疏中言：从安山湖被淤废之后，“自南旺下至卫河四百余里，无支河泉源”，漕船屡屡受阻。“今安山湖现有积水，请因其洼下将周围湖堤循照旧址再加修筑。”

其建议被朝廷采纳，工程约于雍正四年（1726年）开工。山东巡抚陈世倌会同河督亲赴督工。整个工程十分浩繁：不仅沿湖将废堤重新筑起，而且还于运堤南重修了已废的通湖、似蛇沟二闸，于八里湾、十里堡两废闸间新建了安济闸，闸下各挖支河通入湖心。湖南十多里岸堤上则筑建了六座闸，即朱家口、沈家口、王家口、吴家口、赵家口、杨家口，后称“六堤口”，以引堤南坡水入湖。还重新开挖了柳长河，以期引梁山鱼营和宋家洼（居汶上县地）两处坡水进湖等。整个复湖工程可谓规划详备，对于各闸、引河如何实施收水放水等“规制甚详”。

但是，工程进行了几年仍未告竣，新修闸、河却显现出不尽如人意的地方：新修闸、河并未引来多少水。梁山鱼营和宋家洼两地中隔金线岭高地，这使新修的柳长河不能跨岭贯通，宋家洼坡水流不过来。闸不能引水，河不能通流，湖中蓄水甚少，并且伏秋积潦涨溢，春冬则彻底干涸。

这时（约雍正十年，1732 年）新任山东巡抚岳濬会同总河朱藻共同赴当地勘视，清楚地看出湖之久弊在无水源，安山湖“不堪复作水柜”，即令“停止其役”。据《江北运程》卷十五，岳濬在奏疏中言：前明永乐年间修安山湖，是时本有河南济水分流由巨野、郓城汇入，而自弘治六年（1493 年）刘大夏建筑太行堤，荆隆口塞济水不能通流，唯以“堤南坡水和运河余涨，此外无源”，“仅借朱家洼等六口并柳长河坡水入湖，消长无定”。询问当地父老，皆言此湖每年伏秋之间坡水流入，湖水涨发，是时运河亦弥满，无需增益。而交春以后渐就退减，水积聚于湖心，三四月后悉经干涸，而恰于这时运河浅涩，而湖水先已耗竭，涓滴不能济运。此湖进水易出水难，仅可作泄水区，不可济运。“以此作水柜，是以无源之水蓄之有漏之湖”，“但称水壑不可称水柜。”

他的建议最终被清廷采纳，朝廷于雍正十三年（1735 年）罢废了复湖工程。新筑建的湖堤、群闸和新挖的引水河等皆无果而废，之后湖地重新给乡民认垦耕种。自此安山湖全部还归了农田，这正应了明臣万恭“安山湖不可柜”的断言。

安山湖作为一个人工湖，良好运行了约 80 年，但在其废弃和修复的反复变化中又经历了 240 年，最后以复湖的失败而遭彻底废弃。其间屡经修复又屡经认垦承粮，复湖、还田，旋筑旋废，耗费了多少民力国财，也留给后人无尽思考。圈湖、造河、建闸的工程都是容易做的，但水源并非靠头脑想象就可产生出来。策划者的主观愿望诚然美好，但如果脱离客观实际和违背自然规律，其必将付出沉重的代价。

（本文曾发表于《齐鲁晚报》2020 年 12 月 17 日，有修改）

附图：

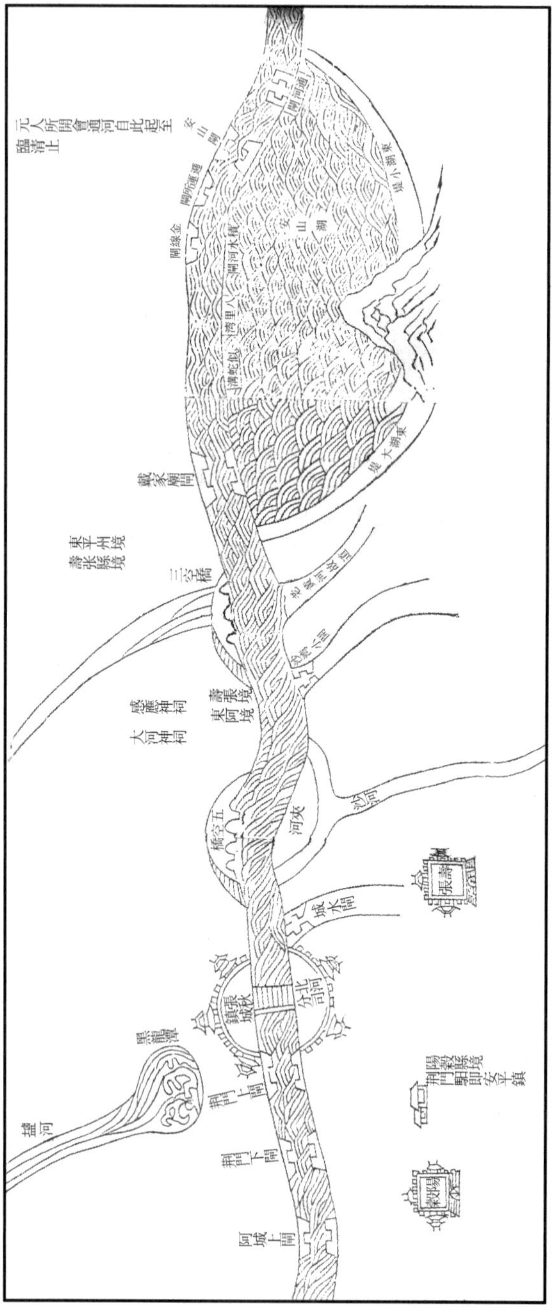

安山湖及其北部运河图

资料来源：（清）叶方恒：《山东全河备考》卷一《图志》，清康熙十九年刻本。

“南旺分水”如实说

京杭大运河南旺分水工程，是中国古代水利建设史上具有世界影响的伟大科技成就之一，是科学调控水源和实现大运河跨“水脊”通航的成功范例。然而关于南旺分水的具体情形，在今天看来却并不是完全清楚的。为了更加准确地认识这一古代工程，对于现有历史文献记载有必要进行一些考证和澄清。

南旺分水究竟始于何时？

关于南旺分水，现在看到的大多数历史文献都记作始于明代，即永乐九年（1411年）工部尚书宋礼疏浚会通河采纳当地老人白英之策而为之。然而以笔者之见，这种说法并不准确。事实上南旺分水并不始于明代，而是从元代就开始了。

众所周知，京杭大运河始建于元代，其标志性工程是济州河和会通河的开通。至元二十年（1283年）元人首开济州河，从任城至安民山（今属梁山县）约200里，中间穿过“水脊”南旺湖，将该湖一分为二作“南旺东湖”和“南旺西湖”。济州河就是直接以南旺湖作为水源，南旺湖水由此向两边分流，南接任城洸河，北接安山湖。

南旺湖是以汶上县东北部的泉水为源而形成的。据历史文献记载，当地泉水诸多，其中有名的泉就有十多道，无名的泉更不可计数，因此历史上汶上县就是一个“泉河之乡”。这些泉河都顺地势由东北向西南流，汇于南旺湖中。直接入湖的河流有北泉河、南泉河、白马河、鹅河（故宋运河）、黑马沟（圣泉河）等。当时的济州河就是直接利用的这个天然的水系。后来（至元二十六年，1289年）又开挖会通河，从安民山向西北至临清，新开河道直接由安山湖（汶水与济水汇合处）供水，而其南段仍是利用的南旺分水。

明代永乐九年（1411 年）重开会通河。相比元运河，明代运河在河道通行量上增加许多，所需水量更多，这时元代安山湖已经消失，仅靠南旺湖和当地泉水已无法支撑济宁至临清 450 里运道的正常通行，必须增加水源。当时采取的重大措施主要有两项：一是采纳白英的建议从戴村遏汶河水下南旺，为此新开小汶河 90 里，使汶水与当地泉河水合流济运；二是于大安山与戴家庙之间新建安山湖，并开挖柳长河引西南濮曹地带的济水故渎入湖，作为调蓄运河水量的水柜。这两大工程的实施较好地解决了北部运河的供水问题。

明代宋礼和白英在新开会通河中的主要贡献，就是新建戴村坝引汶水补南旺，以及进一步开发汶上县泉源以济运等，从而大大拓宽了运河的引水渠道。但是就南旺分水来说，其仍是因循元代的做法。但后世史家在介绍南旺分水工程时，往往将功绩归到宋礼和白英身上，而抹杀元代南旺分水的始创成就。其实准确来说，即使戴村坝的引汶工程，也是完全照搬了元代堽城坝的做法。元代堽城坝是泰安人毕辅国主持开建的重大运河工程，其目的是遏汶水南下任城济运。而戴村西距堽城 50 里，两坝功用几乎相同，正如清代治河名臣张伯行在《居济一得》卷三中所说："戴村坝乃宋礼因堽城坝而制之者也。"所以，明代的南旺分水工程实际称不上首创。

从根本上说，南旺分水工程是当地群众智慧和经验的结晶。世代耕作和生活于泉河之乡的老百姓最了解当地的地势水情，对于如何开河通漕、找泉引水再清楚不过：从汶河上开个口即可顺流到南旺，从南旺开河就可自然向两边分流。这是当地的地势条件使然，无须高人指点。当年白英建言之时，年龄为 49 岁，算不上是老人，更称不上是超凡的智者。他自幼生活于泉河之乡，对这一带的水源及地势自然十分清楚，他的见解不过是当地百姓的常识。如果说南旺分水工程有所创新，那也是完全建基于当地老百姓的经验之上的。

关于会通河的疏浚，就连明人也承认这是继承自元人的。如明代邱濬在《大学衍义补》卷三十四中就说：会通河系"元人始创为之"，其"开创之功"属于元人。元代的不足在于，当时以海运为主，河运量很小，因而"未至于大成"，"未得其大利"。而其"修理而拓大""极盛"之功却在明代。这种评论对于南旺分水工程来说也是适用的，其开创之功当在元代，而将其发扬光大当是在明代。当然，宋礼、白英善于将前人的经验和群众的智慧运用于解决当前的实际问题，其贡献和成就也是很大的，尤以白英当之无愧为“农民水利专家”。但由此而否定前人的开创之功，完全抹杀元运河的历史真实则是不应该的。

在后世官员和百姓眼中，白英被神化，传说他能用“手指点泉”，手指向哪里哪里就有泉水。正德年间朝廷还为其在南旺修建了庙宇“白公祠”，世代奉祀。清代又先后敕封其为“永济神”“白大王”等。一位普通农民神化为“龙王爷”一般，能够行云布雨、消灾降福等，这更加说明了白英治水的事迹被夸大的成分太多。南旺分水的真实历史不应该是这个样子。

运河过南旺，船舶是“爬坡”“越岭”吗?

《明史·宋礼传》载：“南旺地势高，决其水，南北皆注，所谓水脊也。”但南旺“水脊”究竟高多少？真实情况如何？这里有必要加以考证。

关于南旺的相对高度，多数学者喜欢引用《明史·河渠志》的记载：“自南旺分水北至临清三百里，地降九十尺”，“南至镇口三百九十里，地降百十有六尺”。据考证，明代的一尺略短于今天的一尺，当时的一尺相当于今天的0.327米。依此测算，南旺地势比临清、镇口（徐州之北镇口闸）分别高出29.43米、37.932米。

然而查阅现在各地的海拔高度资料，得知南旺的海拔高度是40米、临清市区地面是31米、镇口是32米，就是说南旺分别比临清、镇口高出9米、8米。当然这并不是历史上的数据，其主要原因是受黄河淤泥之影响，徐州与南旺现在的海拔高度都比明代有所上升，而尤以徐州一带的上升更大。现在我们按徐州淤高5米、南旺淤高1米算，两地现在海拔高度分别减去5米、1米就是明代的实际高程，那么可知当时南旺与临清、镇口的落差分别应是8米、12米。其与《明史》的记载相差很大，不及其三分之一。这说明《明史》中“地降九十尺”“地降百十有六尺”的说法严重夸大了实际情况。《明史》相关记载的依据是什么我们不得而知，但有理由认为其并非出自精准的测量。我们还可以发现，同出一部《明史》，不同部分的相关记载也不尽相同：《河渠志》中说南旺“南至镇口三百九十里，地降百十有六尺”，《宋礼传》中却说南旺“南至沽头，地降百十有六尺”。同为“地降百十有六尺”，一说是至镇口，一说是至沽头（今徐州市沛县湖西新村），两地相距百里之遥，北高南低，岂能都是“地降百十有六尺”?！这也说明《明史》对于南旺地势的描述并不准确，或仅是一种主观猜测。

以南旺至临清300里河程实际落差8米、至镇口390里河程实际落差12米测算，这两段运河的比降分别是0.05‰、0.06‰，即每公里落差分别为5厘米、6厘米。其比降之小，在通航中几乎可以忽略不计。如此小的比降，无论对于行船还是行车来说，都是人们无法感觉、观察出来的，根本不能产生“爬坡”“越岭”的感觉。

京杭大运河全程真正的“制高点”在哪里？它其实是在最北段的通惠河上。据考证，位于京杭大运河北端的北京积水潭的海拔高度是51米，大大超过南旺。对北京至天津段运河来说，其150公里的河程落差达49米之多（天津海河水平面海拔高度2米），其比降是0.32‰，这是南旺上下河段的六倍之多。因此，若把运河行船看作“爬坡”“越岭”的话，那也应在天津至北京之间的通惠河和北运河上，而数不到山东段。即使临清（海拔31米）至天津（海拔2米）段、台儿庄（海拔28米）至淮安（海拔7米）段的比降也远大于山东段。相比而论，山东段运河的地势是较平坦的。山东段运河落差小，流速缓慢，容易淤积，这是历史上山东段运河不畅的一个重要原因。当然，在古代没有测量地理高程的科学方法，人们单靠体验和观察是无法准确地判断各段河流的比降差别的。但在今天已经具有科学标准和方法的条件下，有必要把京杭大运河的真实情况弄清楚。

实际来看，南旺的地势只是比南北两边稍高一些，《明史》谓之“水脊”的说法有文学夸张的成分，但后世的著家却对其进一步夸大，杜撰出船舶过南旺要“爬坡”“越岭”之说，则是更加远离了事实。

我们看到，在今天关于大运河的各种著述中，所谓南旺“地势高亢”，是大运河全线的“屋脊”“驼峰”，“形成两端低洼中间隆起状如拱桥的地貌”等说法屡见不鲜。有的还说是宋礼、白英等人发明了先进的科学技术，解决了船舶“爬坡”“跨脊”“越岭”的难题，并“使滔滔运河水爬过这百尺水脊”

等。其把事情说得愈是奇妙，就愈加包含虚假的成分。

长期以来，有一幅《京杭运河沿线地势剖面图》被各种出版物所引用。该图将京杭大运河的水平长度高度压缩，而只表现其垂直方向的高程，给出的运河图形似高耸的山岭，南旺则居于顶峰处。运河行船完全像是在爬坡和越岭。这就完全扭曲了事实真相，严重误导了读者。该图在制作中完全违背了对客体对象必须按比例缩放的规则。其实，如按正确的绘图方法，京杭运河沿线几十米的垂直高程与其全程1790多公里的水平长度相比，在一页纸上实际上是难以显示出来的，画出的图形基本上仍应是一条直线。它“无脊”“无坡”“无峰”，却是对大运河的真实体现。

事实上大运河自元代时就开通了，它同样经过南旺分水处，在此畅行近百年，其间从未发现有地势不平的问题。在元代史志中从未有“水脊”“驼峰”之类说法。同一地点，为什么到了明代以后却出现了这种难题呢？这同当时官场的风气有很大关系：在治河中把问题说得愈是严重，就愈能显示出河臣政绩之大！

单从河道的南北方向上来说，南旺的地势的确是稍高些，但从东西方向和周围地势上说南旺又是最低洼的地区，其周围地带的泉水和地表水自古以来都向南旺汇流，以至于在北部的梁山泊消失以后南旺湖仍然独立存在，这正是南旺湖形成的原因。可以说，从古至今南旺一带无“脊”、无“坡”、无“峰”、无“拱桥状地貌”，无丝毫所谓“居高临下”之感。这是我们今天在讲述南旺“水脊”时应知道的一个真实情况。

南旺分水，南北水量究竟如何分配？

关于南旺分水，目前有两句很流行的名言，即“七分朝天子，三分下江南”与“三分朝天子，七分下江南”。这两种说法语句相似，但南北分水的比例却相反。对此，有不少人发出究竟是“七分朝天子，三分下江南”还是“三分朝天子，七分下江南”的疑问。然而，至今仍未见到有人给出令人满意的说明。

倒是作家舒乙的说法似乎有些可信度。他指出，南旺分水是“七分南下至淮扬，三分北上至天津，即所谓‘三分朝天子七分下江南’。也可以四六开、五五开，甚至根据需要来一个倒三七开”。该说法出自其写的《爬坡的河》一文，该文曾被全国许多地方作为语文阅读试题。舒乙的文章是认可“三分朝天子，七分下江南”说法的。另有杭州中国京杭大运河博物馆副馆长周新华在接受“大运河千里行”报道组记者采访时也说：“京杭大运河最复杂的工程是在山东段，在济宁这个地方有‘三分朝天子，七分下江南’的说法。”

关于“朝天子”“下江南”的名言究竟起于何时？笔者最早见到的出处是原山东省委书记苏毅然写的《难忘的会见》一文。据该文所记，毛泽东主席于1965年11月赴南方视察路过济南，在火车上听取山东省委和济南军区领导人汇报工作。当汇报汶河治理时，主席风趣地说：“汶河分流南北，北会黄河，南入江苏，‘三分朝天子，七分下江南’。”这个佳句竟连毛主席也熟知，令在场的人无不感到惊喜！该文还进一步做了考证：“‘三分朝天子，七分下江南’之说，始于清朝乾隆年间。”[①] 由此可见，“三分朝天子，七分下江南”的说法由来已久，流传的时间较早。另外还有与其意思相近的一种说法是“北去三分朝天子，南下七分接皇粮”，亦出现于清代的楹联中。而“七分朝天子，三分下江南”的具体出处却难以查到，或系后人将“七分向北、三分向南”的说法与“朝天子”“下江南”语句拼接而成。

以笔者之见，无论是何种“朝天子”“下江南”之说，都是对南旺分水工程的一种形象艺术的赞美，无可非议。然而其中所揭示的南旺分水的真实情况究竟是什么样的？这是人们真正关心的问题。

目前在一些书籍和文章中多见把南旺分水认定为某一种规则，并且自始就存在。如宋礼“采纳汶上县老人白英的建议，在东平州戴村筑坝，遏汶水不叫它入洸河，而使其尽流向汶上县的南旺入会通河……汶水在此分流，北去十分之七，南流十分之三”[②]。其实这种说法在一些史籍中多有所见。如清

① 参见苏毅然：《难忘的会见》，魏余秀、邹庆忠编：《毛泽东十八次到山东》，山东画报出版社1993年版，第19～27页。

② 岳玉玺：《山东运河的开凿及其沿革》，于德普主编：《运河文化（山东）文集》，山东科技出版社1998年版，第30页。

代张伯行在《居济一得》卷三中说："宋尚书、白老人不知几经筹画而始定为规制，其三分往南者……其七分往北者……"又如据《明史·宋礼传》载，宋礼遏汶流尽出汶上，"至南旺中分之为二道，南流接徐沛者十之四，北流达临清者十之六"。总之，多数人认为是宋礼和白英确立了"七分向北、三分向南"或"六分向北、四分向南"的分水规则，并且一直未变。

我们知道，要使流水按人的意愿向两边成比例地分流，必须建有相关的工程设施，否则是做不到的。对此人们不免提出疑问：当时宋礼、白英究竟发明的什么技术、实施的何种工程而使南旺之水"北去十分之七，南流十分之三"的呢？

我们看到现在一些论著共同的说明是存在一种叫作"石拨"的设施。如在一本书中写道："宋礼、白英除在南旺运河西岸正对小汶河入口，修了300米长的石拨岸外，还在河底部设了一个像鱼脊形状的'石拨'，由'石拨'将顶冲下来的汶水分流南北。改变石拨的形状、方向和位置即可调整南北分流的比例。"并说："此举的主要意图是向北多分流……初使用时按实际挑流情况大体是三七分，即所谓'七分朝天子三分下江南'。"[①] 对于"石拨"这种设施，有的论著中还叫"石鲅""鱼嘴""石碌""拨刺"等，名称何其多！有的还说"是在分水口创设的一种活动的鱼嘴形石鲅"等。

按此种讲述，这种"石拨""鱼嘴"技术竟如此先进、奇妙，然而它究竟是援据何处文献记载？究竟是什么样的东西？至今从未有人进行过详细考证。这种石拨建在水下河底中，人是如何对其实施操作，使其"改变形状、方向和位置"以拨动两边强大水流的呢？如此重要的发明，如果真的存在，在水利史上焉能全无记载？在当地世居的百姓焉能从未见到过遗物和遗迹，从未听到过传说？

2008年山东省文化厅、山东省文物局曾组织国内相关院所对南旺分水工程遗址进行大规模的系统考古调查、勘探和发掘工作。据相关报告，历史文献中所记载的石堤、水工设施以及地面建筑物等都勘探出了清楚的遗迹，而

① 山东省济宁市政协文史资料委员会编：《济宁运河文化》，中国文史出版社2000年版，第41～42页。

唯独找不到所谓“石拨”“拨刺”的东西。分水口迎面的所谓“石拨坝”就是普通的石砌护岸，没有分水功能。对此，负责考古勘探的领队李振光说：“这个拨刺到底是一个什么东西，文献中也没提到，所以我们在考古过程中也在尝试着寻找，估计可能是一个类似于石头的东西，但是目前还没找到。”

史籍中无记载，考古勘探找不出遗迹，谁能确证这种石头的真实存在！

历史的真实情况究竟如何？对此不能不予以考证。

全面查阅文献得知，明代南旺分水工程的修建实际上有其历史过程。在山东运河通航500多年中，各个时期的水源状况和调控方式有所不同，历任河道官员都是从实际需要出发施治的。在所谓南北“水量分配比例”上，并没有一个始终如一、固定不变的规则。

在宋礼、白英时期，他们主要关心的是戴村坝引汶、重新疏浚会通河河道和小汶河以及开发泉源等工程，而于南旺分水实际上并未做什么重大的事情。而且整个工程在宋礼任期内并没有完成，有文献说“白英之计未尽行，宋礼之功尚未成”，宋礼就离了任，其大量的未竟工程是由其后任平江伯的陈瑄等人主持实施的，以至于“此后数十年人们只知为陈瑄之功而无有知其为宋礼、白英之功者”。直到弘治、正德年间，在朝臣多次表奏下，朝廷才“始知为白英之计、宋礼之功也”，于是对他们二人加以褒扬，并“准立祠致祭”。实际上，在明代会通河重新疏通的初期，其工程是比较简易的，分水处基本上因循元代会通河的方式，两边分水就是利用的地势落差，自然向两边分流，并未新建什么分水调控设施。分水处连一座闸都没有建，石砌岸也是后来建的。因此，当时就使水“七分向北、三分向南”流是不可能的。所谓宋礼、白英曾设计建造了什么“石拨”之类更是毫无实据。

实际上在明代相当长一段时期，人们对南旺分水处的水量并未实施有效调控，而基本上是靠地势和河道走向自然分流。由于当时向南的落差大，向北的落差小，在明代大部分时期水向南流得多、向北流得少。实际上，“七分向北、三分向南”的可能是不存在的，反倒是“六分向南、四分向北”或“七分向南、三分向北”更贴近实际状况。

按照李振光所说：“根据分水龙王庙考古现场出现的古河道遗迹和史书中的示意图进行比对后发现，关于分水的走势在分水口修建的时候应该是向南七分，向北三分。”他还指出，在分水口“鱼嘴的北边，是一个接近于直角的设计，而鱼嘴南边则是一个接近于钝角的设计，其实我们可以想象一下，当水流从这个口出现之后，大部分水流会因此流向南方，而少部分水流则流向北方，因此我们可以通过这个判断，分水枢纽确实是‘三分朝天子，七分下江南’”。他的这种看法很值得参考。

如前所述，明代重浚会通河，由于实施了戴村坝引汶工程和修建了安山湖水柜，在明代前期山东运河的水量是充足的，南部运河自不必说，北部运河由于有安山湖供水，亦未有缺水现象。非但如此，当时的主要患险是汛期到来时运道涨水溢满以及西南黄河决洪冲决运道的问题。为了减泄运道涨水，先后在景泰五年（1454 年）修建了戴家庙三空桥、弘治七年（1494 年）修建了沙湾五空桥，还在东昌修建了减水闸九座等，都是为了排泄北部运河的余涨之水向东入盐河，经大清河归海。当时实际不存在北部运河缺水的问题，亦无须对南旺分水比例特别实施调控。

向北增加分水比例的说法显然是与北部运河出现缺水状况相联系的。北部运河缺水的状况应该是在明代中期之后才出现的，原因是弘治年间以后安山湖的西南水源逐渐减少，湖水干涸，并且几经修复都未获成功，从而大大影响了北部运河的供水。这在有关文献中有所说明，如清张伯行在《居济一得》卷四中言：“查从前北运不浅阻者有安山湖以蓄水也。自安山湖闭而东昌一带每有浅阻之患矣。”

明代对南旺分水的最主要贡献是新建南旺上下闸，即上闸柳林闸，下闸十里闸，两闸南北各距分水口 5 里，同为成化十七年（1481 年）由当时的管河右通政杨恭所建。其是利用上下闸之间的适时启闭来有效调控向两边分水的水量的。汶水从分水口流进，只要相应调整两闸的下板数量，就可改变两边分流的比例。正如明隆庆年间总理河道的万恭在《治水筌蹄》卷下的介绍：“南旺脊水也，闭诸北闸则南流，闭诸南闸则北流，水如人意者莫如汶。故命之左则左灌济宁，命之右则右灌临清。”如此简便、科学的调水方式，充分体现出古人的智慧和才能。但需要知道，这时距白英去世已 62 年，中间隔了明朝洪熙、宣德、正统、景泰、天顺五朝，此功诚非出自白英，南旺分水工程与宋礼、白英几乎没有关系。

综上所述，南旺分水的调控设施是明代中期才建成的，它是以北部运河出现缺水状况为背景，以成化年间增建的南旺上下闸为客观条件的。而在此之前，渠水只能依地势条件向南流得多、向北流得少，而任何关于向北流得多、向南流得少的说法都是经不起推敲的。

目前能看到的最早记述南旺分水向北多、向南少的文字是明代工部尚书李鐩为“宋公祠”写的碑文。其大略言：宋礼用白英计，于南旺乃分为二水，以其三南入漕河，以接徐吕；以其七北会于临清，以合漳卫。此碑文刻于正德七年（1512年），时距南旺上下闸建成后31年，这说明当时南旺分水工程已具有使水北流七分、南流三分的功能。但是他把这种功绩说成始自宋礼、白英时期，则是不符合事实的。如前所述，李鐩是当时朝臣中为宋礼鸣不平，力主给予褒扬并立祠的积极倡导者，他竟在碑文中盛赞宋礼功绩，将后人建设的工程都记在百年前的宋礼身上，未免不是从一个极端走向另一个极端。

实际上在安山湖枯水之后，嘉靖年间始又引张秋以南来自西南濮范和曹郓一带的枣林河和沙河的泄水以及“沙湾湖”的水济运，使北部运河缺水状况得到一定缓解。因此直到明末清初，南旺分水也并未形成常态的“三分向南、七分向北”的定则。清康熙年间张伯行在《居济一得》卷三中说：“不知起于何人、始自何年竟改为三分往北，七分往南……今欲修复旧制，仍使三分往南，则马场湖不可以不复也，济宁一带之长河不可以不挑也；仍使七分往北，则戴家庙之三空桥、沙湾之五空桥、东昌府之减水闸九座皆不可以不复其故也。”这说明在张伯行之前，南旺分水长期是“三分往北，七分往南”的；而“七分往北，三分往南”或“六分往北，四分往南”则是自张伯行之后实施的。此后这种说法即大量存在于清代的史籍中：

嘉庆《大清一统志》卷一百六十五载：汶水“至南旺入于漕，六分北流，出南旺下闸……四分南流，出南旺上闸……”

雍正《山东通志》卷十九载：宋礼从汶上老人白英计，使汶水西南流，“至汶上之南旺口分而为二，北流抵临清者什之六，南流达济宁者什之四”。

清叶方恒撰《山东全河备考》卷一载：汶水“西南至南旺入于漕，南流者十之三四，北流者十之六七”。

这些记述反映出清代以后山东北部运河出现了缺水的情况，因此朝廷必然采取向北加强调水的措施。实际上这一调控方式是很有成效的，它为清代漕运200多年的持续发展提供了有力支撑。然而清代一些史家在编纂史籍时，缺乏历史主义观念，把当代的做法和见解强加给前人，说成自宋礼、白英时期就实施了这种分水规则。如《明史》成书在乾隆年间，《明史·宋礼传》中竟出现宋礼分水“六分向北、四分向南”的记述，令人疑惑不解。查阅《明史·河渠志》和明人为宋礼写的墓志铭等文字，其中虽然都有关于宋礼功绩的大量记载，但唯对南旺分水竟一字未提。这就说明，宋礼、白英于南旺分水“六分向北、四分向南”的说法，显然是后来著家添加的，并非当时人的记述。这给我们今天还原历史造成了一些困难。

清代关于南旺分水虽然提出了“三分向南、七分向北”或“四分向南、六分向北”的原则和主张，但在实际操作上仍是根据水情和行船需要而灵活调控的，并没有一定之规。正如清张伯行在《居济一得》卷二中所说：“南旺分水最宜斟酌，如春月重运盛行之时，南边浅阻则多放水往南，北边浅阻则多放水往北。若遇伏秋水涨，运河水大，重运在北则水往南放，重运在南则水往北放。盖使水势常平、粮船易行也。”由此可见，只认定某一种分水规则是行不通的。况且当时没有完善的水文观测制度，没有科学的流量计算工具，要想准确辨明向两边分流的比例究竟各是多少，实际上也是不可能的。

南旺分水，向北可以流到京津吗?

如前所述，南旺分水“三分下江南，七分朝天子”的说法，只是一种形象艺术的赞美之词。如果把这种说法当作历史事实，真的以为南旺分水“向北流到北京，向南直达江南”，则大谬矣！

有的文章称，大运河全程通航“主要用的是山东省的水”，山东之水“一水贯通京杭”，向北“直达京津”等。这些看法是对历史的极大误读。

京杭大运河是中国南北流向的水运大动脉，其开通却是利用的东西流向的自然水系。人们公认的有“五大水系”，即海河、黄河、淮河、长江、钱塘江。其都是由西向东流的，大运河则把这些东西流向的河流贯通，绵延3000多里，其间涉及复杂的自然和水文条件等，可想而知，这是一项多么浩繁、艰巨的工程！沿线济运的河流不下 20 条，全程运道实际上是分段供水、由各条河流相互接力而延续的，每一河流的连接处都建有水量调控设施，其中没有任何一条河流的水是贯流全程的。如果说大运河可以“一水贯通京杭”，那实际上是把这一蕴含着中国古代劳动人民高超智慧和技术的复杂工程简单化了。

山东水系居于南北运河的中间部位，其地势较高，以南旺为中心向两边分流，从而把南北运道连通起来。正因如此，南旺分水工程成为运河全程通航最关键的枢纽工程。但与五大水系相比，山东水系的水量是不大的。山东水系最北以大清河为界，再向北如徒骇河、马颊河、卫河等属海河水系。从自然流向来说，山东水系与海河水系互不连接，从未有山东水系之水越过大清河向北流。只是自元代始为实现南北通航的需要，开挖了从安山向北至临清的一条人工河道——会通河，才使山东汶水与海河水系连接起来，从而实现了两水系间的贯通。

然而需要知道，大运河通航北至北京、南达杭州，但这并不意味着山东水系之水可以流到北京和杭州。这是因为，临清以北的通航完全是利用的卫河，该河是一条自然河流，发源于河南省，水量充足，直输天津。南旺分水向北最远就是到达临清，从济运功能和调控上讲并不再向北流。我们知道，会通河是一条人工河渠，它只以南旺分水为源，其水量和流势都无法与卫河相比，更不能过临清夺卫河济运。

南旺分水是引用的汶河水，汶河在出山东丘陵之后，到宁阳县堽城坝先分流一部分水入洸河南下任城济运。至东平县戴村坝，其主河仍是入大清河归海，只是分出一股入小汶河南下南旺，而在南旺又再南北分流，其水量已经不大，却要向北供给至临清三四百里的运道，河长土疏，渗漏量很大，水不济用。这成为当时东昌一带运河缺水，漕船经常发生浅阻的根本原因。

临清是会通河与卫河的连接处，这里实际上有一处重要的枢纽工程。至今我们看到仅在临清市区的古运河上就有船闸遗址五六处，当时建闸的目的之一就是控制汶水使其不向卫河流失，以尽多地留蓄会通河的水。在这里只有船只经过时才灌塘开闸，而船只不过时就闭闸。通常情况下单只、少量船艘通过并不开塘，必待有上百艘船只通过时才集中灌塘开闸，其目的就是控制运道的水使其不白白流入卫河，时人称“滴水不使空泄”。

这就是说，南旺分水向北只是流到临清，它连山东都出不了，更谈不上流到京津。即使卫河水向北，至多到天津就完全入了海，也无缘进入北京。天津以北的北运河完全是利用来自北京的河流，该段地势北高南低，水只能向南流。因此，南旺分水向北可直通北京是不可能的事。

同样，南旺分水向南只是济运到任城，由此就接到洸河，两水之间有天井闸和任城闸控制；洸河向南至鲁桥接入泗河，泗河向南至徐州接入黄河（明嘉靖年间后泗运旧道废弃，新开南阳新渠和泇运河，至宿迁入黄河），之间有镇口闸和内华、古洪等闸控制；黄河向南则汇入淮河，并最终流入大海。这就是说，连黄河、淮河之水都过不了长江，山东之水又怎能“下江南”?!

大运河是古人巧妙利用自然条件的典范，南旺分水工程更是水利史上的伟大奇迹，因其天工地造之奇，后人在记述中不免掺杂一些神话的、夸张的和误解的成分，使目前对这一工程的认识在一定程度上变得模糊不清、偏离事实。关于南旺分水工程的建设、功能、调控运作方法以及历史演变过程等问题，学术界尚有许多不准确的释解。按照历史唯物主义观察和分析事物的根本要求，今天有必要对这一古代水利工程进行科学和实事求是的考证和研究，剔除种种虚假和不切实际的说法，还原其历史的原貌，使这一宝贵历史遗产更加显露其科学和真实的价值。

（本文被选入 2020 年 10 月《山东省第六届运河论坛论文集》，有修改）

附图：

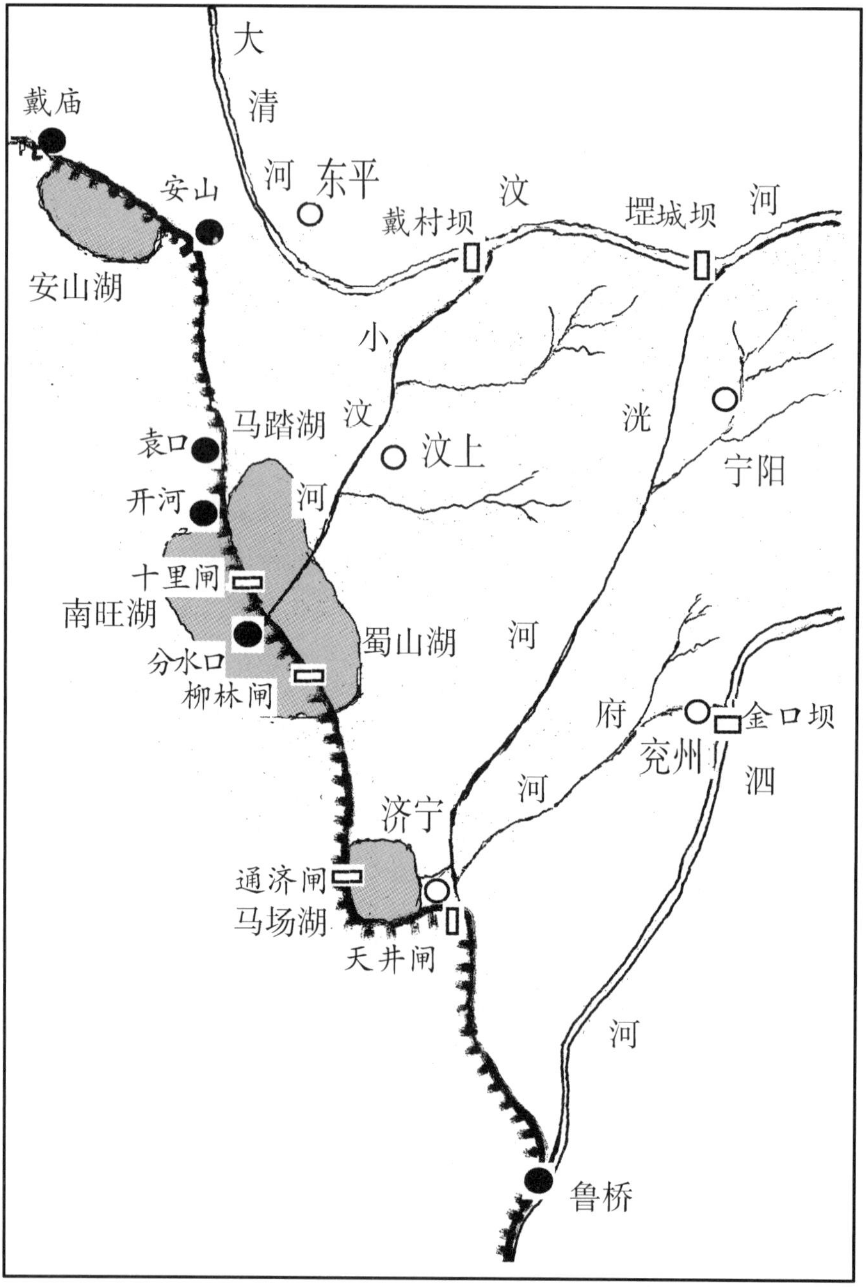

南旺分水枢纽水系示意图

资料来源：南旺运河展示馆。

南旺分水龙王庙旧照

资料来源：南旺运河展示馆。

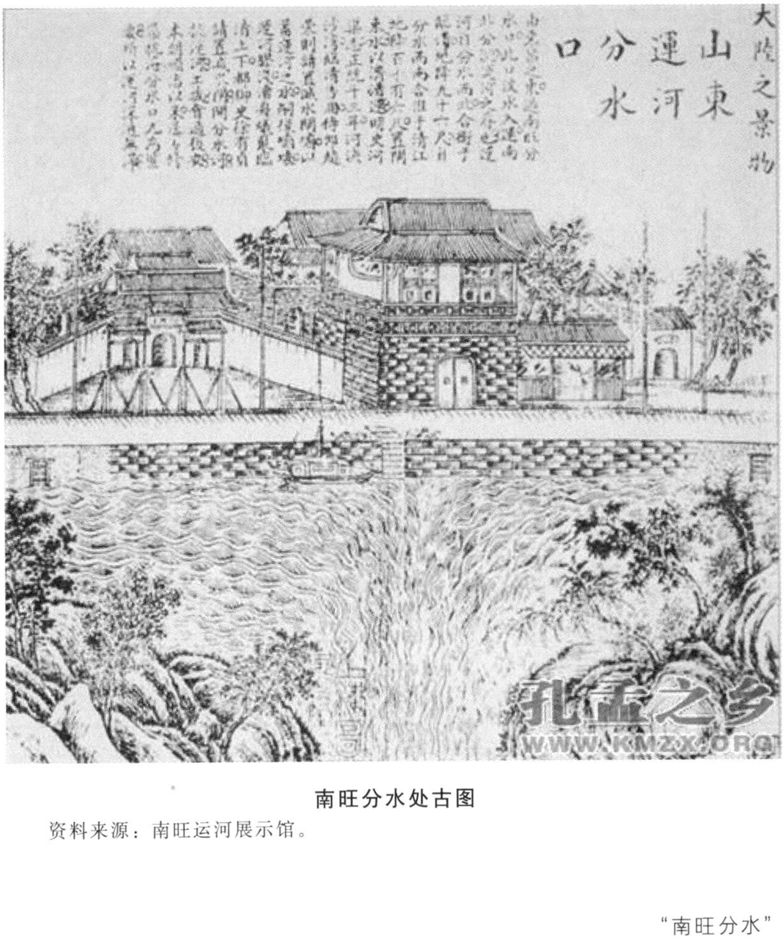

南旺分水处古图

资料来源：南旺运河展示馆。

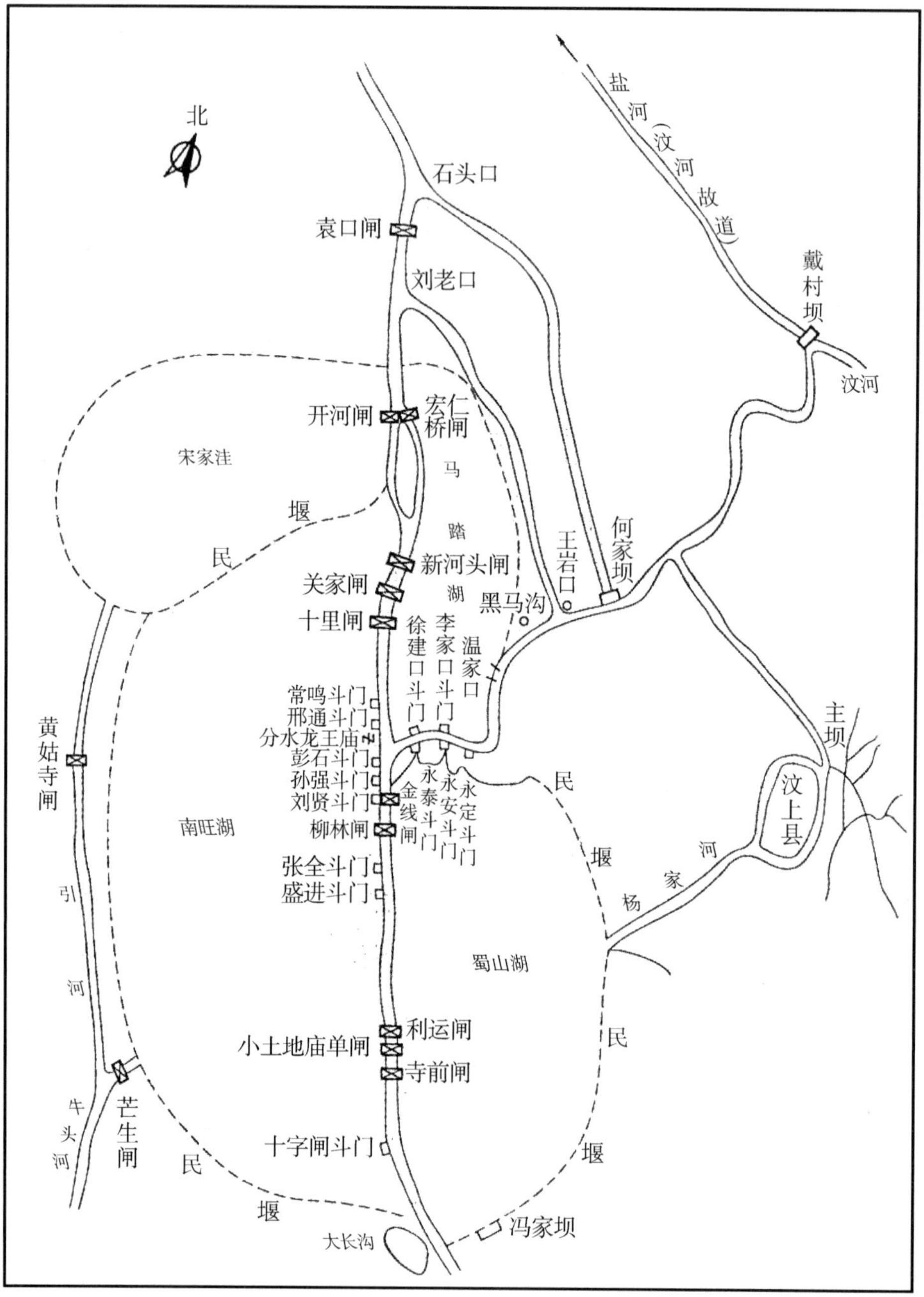

清乾隆年间南旺枢纽水工设施布局示意图

资料来源：南旺运河展示馆。

清嘉庆八年黄河决口穿山东运河纪实

在清代，运河航运发展到鼎盛。在道光年间之前，西南、东南、湖广诸省以及苏豫皖鲁等地的漕粮每岁都在400万石以上，全由运河承运。每岁漕船达4500多只，分编90多帮，浩浩荡荡，连樯北上。自首至尾，过闸时间约110多日。另外，还有大量官、商、民船以及军船往来其间。作为南北交通命脉，大运河在当时经济文化发展中发挥了巨大作用。

从清代运河的治理上看，最大的患险仍是黄河的冲犯。其主要的险段仍在张秋之南的沙湾（时属寿张县，今属河南省台前县）。自明代弘治年间刘大夏治河筑塞黄陵冈决口、修筑太行堤之后，黄河不再北决，沙湾和山东北部运河畅通了140多年。但由于黄河河床逐渐升高，旧河堤日久坍废，至清初黄河又开始向北决口，每次必然冲漫沙湾运河，使漕运阻滞。

查阅清代黄河决口冲穿山东运河的记载，主要发生过六次（不包括最后兰阳铜瓦厢改道），即顺治七年（1650年）荆隆朱源寨决口，顺治九年（1652年）封丘大王庙决口，康熙六十年（1721年）和六十一年（1722年）武陟詹家店、马营口、魏家口决口，嘉庆八年（1803年）封丘衡家楼决口，嘉庆二十四年（1819年）武陟马营口决口。数次洪水穿运、漕舟梗阻的地点都在沙湾一带，洪水穿运的形势以及清廷治理的方式大体相同。这里仅以嘉庆八年（1803年）的决口为例予以说明。关于这次漕患的经过在清代文献《续行水金鉴》《江北运程》等书中都有辑录，今据其实录综述如下。

一

嘉庆八年（1803年）农历九月中旬，黄河于河南省封丘衡家楼（今封丘县荆隆宫乡三姓庄村）决口，数日间口门刷宽至180余丈。黄水直趋东北，由直隶东明进入濮州境向东奔注，分别由范县和郓城两路进入寿张县沙河、赵王河（今属河南省台前县），于二十日后洪水先后到达运河。由于流势盛大，运河排泄不及，随即造成张秋（阳谷县）以南至五里铺（位于东平县戴家庙之西）25 里的运河漫溢，西岸平地积水，众多村庄和大片农田被淹。洪水向北沿运道漫溢至张秋以北，莲花池（张秋镇城北）也出现了少量漫水。

当洪水到来时，山东巡抚铁保①即令开放沙湾运河东岸的所有泄水闸坝：平水三闸、五空桥、滚水坝以及各个减水闸坝，俱向东岸盐河泄水，导其入大清河归海。但由于水势汹涌排泄不及，运道漫溢，仍导致东岸陆家单薄（位于五里铺之西）、南坝头对岸、曹家单薄（位于沙湾之东）被冲决三个漫水口。铁保一面急令沿河地方官员和道厅河员竭力防治，一面于二十五日、二十八日先后两次向京城驰奏汛情。

清嘉庆帝闻奏汛情后，于九月二十八日下旨，命铁保进一步察明水情，饬令各员弁加意小心设防；并令兵部尚书费淳②带同王念孙③驰赴山东查勘河道情形。“该抚惟当会同熟商妥办，嗣后奏报水势情形均著用四百里驰奏。”清帝在谕旨中特别指出，当时运河上尚有江南回空漕船十帮（每帮漕船约四十六七只）未过张秋，“为目前最急之务”。为此令“铁保惟当督率，派出之员小心护送，务将所有帮船迅即全数挽渡，随时速奏，以慰廑注”。

当时正值秋季江南回空漕船过张秋。在洪水到来之前，铁保就督率官员赴河上，协助挽渡，用了两个月的时间先后把漕船 70 多帮送过沙湾险段，驶进戴家庙以南。但赶到最后 10 帮漕船到达张秋之时，西南洪水骤至，沙湾上下河水湍急，已不能过船，船帮只能在张秋之北滞留。对此，朝廷上下心焦

---

① 铁保（1752—1824 年），字冶亭，号梅庵，栋鄂氏，满洲正黄旗人。乾隆年进士，嘉庆时历任吏部侍郎、漕运总督、山东巡抚、两江总督等。铁保又是著名的书法家，与永瑆、刘墉、翁方纲并称为“清代四大书法家”。

② 费淳（1739—1811 年），字筠浦，浙江钱塘（今杭州）人。乾隆中期进士，历官至兵部、吏部尚书，授体仁阁大学士，管理工部兼管户部三库。为官廉谨，勤劳不懈，受嘉庆帝重用。黄河于河南衡家楼决口，曾奉命赴山东勘治，后被任命为两江总督。

③ 王念孙（1744—1832 年），清代著名治河重臣、音韵训诂学家，江苏高邮人。乾隆四十年（1775 年）进士，历官工部主事、监察御史、吏科给事中。河南衡家楼河决，命往查勘，又命驰赴台庄治河务。寻授山东运河道，后调永定河道等，究心治河之法。王念孙学问渊博、颇具创见，著述较多。参与编纂《河源纪略》，撰《广雅疏证》三十二卷、《读书杂志》八十二卷、《导河议》上下篇等。

如焚，因为漕船若不能如期返回江南，必然直接影响明年开春漕粮的进京。

面对当时的形势，可想而知山东的官员们压力多么沉重：其一，运道被数股洪流横冲截断、两岸河堤因水冲浪打已多处出现坍塌，在这种情况下如何将数百只漕船安全挽渡出漫口；其二如何筹集大量人夫物料尽快修复被洪水冲塌的堤岸，疏浚底淤，恢复河道的畅通和安全，以不误明春江南漕帮过山东；其三，运河以西数县的农田被淹，广大灾民苦不堪言。当时恰值麦种之时，小麦无法播种已是定局。如果洪水迅速消退，尚可以泥耧①，补种晚茬麦，但如果立冬之后洪水仍不能退去，那么全年的小麦种植就泡了汤。这正是当地百姓和官员们最痛心疾首的。

费淳、王念孙来到山东张秋，从城南埽头向南望去，整个运河西岸一片汪洋，只有些许残秋高秆作物露出水面。运河已是水满堤平，西岸河堤已有多处坍塌，沙河与赵王河更连成一片。东堤缺口有四五处，但见急流汹涌，向东奔腾而去。经过他们的进一步勘查，查明漫水向西过寿张漫延至范县，向南起于曹州郓城，向东达于东平戴家庙。东部汶水受黄水顶托已不能下注。沙湾上下运河水深达一丈八尺，西坡积水达六七尺以上。好在河底积淤并不多，因为此时已是霜降之后（当年闰二月），河水自然会略显澄清。

根据当时的水情，费淳、铁保、王念孙缜密筹议，认为这次衡家楼决口完全是由河南省官员疏忽防治所致，当前朝廷应首先责令河南省尽快堵筑决口，切断洪水上源，无使下泄，以解山东运河和黎民之困。遵照朝廷的旨意，山东当务之急是抓紧设法把回空帮船送出山东。因为洪水穿运河有四五道缺口，泄水湍急汹涌，如果船只由正河中行进必然被大溜吸吞，造成船覆人沉，加之西堤残断，人夫已经不能纤挽，因此正河中不能行船。经百姓、员弁们建言，最终采纳使船帮从西坡漫水中挽渡的方案。此时堤外漫水已达六七尺至一丈深，且水流不急，能够行船。同时再调集数只西河船（亦称“西河牛船”，一种船体宽大的船只），在重点水段上抛锚挂缆，建立水站（即平台），以对帮船实施纤引。另外再调集小船数只，先行探路，并来往接送纤挽的船夫等。方案一定，铁保一方面委派河员抓紧筹备，驾舟于西岸漫水坡内逐段

---

① 一种播种方式。待水退地不干时，在泥地上直接播种，不必犁耙。

查探、测量，沿线插立标记，确保届时船只的安全等；另一方面飞折驰奏于京城。

清帝闻奏后谕准了铁保的方案，再三谕告铁保要精心筹办，确保船帮顺利纤挽；同时下谕河东河道总督稽承志①（时驻河南开封）和河南巡抚马慧裕②，指训其对衡家楼河决疏防失职，并且指责其奏报迟缓（指十五六日决口，十七八日才向朝廷奏报），严命他们督率官员抓紧堵筑决口，不使黄水北流。稽、马二人自知疏防干咎，因而不遗余力抓紧督办。怎奈这时决口已达二百三十余丈，要将其堵筑已非易事。

张秋方面经充分筹备，确定于十月一日这一天挽渡帮船。铁保饬令当地官员、河员、河卫守备、营防等全部上河。为确保万无一失，派出总兵博奇带领参将 80 名参加防护。经预先探测，船艘由张秋城南磨盘埽出河进坡，后沿西坡漫水向南，至姜家庄再出坡归入正河，坡程约 20 里。这样帮船就驶出了漫口，向南经戴家庙衔尾而去。姜家庄之东虽还有陆家单薄一个漫口，但因流水不急，不影响船只驶行。在每帮船艘挽过时，总兵博奇都会同漕员带领丁舵水手于西岸漫水坡内驾小船在前面带纤导引，节节防护，相机提防。

第一天的挽渡进行得很顺利，共过帮船三十六只，无一损失。接着初二继续挽渡，共过了四帮。……这样经过了十多天的紧张施救，最后十帮回空漕船全部挽渡过沙湾漫口处，基本上顺利无失。铁保及山东诸臣心中如一块磐石放下。

正当张秋沙湾紧张施救时，朝廷接到台儿庄漕臣吉轮的奏报，言先头的回空帮船已到台庄，但该地运道出现多段水浅沙阻，不能过船。清帝闻奏后心事又骤增，急命费淳、王念孙赶赴台庄查看水势，赶紧实施挑渠清沙，疏通河道；勘察、开发周围泉源引清水济运，并协调与江苏省的关系（王念孙是江苏人），使回空漕船及早进入江苏。据奏当时山东运河道高三

---

① 稽承志，江苏无锡人，乾隆年间举人。曾任长芦盐运使、惠州知府、河东河道总督等。

② 马慧裕，清汉军正黄旗人。乾隆年进士，历吏部主事，镇江、苏州、扬州知府，河南开归陈许道。嘉庆间历陕西、河南等省按察使、布政使，河南巡抚、漕运总督，官至礼部尚书。有廉能名，卒谥清恪。著有《河干诗钞》四卷、《续集兰亭》等。

畏[①]非河员出身，不谙河务，不能担当此任，于是朝廷降旨将其改任他处，命王念孙接任，驻台庄署理。嘉庆帝称赞王念孙“熟悉河务”，“人尚可靠，似无浮冒之弊”。

对于张秋沙湾回空船帮的挽渡成功，清帝十分满意，表示：漕船归入正河，衔尾南去，尚为安速，无有损失，帝心甚慰。为此降旨要省抚查明这次所有参加抢渡的“出力人员”，对其造册奏禀，分别予以奖赏慰劳。特别是对总兵博奇等更要加恩犒奖。清帝还明谕山东要办好赈灾抚恤事情。查明沿河州县地方被淹的地亩，应行缓征，对受水的灾民要给予救济，“安为抚恤，勿有失所”。为此谕准山东从当年州县漕粮中起运11万余石截留于本省用于赈灾。言：“以山东力量办山东事宜……此时东省需费浩繁，断无再将该省银两拨往他省之理。”同时明示铁保，查明本省尚有库银多少，是否足够赈灾，是否需要调剂等。

朝廷一方面对这次空船挽渡功成之事大力褒奖，另一方面提出山东目前“急务”要迅速转向治理被洪水冲溃的河道，以确保明年开春江南重漕顺利驶过山东：“铁保督率各员迅速挽运办理尚属认真，本应给予甄叙，但来年粮艘北来一切筹办事宜更关紧要，现已交费淳、铁保、王念孙专办，俟彼时新漕各帮全数挽过东境，再将伊三人施以重恩。”“目前东省急务，惟以运道为先。”清帝明示：“豫省堵合漫口工程甚巨，现已节次催令上紧办理，但费淳、铁保、王念孙三人切勿豫存年内合龙之想。”“此次豫省河堤漫溢系稽承志、马慧裕疏防所致，于铁保等三人无干。若能及早会筹，俾来年各帮重运粮艘驶行无滞，则系费淳、铁保、王念孙三人之功，勉之。”

二

在王念孙等人的大力疏导下，台儿庄运河段的回空漕船依次向南挽渡，至十一月十九日全部渡过东境进入江苏。前后共过83帮，计船3850多艘，

---

① 高三畏，字惕若，河南郏县人。乾隆庚子科进士，历任吏部主事员外郎、江西道监察御史，授浙江金华府知府，调任绍兴府、杭州府知府，山东运河兵备道等。

无有贻误。

十一月初四日，沙湾河坡之水出现消退，水渐归漕，溜势已平。商民船只往来不阻，口门无淤。

回空船帮全部挽过东境，沙湾漫水始现消退，这使省、京官员们的心大为放宽。加之官员们至今离垣署已有月余，其间他们整日沿河防和灾区疲于奔命：查勘张秋漫口、巡查封丘堵口工程、赴菏泽赈灾、赴台庄引水疏沙、到利津查看黄河入海口等，度过了多少寝食不安之日。好在目前大险已过，又是举国欢度新年之时，官员们滋生倦怠放松之情亦在所难免。嘉庆九年（1804年）正月初八费淳、铁保上奏中说：查张秋至戴家庙正河水深一丈七尺至七八尺不等，黄水正溜仍由沙赵二河穿出，分入曹家单薄漫口及滚水坝五空桥归大清河入海，现在尚无淤浅，不但重运船只可由正河行走，即合龙（指衡家楼）后亦易挑浚。再涨三四尺亦可不走坡外，等等。其乐观自信之情溢于言表。

然而这时嘉庆帝的焦虑之心却并未减少。目前已进入正月，距开春江南漕船进京北上的启程日越来越近。而山东运河状况仍有许多未知数：衡家楼堵口工程届时可否合龙，开春桃汛水情如何，汶水下注是否充沛，被洪水冲塌的堤岸、漫口可否尽快修复等。核心问题是今年重漕能否顺利渡过山东。事关国家大计，眼下却并无十足胜算，嘉庆帝对官员的倦怠轻率之心自然洞悉。

这时嘉庆帝再三明谕费淳、铁保："重运经行非回空船只可比，必须蓄水宽余方能浮送"，所有淤浅处均须大加挑浚，于重运无阻为要。"费淳、铁保惟当早为筹备，务出万全，俾不致临时阻滞方为妥善。"同时向二人许诺："费淳俟重运北上挽过张秋一两帮、驶行无阻即可来京供职。铁保系该省巡抚自应在彼始终照料，俟全漕行过张秋再行回省未迟。"再三嘱咐：受灾生民有生计难艰者应饬属详查，如有应行加恩之处迅即具奏，毋稍讳饰。

嘉庆帝最终还是放心不下，为确保定妥无误，于年关刚过的正月初即派出钦差大臣贡楚克札布（时任理藩院左侍郎）、戴均元（时任都察院左都御史）带员赴山东、河南查勘运河水情和衡工合龙进展，督办重漕过山东之务。

贡楚克札布、戴均元到了张秋，向铁保传达了旨意：对今年重漕过山东，要缜密筹办，万不可心存侥幸。如水大时如何筹划、水小时如何筹划，均须先事预防，各有所对策。之后他们查勘了沙湾一带运河状况，与费淳、铁保等共同进行了筹划。

对于重漕过沙湾的方案，可以从正月十三日贡楚克札布、戴均元向嘉庆帝的奏报中得知：履勘目前张秋以南坡水泛滥区南北仍有二十余里，运河东岸有缺口四处，曹家单薄口门溜势尚大。西岸缺口十处，溜势稍平。测量河身水深七八尺及一丈不等，尚无沙淤。目前正河中可以行船。预计入春后水势还将渐落，重漕可由正河中行走。但由于桃汛在即，不得依现在水深为凭。若水涨四五尺以内仍可由正河挽运；如涨至四五尺以上，西岸纤道被淹，仍需于坡外牵挽，确保无误。南来漕艘拟由关家庄（即现在官庄）赵王河入坡，或再加盛涨，河坡一片，即由姜家庄入坡。预雇西河船十余只，建立水站，用锚挂缆，使重运凭依稳渡，俱从磨盘埽口出坡入运，仍由将备兵弁探路纤导。倘若风色不定，仍暂泊口内等候。合龙后应预防上游断流，水已无源，且东岸缺口四处，二百余丈、百余丈、六十余丈不等，恐一泄而尽，汶水不能北流，张秋至临清河身势必胶浅阻滞。如果衡工合龙，即将东岸缺口堵塞，使汶水不至旁流。西岸缺口十处暂缓堵筑，既借积水资运，又可消涸民田。如再有淤浅，即照南河除沙之法，用混江龙铁篦船挑淤，并将省内剥船调至张秋以备剥浅之用，亦便起卸。

从以上奏报中看出，山东为使江南漕船过境，当时其策划是何等详尽周密，各种情况都有备防。这充分体现了时人在治理河务和经办漕运方面的丰富经验和高超智慧。

方案一出，即积极进行船只物料上的准备。在铁保的委派下，历城等 20 州县共购置各种河工物料 400 余垛，皆陆续运至张秋。省内调购西河船和剥船各 10 余只作为备用。还派拨莘县、朝城、观城 3 县驿马，于直隶开州一带安设马站，以备驰递衡工合龙之要信等。凡一切堵筑缺口及挑淤器具、人夫俱饬令运河道、济东道做好筹备。铁保还令山东藩司先拨银 3 万两，换钱存置于张秋以备急用。在此前后，东昌、张秋的有些商人闻信也呈请捐钱捐物以资运河工程。如商人刘克昌捐棉袄 1000 件、银 3 万两，还有一位盐商也呈请捐银 3 万两用于修堤，等等。

在贡楚克札布、戴均元现场督察下，河南衡家楼黄河堵口工程进入最后阶段，终于三月二十二日挂缆合龙。当时河岸上人群欢呼雷动，大好喜信以600里驰奏报于京城。江苏闻信后，即令漕粮头帮船只起程北来。

嘉庆帝闻报后自是圣心大悦，在谕旨中还使用了“深表感谢”之词。至此运河大局已明，黄河顺轨，水无大患。这时，即令铁保实施沙湾堵口工程，明确指出“东省应办事宜，堵筑运河东堤缺岸最为急务”，主要就是“曹家单薄、南坝头二处”，漫口较宽（分别宽一百零五丈、一百十八丈），“限十日内将口门堵闭，不使泄漏”。

由于事先有备，曹家单薄、南坝头二处漫口很快堵闭。同时也将五空桥等处闸坝关闭，以利运道蓄水济运。唯留西岸沙赵两河和其他进水口，以收坡水。派员赴漫水上游晓谕村民，凡有积水处都将水引入沙赵二河，以济运道。

至四月初漕船陆续进入山东，运道中水量尚还充足。当时总兵博奇仍驻扎在张秋，铁保令其带领将备、兵弁等按段催趱，不得懈怠。漕船依次而过，衔尾北去。

见头帮重运已过张秋，大事无虞，费淳即遵照嘉庆帝原来的指示，于九日由张秋、东昌一路回京。不久铁保亦回省垣赶办政务，对张秋漕运仍不时察看。沙湾一带修复堤岸、漫口，护理漕运等大量河务俱由运河道王念孙专责。至当年六月，全部漕粮帮船即驶过山东。

从这次漕船过山东的实际情况看，显然比预先所设想的顺利得多。所调集的西河船、剥船、混江龙等大量船只物料以及出坡挽渡的方案都没派上用场。但是我们看到，在之后嘉庆二十四年（1819 年）黄河又一次从河南武陟马营口决口，洪水北来穿沙湾运河情况与这次如出一辙，这次所制定的漕船出坡挽渡方案和相关经验却在后来全都被用上了。

综观这段治河护漕历程，整个皆由嘉庆帝统御督筹，足见其为政严谨、勤勉尽责。各地报来的奏折几乎每天都有，每折他都亲自细阅，及时批复，对于臣属们所提出的问题事无巨细，一一明复，绝无搪塞宕延，堪称是一位勤政惜民的贤德之帝。

对于参加这次治河护漕的有功之臣，朝廷分别给予加恩晋任。铁保由山东巡抚升任两江总督，后来马慧裕由河南巡抚调任漕运总督、礼部尚书，王念孙后由山东河道调任为永定河河道，费淳、稽承志在此次衡家楼工程合龙后即回京被改任，等等。

船帮连樯北去，一段由黄河决口穿运而引起的护漕保运往事，也随着那迤逦北逝的帆影而渐渐淡出历史的视野。

（本文曾发表于《济宁日报》2018 年 3 月 23 日，有修改）

诸水之间

——历史上的沙湾地区河流考

一

明清时期的沙湾，之所以成为南北运河的“要津”，漕患多发，其主要原因是这里水系交叉，有多条河流汇集。这些河流既有上流黄河自原阳、封丘至兰阳一带决口形成的，又有来自西南滑县、延津、长垣、濮阳、曹州一带坡水下泄而形成的，可谓支津交错。上流黄河决口被堵塞之后，下流河道仍然存在，并成为沿线地区坡水下泄的主要通道。

据历史文献记载，古代的中原大地曾经是降水量十分丰沛的区域。黄河以南（宋代以前）的滑县、武陟、延津、阳武、长垣一带以及濮、曹等诸州县都曾有大量的坡水、径流，因此在上千里的地带上形成了许多河流和湖泊。常见于记载的如荥泽、鸿沟、澶渊、濮阳泺、大潴潭、雷池以及濮渠（又称濮水、普河）、汲水、酸水（源在酸枣）、索水、灉水、瓠子等，都分布于这一带。在当地的许多地名中有荥、津、滑、汲、濮、范、菏、泽等称谓，说明其都是以水为缘起的。我国历史上的济水作为“四渎”（江、河、淮、济）之一，就流经这个区域。该区域的大量坡水、河流顺地势东流，大都倾注于济水。济水出王屋山后由于沿线大量坡水、河流汇入，成为一条北方大河。我们看到，历史文献对于济水多有“地下伏流”之记载，并有“三伏三出”之说。其实这种说法并无科学依据。依笔者所见，这恰恰说明了济水是由各地潴泽、内河汇合而成的。正是由于汇聚了流域中的大量坡水，济水才成为一条浩荡的大渎。在它进入山东之后又与汶水等河汇合，从而形成著名的巨野泽，后演化为梁山泊。出泊后继续北流，由大清河入海。这一庞大的自然水系维持了数千年之久，它曾经极大地影响了中原和山东历史的发展。

但在宋代之后，黄河改道向东南由淮河入海，豫北广大地区由河南变成河北。在黄河决洪的冲积下，济水和该地区的许多古河流消失了，梁山泊亦被淤成平陆。但该地区的水源并没有消失。西南濮、曹及其以远诸州县的坡水仍然大量存在，这些坡水再不能循原来的古道下注，必然另寻新径。水往低处流，元明以来黄河向北决口形成的许多新河道自然成为这一带坡水下泄的顺当流径，而且它们流淌的都是清水。

考察沙湾地区的位置，其现在位于河南省台前县东部，而在历史上则隶属于山东省的兖州府，处于寿张、阳谷、东阿、东平四县交界地带。在宋代这里曾是“八百里梁山泊”的北部水域。这里地势低洼，地势从西南倾向东北，东有泰山余脉相阻，北有古金堤为障，只有东北角从陶城铺至鱼山一个狭长的通道。整个地势像一个前阔后狭的喇叭筒，无论是西来之水、南来之水，还是东来之水，都会在这里汇合，循大清河入海。诸水一间，别无他路。狭小的沙湾地区，成为汇流西南“八州县”来水的要津。

清陆耀《山东运河备览》卷六曰：“曹濮诸州邑其腹也，张秋其尾闾也。”把张秋比作下泄曹濮各州县腹地之水的“尾闾”，这是有其道理的。张秋之尾闾，其实就在其城南的沙湾一带。实际上，这曹濮诸州邑腹地之水本是当年济水的供源。沧桑巨变，山河轮转，济水消失后诸水即改道从沙湾复归大清河。这也正解释了历史上沙湾河流特别多、水情特别盛的根本原因。

二

历史上流经沙湾的河流究竟有哪些？各条河流的源流如何？今天的人们很难清楚知道了。值得欣喜的是，在有关的历史文献中却留下了一些记载。资料难得，不烦摘录如下，以供读者参考。

马颊水

古济水的一个分支。据明末清初顾炎武撰《天下郡国利病书》：“马颊，济之支津，《水经注》曰：济水至寿张分为二，水其支津西北出谓之马颊，马颊水首受济西北流，历安民山北又迳桃城东，又东北迳鱼山南东注于济，谓之马颊口。又曰济水至鱼山南，左与马颊口合，今小盐河庞家口在鱼山南入大清。”据考，济水于安民山以南向西北分出支流，名马颊水，该河纵贯故寿张县境经沙湾至张秋南折向东北，经陶城铺至鱼山入济水主道。

又据雍正《山东通志》卷六：“马颊水：《水经注》谓之马颊口，北清河上源悉为运河所截，惟此水为东会济汶之故道。今自东阿县运河东岸五空桥桥东北流，迳洙泗口（有苇河自曹家单薄下汇流北注，又有支河自月堤下汇流东北注，会于洙泗口，名三岔河），又迳晋城庄、吴家庄至大洪口，有龙潭水入之（黑龙潭、白龙潭皆在张秋镇，东北乃济水伏流之所发也，东南入马颊水），又东北迳史家桥、关山桥、洪桥至庞家口（东阿县境内行六十里）与济汶二水会。”

瓠子河

西汉元光三年（前132年），“河决瓠子”，形成该河，但在后来却演变成汇合沿线坡水和多股支流的清水河。关于瓠子的具体流径，据《水经注》卷二十四记载，“瓠子河出东郡濮阳县北河”，“又东北过廪丘县（治在今郓城县西北水堡镇——引者注）为濮水”，“瓠河之北，即廪丘县也”，“瓠河又右迳雷泽北”，“瓠河又东迳郓城南”，“瓠河自运城东北，迳范县与济、濮枝渠合”，“北迳范城东”，“东北迳范县北，又东北迳东阿城南”，“又东北过东阿县东”，“又东北过祝阿县（在今齐河县——引者注）为济渠”。从上述记载看，瓠子出濮阳后，经雷泽北一直向东，由郓城县西部到“郓城南”，又折向“运城东北”，然后又折向西北，进入范县。汉时今梁山西北部属范县。经范城东，即今梁山西北黑虎庙东，在这里先后与济水枝渠（右）和濮水（左）合。济水枝渠即是上面所说的马颊水。由此经今沙湾、张秋入东阿县，“又东北迳东阿城南（即今阳谷县阿城镇——引者注）”，“又东北过东阿县东”，继续向东北，至齐河县入济水。

广济河

宋代所开漕渠。自汴京开封经定陶、郓城向北入梁山泊，再由大清河入海（北支）。北宋后期因梁山泊运道不畅，又自郓城向西北开新道，经梁山西北的故寿张县黑虎庙（今属梁山县）东，向北入马颊水故道，经沙湾至张秋南折向东北入大清河，绕过了梁山泊旧线。张秋以下又名为小盐河。雍正《山东通志》卷六在记载赵王河的流径时言："自黑虎庙以下为宋时运道。"这里所说的"宋时运道"即广济河。

小盐河

宋代河道，起张秋南至鱼山，系大清河支流。明末清初顾炎武撰《天下郡国利病书》言："小盐河，在张秋东岸，古之马颊故道也。""按宋《河渠志》，沿河志州郡各于要害下埽，郓州有六埽，关山、子路、张秋居其三，此三埽者皆小盐河所经，则小盐河故宋时河道也。"

又据清董恂《江北运程》卷十五："大清河，亦曰盐河。自东阿县八里庙滚坝受运河之溢流东流至东平州。南纳戴村坝汶河之溢流，转北流，经平阴县东北流经长清县、齐河县，东流经历城县南纳泺河。东北流经济阳县、齐东县、青城县、滨州、蒲台县、利津县入海。"

灉河

明洪武年间黄河决口形成的河流。又据雍正《山东通志》卷六："灉河，上源为贾鲁河，本黄河决口故道。自河南仪封县黄陵冈东北由祥符县境至刘家亮庄入东省曹县界，东北迳桃源集……（曹县境内行二十里）入菏泽县界。又东北迳金隄集至县城东折而北至双河口，一支东流入巨野、嘉祥达牛头河；一支东北流又分为二：一入雷泽，一达郓城。其入郓城者为古灉河，又为枣林河。自双河口北迳李家庄至阎什口入濮州界，又东北至红船口（西岸为濮州）入郓城县界，为西里河，又东北迳殷家庙水保集至五岔口，有冷庄河水入之。又东北迳潘家渡、萧皮口、新兴屯至张家楼入汶上县界，又东至黑虎庙（汶上县境内行二十里）入寿张县界，又东迳范城桥、温家口、鱼户口至岔河桥为赵王河（自黑虎庙以下为宋时运道，寿张县境内行二十三里），入阳谷县界。又东北至万家桥（阳谷县境内行十里）复入寿张界。又东北迳半边店至积水闸入运河（寿张县境内复行一十五里）。"

又据光绪《寿张县志》卷一："里河，即灉河……黄陵冈塞口处中有泉，及受雨水，恒通舟楫。东南经本县黑虎庙、范城诸处，至沙湾入漕河。"

赵王河

清代河流，又名西里河、范城河、土河等。据清董恂《江北运程》卷十五载："赵王河，即古灉水，在运河之西，上源为贾鲁河，本黄河决口故道。自筑黄陵冈之后，止有郓城、濮州等八州县坡水起自曹县纸房集，至寿张县积水闸入运。计长三百七十余里。此河原自仪封入东省曹县境，至菏泽之双河口分流，一由郓城入牛头河，一由濮州郓城汶上入寿张为赵王河，又经阳谷复入寿张至积水闸。乾隆五十二年疏浚曹济水利，挑挖封丘县境之陶北河，引至纸房集，上源又挑郓城之南清河直入牛头河，于双河口筑柴土坝遏绝北行之路。夏秋水势盛涨仍令漫坝而北入赵王河。"

又据《天下郡国利病书》言："自曹州沈家口北至寿张黑虎庙长一百九十七里，其名为西里河。""西里河，即灉河下流也。双河口之水既分为二，其一支至县（郓城县——引者注）西南红船口入境，流经县西北四十里出水保北为五岔河口受冷庄河水北流。""自郓城之王亮口北至东平之鱼护口长三十里，其名为范城河，又为土河。""范城河，在县（寿张县——引者注）南十八里，即灉河下流也。由郓城来至县境黑虎庙，迳故范城东至张秋南沙湾冲漕东决。"

枣林河

即赵王河。据清张伯行撰《居济一得》卷四，枣林河"由沙湾小闸入运。其上为壕邱坡之水，又其上为天鹅坡之水，递而上之以至于荆隆口六七百里之遥。……此河自张秋南沙湾小闸起系东阿县地方，三里至丁家桥，又七里至万家桥，河东岸系东平州地方，河西岸系阳谷县地方。又三十一里至黑虎庙，系寿张县地方，又十四里至李家桥，系汶上县地方，又九十里至红船口桥，系郓城县地方，又二十五里至阎什口桥，系濮州地方。直至双河集两岔分流：一入小黄河，至南旺下入牛头河；一即为枣林河，其源自陈桥古黄池来"。又言：自沙河"再往南沙湾有枣林河一道……其上源自荆隆口旧决口，至张秋有六七百里之遥，每逢大雨之年，此六七百里远之水俱至张秋出小闸入运河。沙河、枣林河之水俱入运河，运河势不能容"。

《菏泽地区志》载："枣林河自金龙口东北流经长垣、东明，至菏泽双河口分为两支，北支东北流，经鄄城阎什口、红船口，梁山县李家桥、黑虎庙，北至张秋镇注入运河。”[1]

土河

据乾隆《兖州府志·山川志》：“土河，在县（寿张县——引者注）南十里黑洋山决河故道也。至张秋南入运。”《天下郡国利病书》云：“洪武二十四年河决阳武之黑洋山，由范县入境，东流入于张秋，今夏秋水盛，犹可通舟。”

又据清光绪《寿张县志·方舆志》：“土河，又呼跌河，在县南十二里，明洪武二十四年河决阳武之黑洋山，经长垣、开、濮、范，过县东影唐北，东折入张秋漕河。”

沙河

据清陆耀《山东运河备览》卷六：“沙河自沙湾大坝起至东明县之李连庄止，计长三百五里，通范、濮等五州县诸洼之水合流汇聚由引河入运，每遇伏秋，水势浩大。”

又据清张伯行《居济一得》卷四：“张秋迤南八里庙有沙河一道，出导人桥入运。其源出滑县、开州，有魏河、洪河、小流河三道，俱由濮州、范县以达张秋。每遇雨涝之年，其水盛大，势莫能御。”

广济渠

系人工渠，为明代徐有贞所主持开掘的疏水保运工程。据《明史·河渠志》：“……于是设渠以疏之，起张秋金堤之首，西南行九里至濮阳泺，又九里至博陵陂，又六里至寿张之沙河，又八里至东西影塘，又十有五里至白岭湾，又三里至李堆，凡五十里。由李堆而上二十里至竹口、莲花池，又三十里至大伾潭，乃逾范暨濮。又上而西，凡数百里，经澶渊以接河、沁。筑九堰以御河流旁出者，长各万丈，实之石而键以铁。六年（景泰之年——引者注）七月功成，赐渠名广济。”

又据雍正《山东通志》卷十九：“沙河大坝，明之广济渠口也。景泰中徐有贞治沙湾决口先为疏水之渠。起张秋金堤，通寿张之沙河西南，至于竹口又西南至大潴潭，逾范暨濮上接河沁之水，通源闸济运。盖导上流有源之水以潴之为渠也。自筑黄陵冈塞断河流，只借各坡水汇注，运长则长，运消则

[1] 山东省菏泽地区地方史志编纂委员会编：《菏泽区志》，齐鲁书社 1998 年版，第 85～86 页。

消，水所经由类皆沙石……成化中于沙河口建筑土坝，引入支河，由道人桥入运。”

清河

又称魏河、金堤河等。据雍正《山东通志》卷六：“清河自范县岔河口上承魏、洪、瓠子、小流四河之水，东北迳马老口、宋名口至县城东南，又东北迳飞龙桥至豆腐店入寿张县界（俗名沙河），东北迳八里店、辛家桥、白家岭，又东迳古贤桥、影塘、元家桥至沙湾大坝，折而北入引河，由道人桥至卢家庄入东阿县界，由引河口入运河与灉河会。”

又据《山东运河备览》卷六：“安平（即张秋——引者注）以西诸州邑水利，其源自黑羊山、澶渊等坡而入濮者为魏河；其源自澶渊、青龙等坡而入濮之董家桥者为洪河；其源自曹州而入濮者为小流河。三河合流于濮之东南，出杨二庄桥入范县竹口，又东迳张秋城南过道人桥达月河，其溢出者则由通源闸俱入运河；又有源自曹濮迳范县回龙庙而来者为清河，亦名水保河。”

从以上各条河流的记载中可以看出，它们都是来源于西南曹濮诸州县及其以远的坡水。其部分流径是沿循于黄河决口的故道，绵延300多里至700多里不等。其实这些河道流来的水本是历史上济水的供源，如有的文献就明确称赵王河、沙河是“北清河”（济水的北流）等。由于黄河决洪的多次冲积，这些河道多经改变，不同年代的河流之间互有重叠和交叉，如明代开挖的广济渠就沿用了原来沙河的部分河道，赵王河与枣林河亦有支津相通的关系等。这些河流总体流向都是由西南向东北，最后都入沙湾运河，汇于一流，穿运河后向东流入小盐河，继而循大清河入海。运河成为各条河流的总汇和枢纽。

三

从前面的叙述可以看出，沙湾地区是西南诸州县的河流和坡水以及黄河决洪下泄的尾闾和向东入海的必经之地。汇集沙湾地区诸水与大运河形成穿插，这是明清时期沙湾河段成为南北漕运的最险段和大运河瓶颈的根本原因。

沙湾地区一度成为朝廷“治河保运”的中心地区，仅从明清两朝来此治水的官员之多、河防工程建设之巨就能说明问题。在张秋至沙湾十多里的运道上，坝、闸、桥鳞次栉比，河防设施高度密集，是南北运河段上所少见的。笔者曾对此进行初步考察，现约略以建筑时间为序例举如下：

大河神祠与感应神祠

明景泰初年工部尚书石璞等奉命赴沙湾治河。为消除河灾、求佑漕运安全，奏请在当地建造大河神祠。景泰三年（1452 年）明帝敕修大河祠坊一座，距张秋 8 里（今八里庙村北）。次年又诏复加河神封号。同时敕建感应神祠一座，址在沙湾村南。大河神祠与感应神祠后来均经多次重修。1937 年被洪水冲废。

通源闸

明景泰四年（1453 年），佥都御史徐有贞来沙湾治河所建。《北河纪》卷四载：“通源，在张秋城南，运河西岸，即广济渠也。景泰四年徐有贞治沙湾决河，先为疏水之渠……渠口为通源闸。”又据《天下郡国利病书》：“通源闸在城南百武运河西岸，旧广济渠口，黄河所出，景泰三年佥事古镛建。自黄陵冈筑塞，久已断流，每遇伏秋雨涝，范濮一带之水由此入运。”

沙湾石堤

据《北河纪》卷四，天顺八年（1464 年），山东按察佥事刘道自沙湾村南大感应庙起至沙湾村北修石堤一道，长一百六十丈。

沙湾积水闸

成化七年（1471 年），山东按察佥事陈善于沙湾村北运河西岸建积水闸。《北河纪》卷四载：“有积水闸二：曰沙湾闸，成化七年建。”当年立的“积水闸”石碑及台前县政府立的“沙湾闸遗迹碑”现保留于沙湾村中。

沙河大坝

沙河大坝位于运河西岸沙河口。据清雍正《山东通志》：“成化中，于沙河口建筑土坝，引入支河，由道人桥入运。”清雍正四年（1726 年）重建，长四十三丈，高一丈三尺，宽一丈五尺。

沙湾减水坝

沙湾减水坝建于明弘治四年（1491 年）。嘉靖三十九年（1560 年）又增建了“减水闸桥”。

五空桥

明弘治十年（1497 年），都察院右副都御史刘大夏来沙湾治河所建。《江北运程》卷十四载："弘治中刘大夏治张秋决河，于决口迤南建减水石坝以备宣泄，俗谓之五空桥。"《北河纪》卷四载："五空桥，在张秋城南，与沙湾（应为沙河之误——引者注）相对，即减水石坝。"桥长十四丈八尺，高一丈三尺七寸。桥底原高河底一丈二尺，清乾隆二十八年（1763 年）落底三尺七寸。清嘉庆二十四年（1819 年）重修。桥下支河一道，长 68 里，泄运河异涨并沙、赵二河水入大清河归海。

引河

明弘治六年（1493 年）黄河决洪冲漫运河，运堤东溃。都察院右副都御史刘大夏于运河西岸开挖了一条月河，长 3 里，使鳞集的漕船驶过决口段运河。

成化年间，于沙河口建筑土坝，并开挖支河一道，由道人桥入运。

清顺治九年（1652 年），封丘大王庙河决，沙湾运道复溃，总河杨方兴修筑堤岸，又自西岸河边起至八里庙河边止开引河一道，长五百丈，顺治十三年（1656 年）工成。

清康熙六十年（1721 年）武陟马营口河决，冲漫运河，为泄运道溢涨之水，山东巡抚李树德于沙湾运河曹家单薄向北开苇河一道，导洪水东北流，至洙泗口（今吴坝镇晋城村西）入小盐河，循大清河归海。

鸡嘴坝

位于运河西岸，长 19 丈，所建年代不详。清康熙六十一年（1722 年）河决武陟时顶撞黄水迎流，起了很大作用。

道人桥

又称"导人桥"，建于运河西岸沙河引河上。据道光《东阿县志》卷五："导人桥，《张秋志》：在镇南七里。旧有板桥三空，通政韩公鼎创以石。至万历初增为五空。副史阎光潜记。"

鸡心坝

运河东岸曹家单薄处，长八十一丈。

平水（减水）三闸

清乾隆二十年（1755 年）建于八里庙北运河东岸。因原三空桥、五空桥泄水不畅，而于三空桥以北、五空桥以南增建减水闸三座。每座金门各宽二丈，闸高一丈二尺，闸下各有支河一道长一百三十丈，泄运河异涨并沙赵二河水入大清河归海。平水南闸距中闸九十丈，中闸距北闸四十一丈。

滚水石坝

乾隆二十三年（1758年）建。以东岸之三空桥、五空桥底高运河宣泄不畅而创建此坝。址在沙湾与八里庙之间。坝宽十二丈，高一丈八尺，坝基高河底七尺。坝下支渠长九百三十四丈，泄运河异涨并沙赵二河水入大清河归海。乾隆二十七年（1762年）所立滚水坝石碑现仍保存于八里庙碑廊中。

利浚涵洞

乾隆二十五年（1760）建，址在平水南闸至中闸之间。涵洞东西长六丈，金门宽七尺，高八尺五寸，洞下引渠长七百丈，泄冬间运河底水以便挑挖。

以上所述仅系目前所知的部分建筑设施，尚不包括两岸建造的大量水门、小闸、堤埽以及开挖的月河、支河等。在数百年时间里，两岸的行水支河、引河等经过无数次开挖，当年的河道开挖了，后被洪水淤废又重开新河，致使两岸的河形不断变化，河无常址。其工程量之巨更不可考。

四

在关于沙湾段运河的研究中，有一种观点是：该段运河“处运河的最高河段”，“地势高，又缺乏水源，经常发生运河水位太低无法行运的情况”。以笔者之见，这种观点并不符合该地区的实际，对此有必要予以澄清。

沙湾段运河所处的地势究竟是高还是洼？这当然只能从其与周围地区的相对落差比较来说。我们知道，从整个京杭大运河的纵向高程来看，山东运河处于较高河段，但这并不等于说沙湾运河是“处运河的最高河段”。众所周知，山东运河的最高河段是在被称为“水脊”的南旺。据文献记载，从南旺至临清“地降九十尺”，这一段运河水基本上是顺流状态。而沙湾处于这段运河的中间，哪里会有“最高河段”？如果是处最高河段，那么运河水在此处能够发生顺流吗？

从前文所述各河流的流向来看，整个曹濮地区的坡水、河流都向沙湾下泄，这充分说明这里是一个低洼地带，而不是一个地势高的地带，否则各河流还会自然向这里倾注吗？

据方志记载，张秋原名“涨秋”，因地势低洼、多有涨水而得名，后因居民忌讳水患，故而改“涨”为“张”，始为张秋。其实沙湾与张秋同属一个低洼地带，这也是明清时期黄河和各河流屡侵张秋和沙湾，漕运患险频发的根本原因。如果这里真的是地势高亢，那么京杭大运河的历史就不会是我们今天所看到的这个样子。

关于运河的水源问题，由于从济宁至临清这段运河主要是引用汶河之水，整个说来的确是有些水源不足问题。但在明代因有安山湖作为“水柜”，在清代因有来自濮范、曹郓的坡水作为补充，加之及时疏浚等，漕运的行船需要基本上能得到保证，所谓“缺乏水源，经常发生运河水位太低无法行运的情况”是缺乏根据的。当然在明清时期黄河上流发生决口而冲溃沙湾运道，夺汶水东去，致使漕运受阻甚至暂时中断的事情确有多次，但那都是因为黄河的侵害，而与沙湾本地的所谓“地势高、水源缺乏”的特点是扯不上关系的。

当然，在某些干旱年份，在山东个别运河段上也确曾出现过漕船滞迟的情况，但此种情况主要发生在张秋以北的北运河段上，而罕见有沙湾运河的记载。如清代治河名臣张伯行在其《居济一得》卷四中就明确说：“数十年来每遇天旱，东昌一带辄有胶舟之患，粮运迟滞职是故也。”“查从前北运不浅阻者，有安山湖以蓄水也。自安山湖闭，而东昌一带每有浅阻之患矣。”“天旱之年，湖水一小，东昌一带在在浅阻……张秋迤南水势盛大，可备异日之用，又何虑粮储之不早登天府乎。”这里清楚地说明了北运河的水源情况。原来这里没有发生过浅阻，浅阻只是出现于“数十年来”的事情：由于安山湖淤涸，运河水量有所不足。而问题是出现在张秋以北的东昌一带，在天旱之年“每有浅阻之患”。但张秋以南（当然包括沙湾一带）却是“水势盛大”，这里不仅没有水源缺乏、运船浅阻的问题，而且还能够向北供水，以“备异日之用”。

清代董恂《江北运程》卷十九中也明确说：“自张秋北荆门、阿城、临清地势高峻，惟沙湾卑洼。”

康熙二十三年（1684 年）八月，河道总督靳辅曾从东昌经阳谷到张秋巡查运河，他在出张秋南门外后看到的是与北运河迥然不同的情况。清傅洪泽《行水金鉴》卷一百六十三载此次巡视过程："二十九日……二十里张秋城北渡河，出正南门西南行，至大坝，漫地皆水。云系沙河水从西南来。南坝实土，北坝有三石洞，杆船过水，必须拔坝。又西行，路湿泥烂，牲口俱陷，地势低洼者，一望如河，如此二十五里至杈河（应为"岔河村"，现属梁山县——引者注）。过大石桥宿。桥下水亦大。东南流里许，通沙湾入运河。"这里所记载的正是清代前期沙湾一代和寿张县东部地区的真实状况，它呈现的是一派满地皆水、河流宣泄、地势低洼、一望如河的景象。这与张伯行《居济一得》中所说的"水势盛大"完全一致。

我们既然要考察沙湾段运河的形势，理所当然要以当时沙湾一带的实际资料为依据，而不应当以张秋以北和东昌段的北运河的情况为依据，从而得出沙湾段地势高、水源缺乏、漕船经常无法运行的判断。

张秋以南沙湾一带为什么水量这么大？其原因就是上面所说的地势低洼，上流濮范、曹郓诸州县的大量坡水都向这里倾注和汇聚。这正是被一些史志上所称的"尾闾"的体现。《山东运河备览》卷六中说："有源自定陶新集而来者为天鹅坡之水，有源自郓城出五岔口而来者为㙞邱坡之水，俱入西里河迳黑虎庙、杨家桥至沙湾小闸入运河……津流迳通直抵运道。"《居济一得》卷四言："此六七百里远之水俱出张秋出小闸入运河，沙河、枣林河之水俱入运河，运河势不能容。"上述记载都言沙湾水盛，运河容纳不了。此地水源之多，而又地域狭窄，排泄不畅，因此就在金堤以南的运河西岸形成大量潴水。如《天下郡国利病书》言："安平（即张秋——引者注）值大涝后，镇西诸水不得外泻，率钟为汗泽。"

这片"汗泽"盛水时周围长达40多里，在明清有的文献中将其称作"沙湾湖"。如明代治水名臣万恭在《治水筌蹄》卷下中就说："沙湾湖（一作"河"——引者注），可柜。"

湖水沿金堤向西直达于寿张，久年不消，干旱之年成河，雨丰之年则成洋，望而无际，南北往来全赖于舟船。据记载，在清嘉庆八年（1803年）、二十四年（1819年）以及同治十年（1871年）等数次黄水穿运期间，都曾有过因运河内难以行船，漕船即从西岸外的坡水中绕行而过的情形。

对于上流濮范、曹郓诸州县的大量泄水，当地政府和百姓向来视之为灾害：一是冲漫运河，二是淹没农田。对于这种水并不需要人工来“引”，其自然就会涌来，而必要的却是治理和控制。考察明清时期历代河臣对于沙湾运河的治理工程，其主要目的就是防范西南诸河流对于运河的冲溃。其所修建的大量设施，在西岸有石堤、大坝、积水闸、通源闸以及各河口的闸桥等，以控制坡水和河水涌入运河；在东岸八里庙之北则先后建有三空桥、五空桥、减水闸（平水三闸和滚水坝）等。其作用都是排泄西坡积水和运河涨水，使其向盐河畅泄而去。在这么短的河段上竟集中建了这么多的泄水工程，从中足见当时以水多为虞。

综合明清时期沙湾运河的文献记载内容，其主要问题并不是水少、河浅，而是来自上流河水的冲泄。历次漕患都是黄河决口所致。尤其是咸丰五年（1855 年）黄河于兰考改道北来，更彻底地改变了沙湾和寿张的形势，最终导致通航数百年的大运河被废弃，而相关的河流及设施亦逐渐湮没于历史之中。

（本文曾刊于《运河研究》2016 年第 3 期，有修改）

附图：

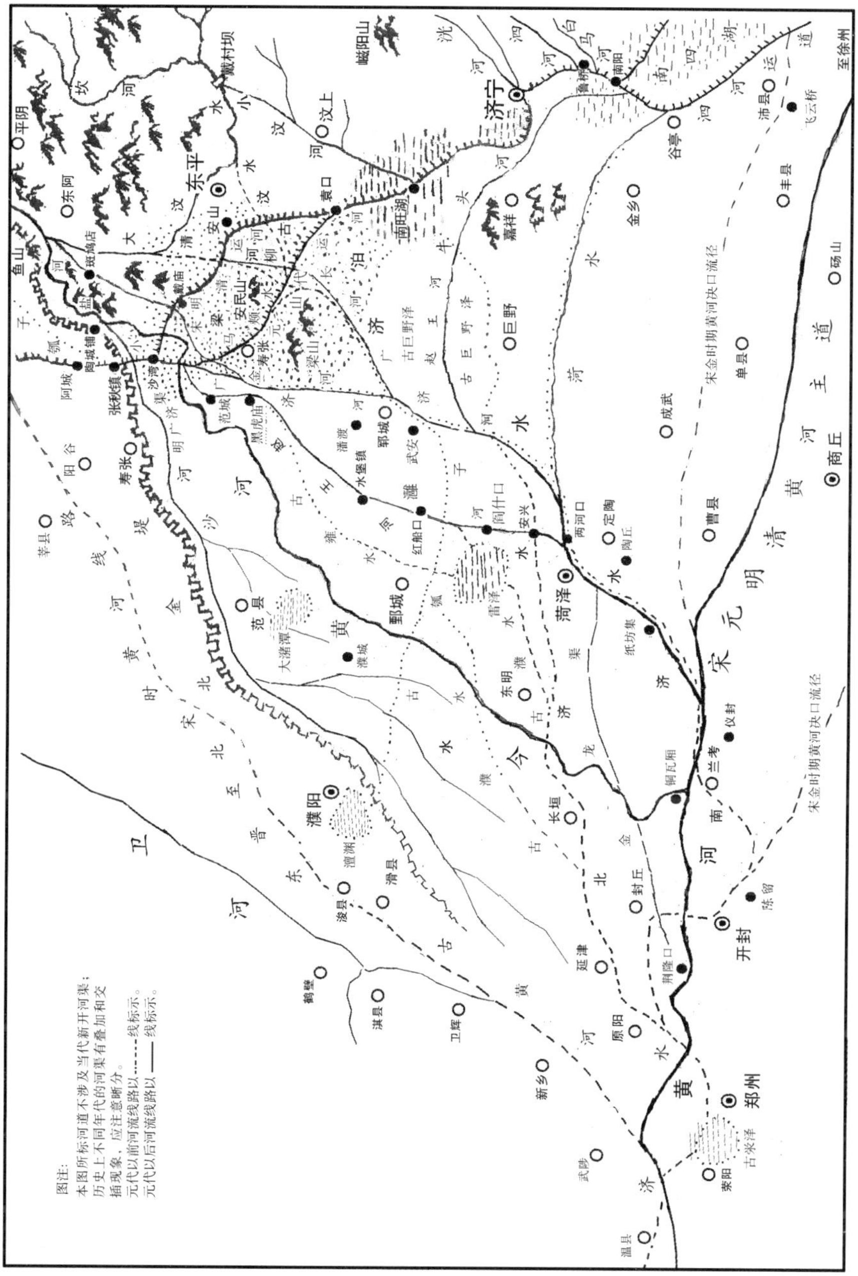

沙湾历史上的河流与西南水系示意图

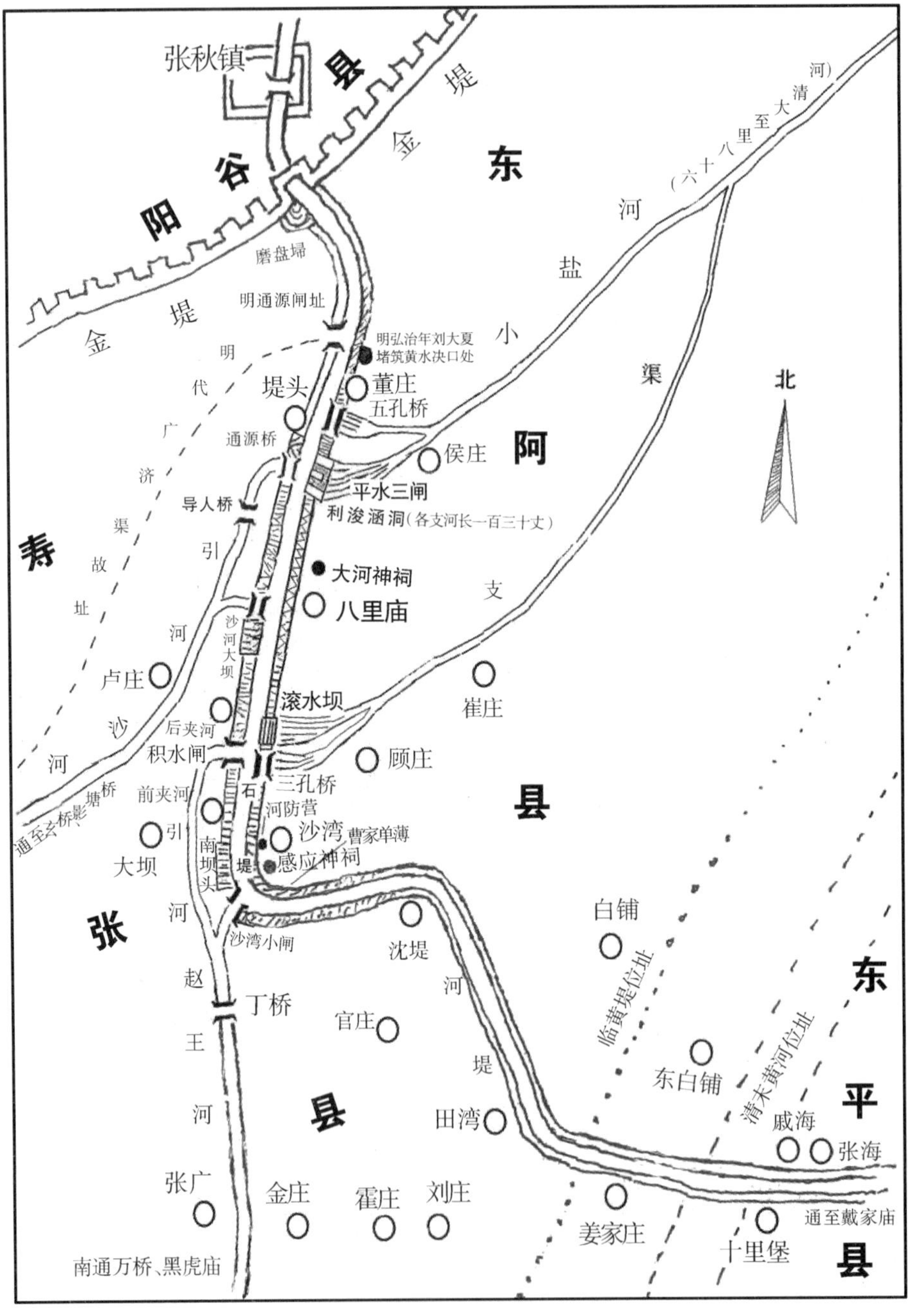

清代沙湾八里庙运河工程设施图

清末大运河之终

160 多年前，黄水从这里漫过堤岸，大河北去，由此历史发生了改变。

一

清咸丰五年（1855 年）农历六月十九日，黄河兰阳段（即今河南省兰考县）因上游洪水下泄，水势异涨，加之昼夜大雨，铜瓦厢北堤三堡处（位于今兰考县东坝头镇西部，现已坍入河）发生洪水漫堤，并很快刷开七八十丈决口。大溜向西北奔腾，水势凶猛。出河洪水究竟流向何处，受害区域有多大，它将寻向何处入海等，对此当时无人知晓。河道总督（时在开封）和道厅官员心惊胆裂，惊惶不已，只得火速奏报于京城。

翻阅史书可知，这一时期太平军西征攻克九江和武昌，清军连遭溃败，皖北捻军亦日渐势大。军情紧急之下，库银日见竭蹶，朝廷于黄河决口之事，实有些难以顾及。当下清帝除了谕令河南省要迅速查明水情、安抚赈济灾民、筹集物料盘筑裹头，毋使决口扩大，以及将兰阳所有疏防、管河官员和署理河督一律革职查办之外，再难有什么对策。

至六月底，洪水经直隶省到达山东。关于其流进的路线，在当时河南巡抚英桂的上奏中有较详细的说明："查明黄水由三堡口门，先向西北斜注，淹及封丘、祥符各县村庄，再折向东北，淹及兰仪、考城，并直隶长垣等县各村庄。行至长垣县属之兰通集，溜分两股。一股由赵王河下注，经山东曹州府迤南，至张秋镇穿运。一股由长垣县之小清集，行至东明县之雷家庄，又分两股：一股由直隶东明县南门外下注，水行七分，经山东曹州府迤北下注，与赵王河下注漫入汇流入张秋镇穿运。一股由东明县北门外下注，水行三分，经茅草河，由山东濮州城及白阴阁集、逯家集、范县迤南，渐由东北行，至张秋镇穿运。统计漫水分三股行走，均汇至张秋穿运，统归大清河入海。”[1]

在这里，洪水的流向已十分清楚：仍是流向山东的原梁山泊地区，仍是穿张秋之南的大运河，仍是向东北汇入大清河归海。这循的正是元明以来黄河由阳武、封丘一带向北决口的一条旧道。我们知道，这个处于当时的寿张、东平、阳谷、东阿四县交界的地区，正是原来梁山泊的北部区域。这里地势低洼，明清运河经此从东南向西北而过：它从济宁、南旺经东平的安山、戴家庙而来，进入寿张县十里堡，向西北经过姜家庄、田家湾、沈口、沙湾、八里庙等村庄至阳谷县的张秋镇，再向西北至临清入卫河。这里正处于京杭运河的中枢部位。在这里，任何西、南来水北遇金堤横亘，东有山东丘陵所障，唯有大清河一个出水道，其不可避免地要横穿大运河。自宋朝建炎年间以后，黄河改道南流，从徐淮地区入海，然而自明朝以来却时常从开封北一带向北决口，每次决洪都冲漫山东曹、濮，穿张秋以南的沙湾段大运河向东入海，严重危及漕运的安全。此后经过徐有贞、刘大夏等重臣治河，确立了“治河保运”和对黄河实行“北堵南疏”的方针，使黄河重返南流旧道，进而使山东运河保持了明清360多年的通行（清初虽有几次河决，冲犯沙湾运道，但不久即被堵塞）。尤其是清代以来，运河航运更出现一个空前繁盛的时期。

然而铜瓦厢之决，则使大运河的历史发生了根本改变。

这次黄河北决远非往昔情况可比。它水势特别浩大，致使决口越冲越大，达到了数里之宽，从而造成原河道完全断流，全河改道。洪水漫溢区域十分广阔，势如汪洋。大溜忽西忽东，横流无束，游徙无定，水不归正槽。它分流多股，支津数出，后进入张秋以南的沙湾一带，又汇合一流，冲决运河而东入大清河归海。由此运河被截为两段：黄河之北称为北运河，黄河之南称为南运河。黄河穿运口先在沙湾附近的南坝头，后又移至东南面的沈口（即今沈堤村），再后又向北徙至八里庙，最后又南徙至十里堡与姜家庄之间，变徙无常。黄流从穿运口向南倒漾直达东平的安山，向北旁溢于临清。据载：

① 中国水利水电科学研究院水利史研究室编校：《再续行水金鉴·黄河卷》，湖北人民出版社2004年版，第1129页。

“大溜截断运堤，南北五六十里间穿运者十余道。”[1] 张秋至戴家庙之间的运河堤岸多处被冲塌，仅十里堡上下运堤被冲的缺口就有四五处，运道阻滞。加上这时皖北的捻军又北上山东，清军和各地团防为“御贼”，以运河为防务，在各段实施拦河蓄水，大大阻碍了运河的航运，因此使运河航运中断。幸运的是道光二十八年（1848 年）和咸丰二年（1852 年）先后两次试行海运成功，清廷的江南漕粮从咸丰三年（1853 年）始就已改由海运承办。

尤其严重的是，黄河改道给下游百姓带来无穷的灾难，灾民流离，自兰阳至牡蛎嘴入海口 1300 多里的漫溢区一片汪洋，只能看到水中半露的树梢和屋脊。上流决河在次年之后就逐渐安澜归槽，而直隶、山东下游地区因没有堤防，几乎每年都发洪水。自长垣、濮阳、范县、东明、菏泽、郓城、寿张、东平至东阿、齐河、济阳、历城、惠民、章丘、青州、滨州、利津等州县连年大面积受灾，庄稼绝收，有几个县的县城也泡了水。利津、沾化等沿海地区的盐场也被淹，盐产量大幅度减少。面对黄水泛滥，朝廷除了派员赈灾抚恤，发放救济，劝民筑埝、防护岸坡以引导洪水顺流归海，此外再无计可施。正如咸丰帝在圣谕中所言：“现因军务未竣，筹饷维艰，兰阳大工，不得不暂议缓堵。”[2]

对于清廷来说，当时最关注的还是漕运问题。虽然江南的漕粮全部改由海上承运，但江北的漕粮、“小米帮船”以及差贡铜盐等货仍需要经由内河运输。因此，在漕运废弛了十余年之后，又于同治四年（1865 年）开始恢复运行。当然其运输量已大大减少，每年仅十余万石，装船四五百只，不及鼎盛时期的十分之一。

然而，这时运河的形势已发生了很大变化。

由于黄河水势浩大，多含泥沙，这就造成黄河穿运两端的运河经常遭洪水倒灌，泥沙淤塞，水大时运道全被冲漫、淹没；水落则泥沙淤滞，运道浅塞。处于穿运处的南坝头几年内河身即被淤滞，黄水于同治初年即改道由沈

---

① 中国水利水电科学研究院水利史研究室编校：《再续行水金鉴·运河卷》，湖北人民出版社 2004 年版，第 997 页。

② 中国水利水电科学研究院水利史研究室编校：《再续行水金鉴·黄河卷》，湖北人民出版社 2004 年版，第 1131 页。

口穿运。然而未几，沈口同样日见浅塞。同治五年（1860 年）官员潘骏文查勘沈口处运河情况后说："沈口至张秋十二里之运河，正身全行淤闭。""十里堡上下，有不及三尺之处。十五里之田家湾，仅止二尺余寸。沈口入黄之处，又有四尺内外。"① 这种情况下船只很难通过。

原来的山东北段运河，从南旺分水处到临清主要是以汶水为水源。但自从黄河穿运以后，南来清水受黄水顶托不能进入运河，或者是随黄而去，这就造成河北张秋至临清一段运河缺乏水源，不得不主要靠黄水济运。当黄水盛涨之时运河可以行船，而当黄水下落之后，就水竭沙留，运道淤塞，船只无法通行，只能等待黄水上涨或汛期到来时再通行。正如潘骏文所说："张秋则非盛涨时，重船万难浮送。迨黄水消落，运口即至断流。"② 这导致经常有大量南船滞留在八里庙，不能进入运河。（约同治七年即 1868 年，黄河穿运处由沈口又向北移至八里庙）枯水季节就只有停航，运河航运出现时断时续的状况。

为了使漕船通过，必须不断地对运道进行挑挖和清淤，以及培筑被冲决的运堤。当时的河道总督、山东巡抚及其所属官员主要政务就是"护漕保运"，维持运河的安全。运道前时挑浚了，后来水过沙留又淤塞。这样旋挑旋淤，积淤逐渐增高，河工费用越来越巨。局部的挑浚、河道抢修随时都有，而大型的挑挖和河道岁修工程每年就要进行一次。

二

在黄河北来的最初二十年间，两岸未有堤防，黄河游移无束，迁徙无常，大溜忽南忽北。同治六年（1867 年）初，开州（今濮阳）段黄河北趋逼近北金堤。但于次年又向南徙，并在鄄城县红川口处的赵王河（濉河）东岸决口。大溜下泄于东北，直达东平安山以西的运河，在三里铺、头道楼至戴家庙减

① 中国水利水电科学研究院水利史研究室编校：《再续行水金鉴·运河卷》，湖北人民出版社 2004 年版，第 1016 页。

② 中国水利水电科学研究院水利史研究室编校：《再续行水金鉴·运河卷》，湖北人民出版社 2004 年版，第 1016 页。

水坑、十里堡之间多处冲决运道，穿运河向北循坡河、盐河（大清河）入海。同治十年（1871 年）秋，又于郓城县侯家林向东决口（此次决口于次年三月被堵闭），洪水由沮河漫入南旺湖，又由汶上、嘉祥、济宁之赵王河、牛头河直入南阳湖。同治十二年（1873 年），黄河又于东明县石庄户向东决口，正溜向东北，经濮州、郓城等处，直冲安山运河，入盐河归海；分溜趋向东南，经巨野、嘉祥、金乡、鱼台等处，入南阳湖，灌入运河。山东南部各县都不同程度受淹。决水入运河后向南直达江苏省，自济宁至宿迁的运河堤冲刷殆尽。

由于黄河大溜南移，原北流黄河水量锐减，只及原来的二三成。这使十里堡、姜家庄以下运河水更加浅涩。据同治十年（1871 年）正月漕运总督张兆栋等人在上奏中所说："其寿张县所属之十里堡以北，姜家庄河身。因黄水偏注，渐多涸露，年来漕船到此，俱系插标引导，绕坡水行走。"① 是年，时任两江总督的曾国藩在奏言中也说："至黄水穿运处，渐徙而南，自安山至八里庙五十五里运堤，尽被黄水冲坏，而十里铺（也写作'堡'——引者注）、姜家庄、道人桥均极淤浅"，不得不"于运口处排钉木桩，贯以巨索，俾船过有所依傍牵挽"（《清史稿·河渠志》）。可见当时行船之艰难。为此，山东巡抚丁宝桢曾于同年饬令对这段运道进行过一次挑浚："现据报已将八里庙各处……运口之拦河大坝，寿张县十里铺以下姜家庄、田家湾等处，同阳谷长河挑工，均已一律告竣。"② 但于次年又发生枯水。据河道总督乔松年等上奏："十里堡北……即姜家庄，有干河三段，计二百五十余丈，又淤滩四十丈。此处必须开通，方能顺畅……自姜家庄干河以北，至田家湾，有运河一段，水尚通畅。田家湾至沈家口，有干运河长一百五十余丈，沈家庄淤滩四十丈，均应深挑。其沈家庄北夹河庄，有干运河六百九十余丈，淤垫过高，不易挑挖。拟即由沈家口积水闸绕入西坡，走道人桥，至八里庙入张秋口门。"③

---

① 中国水利水电科学研究院水利史研究室编校：《再续行水金鉴·黄河卷》，湖北人民出版社 2004 年版，第 1346 页。

② 中国水利水电科学研究院水利史研究室编校：《再续行水金鉴·运河卷》，湖北人民出版社 2004 年版，第 1094 页。

③ 中国水利水电科学研究院水利史研究室编校：《再续行水金鉴·运河卷》，湖北人民出版社 2004 年版，第 1135 页。

由于这段运河浅阻，南来船只一度由安山以西的三里铺向北经坡河、盐河，出东阿庞家口入黄河，然后再靠人夫逆流挽回到八里庙运河口。往返绕行百余里。由于船只绕行太远，更苦于人夫挽逆，只好于同治十三年（1874年）十二月再次挑通姜家庄段运河："惟有先将东平之姜家庄、沈家口黄水淤垫之处，预为挑通。"① 运船仍复归原路。

黄河大溜南移的趋势，不仅使运河和山东患及地区扩大，而且江苏也开始担忧。面对这种形势，朝臣们都上言堵口、筑堤，阻止其南趋的势头。同治十一年（1872年）三月，山东巡抚丁宝桢奏准在郓城县侯家林堵塞决口，十三年（1874年）又在菏泽贾庄（石庄户以下十余里处）黄河南岸实施堵口和筑堤。约经百日，至光绪元年（1875年）三月，贾庄决口合龙，并且沿此（东明县谢家寨）以下至十里堡修筑了一段长250余里的官堤，从而使黄河南泛被束，河道逐渐归一。这不仅解除了十里堡以南运河的河患，而且使运河西岸涸出了大片农田，达"万数千顷"。此役受到朝野一片称赞，当地为之修了功绩碑。②

因而，至光绪元年（1875年）之后，黄河穿运处即被限缩在十里堡、姜家庄至八里庙之间十多里的区域内。当时这段黄河在其上流寿张县南孙口（一说菜园口）又分为两股（于同治十三年，1874年）：一股是北河，即原来循沙河从八里庙穿运的河道；一股是南河，即自孙口向东冲开的新股，经万桥（老万桥村）、林楼村南，由此北折，从十里堡与姜家庄之间穿运河（即现在的黄河河道）。两股黄河至陶城铺以南的史家桥又汇合为一，向东北入大清河。这样，南来的漕船要先后穿渡两道黄河才可北上。"当伏盛涨时，径由安山、戴庙、姜庄，渡黄而北，历十八九缺口急流奔涛之险，始至八里庙，以达张秋。"③ 由此可见当时漕运之艰难。

---

① 中国水利水电科学研究院水利史研究室编校：《再续行水金鉴·运河卷》，湖北人民出版社2004年版，第1199页。

② 参见中国水利水电科学研究院水利史研究室编校：《再续行水金鉴·黄河卷》，湖北人民出版社2004年版，第1464页。

③ 中国水利水电科学研究院水利史研究室编校：《再续行水金鉴·运河卷》，湖北人民出版社2004年版，第1935页。

三

这里需要说明的是：自铜瓦厢决口之后近二十年中，各地关于黄河灾情和漕运告危的奏折接连不断，为什么清廷都一直表现得矜持寡断、被动乏力、无出大策？为什么不仅决口久未堵塞，而且连两岸堤防也无意修筑（仅修了一些民埝），而任由洪水横溢？如果说在当初诚然是由于军务繁急，费饷支绌，无遑于治河，那么在此后历咸丰、同治两朝为什么一直久拖未决？

笔者认为，这不能仅仅简单解释为以朝廷的无能。其根本原因在于当时清廷在关于黄河治理的总体方略和大局上面临着历史性的抉择。

黄河北来，受损害地区最广、最深重的是山东省。山东省大部分土地属于山地和丘陵地区，平原良田本来就少，而黄河由西到东横穿千余里，几乎全在平原地带，不仅沿河各州县的田庐每年被淹，而且河床被刷至数里之宽，加之河滩占地、两岸堤防占地等，将有亿万亩良田弃失。上面的居民将如何安置？还有沿河的诸多县城也要搬迁，所需帑费将由何出？因此，以山东巡抚丁宝桢、河南黄河厅同知蒋作锦、御史刘瑞祺、河东河道总督文彬等为代表的一些官员，多次上陈黄河给山东带来的巨大灾害，积极主张堵塞铜瓦厢决口，力促黄河重返徐淮故道。他们仍坚持明清以来“北堵南疏”的方针，既解山东之患，又解运河之危。而包括江苏、安徽巡抚和两江总督在内的另外一些官员，则认为黄河改道已10多年，这已经是不可挽回的事情。原来徐淮2000余里的故道上均已被居民开垦成良田，并建起了村庄；原来南河的河道总督及各州县的道厅、吏员也都已被裁撤。如今要再使河复故道，不仅这些田亩、村庄要全部还河，而且还必须把被裁撤的各级河务机构恢复起来，把已被毁废的堤防、埽坝重新修筑起来，河道全要挑深、堤岸全要培高等，这些做起来，非数千万金不能，更是人力短期内不可能做到的事情。因此，他们主张顺应水性和现状，听由黄河从大清河入海。

与此相关的，还有漕粮究竟是采取海运还是河运也争持不下。

面对如此重大的争议，朝臣们虽经多次廷议，但清帝都不能谕决，长期处于两难的境地。一方面，堵塞铜瓦厢决口、河复徐淮故道，这在当时的确是很困难的事情；另一方面，如果听任黄河改北，就意味着不仅山东灾难不能免除，而且明清400多年来的“治河保运”“黄河只可以南、不可以北”的宗旨和祖规被抛弃，曾经润泽中华民族500多年繁荣的京杭大运河亦将从此废弃。须知大运河的意义，不仅事关航运，而且关乎清朝国运和气脉。正如御史刘瑞祺所奏：如果运河停运，“数百年之运道，自此驯就湮废也；是南北之气脉，自此隔而不通也”[①]。总之，黄河究竟是改北还是返南，当时的确是一个艰难的抉择。然而这个问题如果不解决，那么关于黄、运两河的任何重要工程都不能实施，只能进行一些诸如河道挑浚之类的应急性的修修补补。

直到同治十一年（1872年），黄河先后在红川口、侯家林一带向东决口之后，出现了南徙的趋势，这时再容不得观望延宕，到了非决断不可的时候。于是清帝于当年十二月间降旨，专门就当时关于河、运问题的几方面的主要奏议——河道总督乔松年、山东巡抚丁宝桢、御史游百川、兵部左侍郎胡家玉等重臣的奏折，交由军机大臣、六部九卿予以全面筹议会商。通过议商，基本确定了“徐淮故道不能规复，而山东河患亦必须大力修治”的总体决策。为求慎重、详确，清帝又谕令当时对两河情况比较熟悉、阅历既久的直隶总督李鸿章再做进一步勘察，并妥筹具奏。

据《清史稿·河渠志》等，李鸿章派员赴齐、豫、徐、海各地做了大量访察测量，他审时度势、权衡利害，于同治十二年（1873年）闰六月上言。在奏疏中，他首先说明，铜瓦厢决口宽约十里，下深二三丈，要堵如此大的决口，不仅帑费不可计数，而且非人力可施。徐淮旧河道，经过几百年淤积，河身已普遍高于平地三四丈，而且自断流以来当地居民已经在上面耕种、居住，如果要使河归旧道，那就要先将上面的居民、村庄迁走，还要再下挖六七丈，且长达两千余里，这是不可能做到的。水循低处流，其性所在，非人力所能逆。其次，他又说明大清河新道，东面有山可依，北面、西面有大金堤可以防洪，岸高水深，河道稳固，黄河自寻在此入海，是求之不得的幸事。他在奏疏中着重批评了明清以来一贯采取的“借黄济运”“治河即为治运”的

① 中国水利水电科学研究院水利史研究室编校：《再续行水金鉴·运河卷》，湖北人民出版社2004年版，第1207页。

观念，称目前运河河底逐渐抬高，许多河闸淤塞，两岸历年清淤的废土堆积如山，雨霖则又冲回河道，这正是“借黄济运”的积病。他说，治河与治运是两个不同的问题，两者不能并一，不能以治河来护运。他在奏疏中驳斥了“闭关而治”的观点，重申了其发展海运、购造轮船的主张，认为海运是比河运更为便速之策，应当放弃漕运，选择海运，进一步扩大商路，而实军储。最后，他又说明，河改北道，山东的灾害诚可忧虑，但这可以采取加强两岸的堤防、民埝等办法来解决，尚不能构成大患。两相比较，黄河在山东后患稍轻，而回徐准故道后患更重。

最终清帝采纳了李鸿章的奏议，一场持续了近 20 年的黄河改道争议就此结束。这就意味着要使黄河重返南流故道的存念破灭了，明清延续 400 多年的“治河保运”“北堵南疏”方针被放弃。随着此后山东贾庄堵口和黄河南堤的筑竣，各段开始大修两岸堤防、河坝，这标志着黄河治理进入新阶段。

四

然而清廷对于运河航运和运河的治理并未就此放弃，每年的江北漕粮（主要是江苏漕船）仍走运河。为使漕船顺利通过东境，山东巡抚丁宝桢每年都上奏朝廷对运道进行挑浚和整修。当时处于穿运口的姜家庄更是一个重点施工段。如光绪元年（1875 年），为了给次年江北漕船通过山东做准备，丁宝桢不仅部署对姜家庄以下运河段全程挑浚，而且还费银三万两在其对岸的十里堡修建了一座运河入黄闸，以蓄汶御黄，保证漕运的通畅。

据载，光绪三年（1877 年），“所有姜家庄至沈家口淤浅月河，暨安山迤北至临清运口各州县所辖淤浅河身，遴员逐段兴挑”[①]。南来的漕舟要先后穿渡两道黄河才可北上。“当伏盛涨时，径由安山戴庙姜庄，渡黄而北，历十八九缺口急溜奔涛之险，始至八里庙。待拦黄坝起，以达张秋……”[②]

① 中国水利水电科学研究院水利史研究室编校：《再续行水金鉴・运河卷》，湖北人民出版社 2004 年版，第 1282 页。

② 中国水利水电科学研究院水利史研究室编校：《再续行水金鉴・运河卷》，湖北人民出版社 2004 年版，第 1935 页。

为防黄流淤垫这段运河，山东布政使李元华于光绪二年（1876 年）曾计划仿照十里堡的运河闸，再于对岸姜家庄运口修一座石闸，以控制黄水进入北运河。工程已进入备料和运筹中，但由于时任山东巡抚文格及山东布政使余思枢涉收受礼品等事，该计划亦作罢。

姜家庄运口的淤垫仍日益增高，逐渐不能进船。这时南船就改由从十里堡入黄河后顺流北下，约 20 里到史家桥，由此再折入北股黄河，靠人夫逆流牵挽回到八里庙，入北运河，绕行近 50 里。南北两运口本来仅隔 12 里，却绕行至 50 里，以此船行纡折，时任山东巡抚的文格依东昌知府程绳武的建议，曾于光绪四年（1878 年）奏请：仍行挑通姜家庄至八里庙的旧运河，以便仍由该处借黄浮送，以取道其径直。据光绪《寿张县志》载，“光绪七年在县境十里堡开河道北至沙湾铺，约长十里”。看来地方曾尝试此举，但其效果却未见记述，船仍绕行史家桥。

这样，姜家庄、沙湾、八里庙段的运河即被放弃治理。通行四五百年的明清古运道数年间就被洪水淤闭，及至踪迹无觅。那曾经的惊心动魄的往事永远地沉寂在黄土之下了，而“沙湾”等名字也逐渐消失于人们的记忆。

然而不久，北股黄河逐渐趋于势弱，船行出现阻碍。情形正如当时的漕运总督文彬在光绪五年（1879 年）六月中所奏：“查探北股黄水，溜势太弱。自史家桥北至八里庙运口，二十里内，浅水五处。一为大洪口，一为晋城，一为李家桥，一为吴家坝，一为三里庄（以上五村目前皆属台前县吴坝镇——引者注）。此五汛，本系村庄被黄水冲没。所有房屋之墙基阶石，以及坟墓碑碣，森列水底。水长则船行其上，水落则船触即伤。沿河土人，有四五月间黄河晾底之说，即此故也。”① 这样八里庙运口逐渐不能进船。为了维持运河的航运，光绪七年（1881 年）二月，新任山东巡抚周恒祺奏请朝廷，又于下游 20 里的陶城铺处向西开挖了一条新河，约长 12 里，至张秋北的阿城入运河。据载：“嗣因姜庄淤高，张秋镇旧河堙塞，遂开陶城埠（亦作

① 中国水利水电科学研究院水利史研究室编校：《再续行水金鉴・黄河卷》，湖北人民出版社 2004 年版，第 1595 页。

'铺'——引者注）新河。"[①] 南船从十里堡出运河闸进入黄河之后，顺流而下，到陶城铺后开坝进入新运河，从阿城到东昌、临清，入卫河，即放弃了从史家桥、八里庙到张秋的旧道。未几，北股黄河即绝流。

由此，作为运河名镇的张秋就逐渐失去了其往昔的繁华。据民国《阳谷县志》卷一载："旧河遂成干河，凡十六里，张秋一带颇寂然。"

陶城铺的新河完全靠黄水行运，未逾几年泥沙淤积之症即发，漕船浅阻问题日益严重。每年清淤，但每年淤积仍增厚。正如光绪二十六年（1900年）三月时任山东巡抚的袁世凯在上奏中言："北运河自陶城埠口门起，至临清州钳口坝止，绵长二百余里。历年借黄济运，水过沙停，几同平陆。陶城埠口门以内，为全河咽喉，积沙最厚。拦黄坝及东西裹头，多半朽蜇。口外之鱼鳞埽、口内两岸之护沿埽，因去冬凌汛撞啮，坍塌几尽。"[②] 当时又有大臣提出漕粮折色的奏议，清廷遂于光绪二十七年（1901年）将漕运废止，改由漕粮折色。陶城铺的运河前后共维持了20年，整个京杭大运河的航运即由此作罢。

清朝的漕运停止之后，河东河道总督和山东运河道被裁撤，山东以兖沂济漕运河道兼办运河事务，移驻济宁。据当时清廷的政策，运河乃"南北气脉所关"，漕运虽停但对运河的修治、各地航运不能停。重大工程仍由朝廷拨款。正如当时署理河南巡抚（原为河东河道总督）锡良所说："运河为南北关键，漕运虽停，河道仍不可废。必须逐岁认真挑修，务使河水宽深，堤堰巩固，方能商贾获流通之益，农田无漫溢之虞。"[③] 此后南北各段运河改由地方营筹，又各自持续通航了不等的时间。临清向南至黄河段运河因水源缺乏，很快干涸；临清之北卫河仍然通航至20世纪70年代初；黄河以南大安山至济宁通航至20世纪50年代末；而济宁之南航运因有诸水相济，水源充分，则一直通航到现在。

（本文曾刊于《济宁学院学报》2016年第2期，有修改）

① 中国水利水电科学研究院水利史研究室编校：《再续行水金鉴·运河卷》，湖北人民出版社2004年版，第1542页。

② 中国水利水电科学研究院水利史研究室编校：《再续行水金鉴·运河卷》，湖北人民出版社2004年版，第1791～1792页。

③ 中国水利水电科学研究院水利史研究室编校：《再续行水金鉴·运河卷》，湖北人民出版社2004年版，第1799页。

附图：

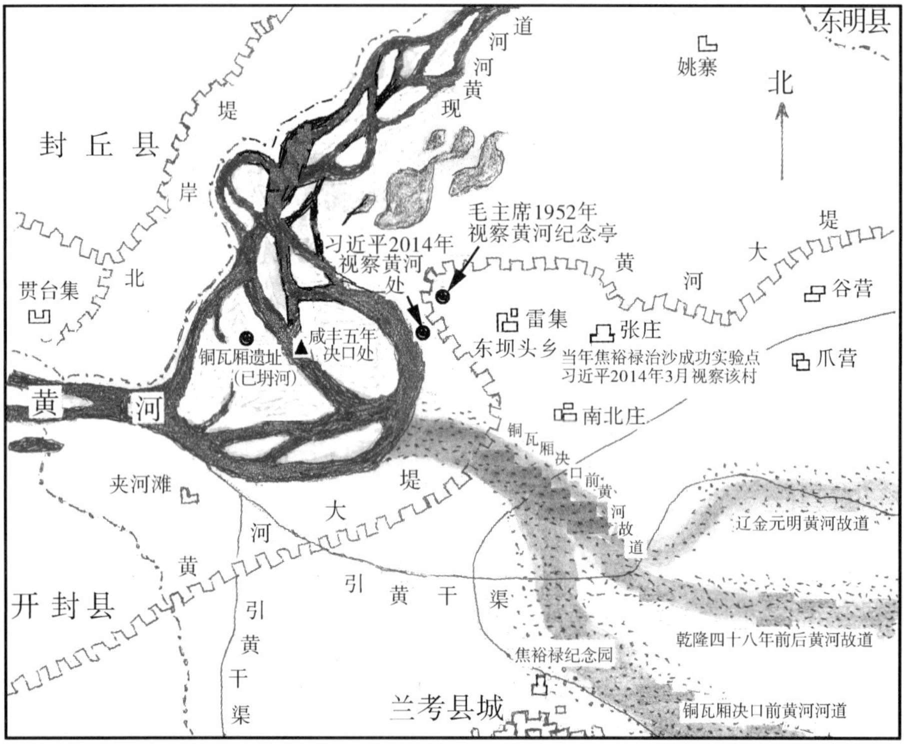

1855 年黄河铜瓦厢改道遗址及今形势图

资料来源：兰考县焦裕禄纪念馆。

兰阳铜瓦厢黄河决口改道纪念碑亭

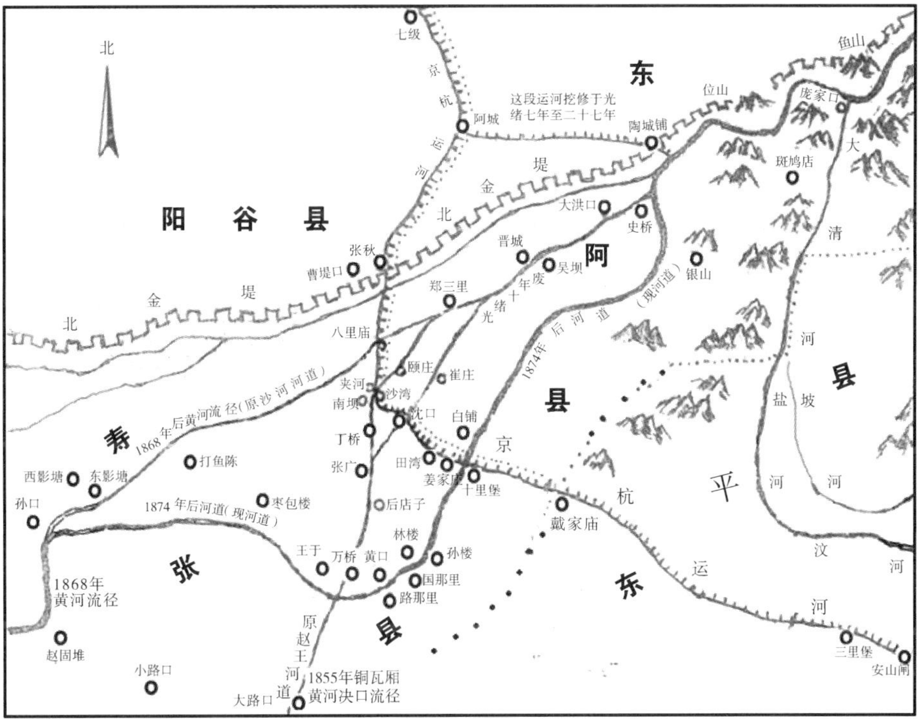

清末黄河铜瓦厢决口改道穿运河形势示意

清末黄河改道山东，穿运河究竟在何处?

一个不为人知的重要历史地标

清咸丰五年（1855 年）黄河于兰阳铜瓦厢大决口，穿京杭大运河，是中国历史上的一件大事。此后，通行近 600 年的大运河断航，黄河改道山东入海。然而，当时的黄河穿运处究竟在哪里？对此笔者翻遍当代出版的史志、论著等也没见到有明确具体的记载，而各种含混不清的说法却不乏其例。

例如，某版《山东通史》称："清咸丰五年（1855）黄河在兰考铜瓦厢改道，流经河南长垣、濮阳、范县，山东菏泽、梁山夺大清河，经济南由垦利北注渤海，即为现行河道。"[①] 这里所说黄河改道的流经地，在山东只有"菏泽、梁山"，而对于当时大溜所流经的寿张、东平、东阿三县恰恰未提；所提菏泽、梁山无论在当时还是现在都不是大清河流经地，黄河又怎能在该地"夺大清河"？

又如，有说法称："咸丰五年（1855 年），黄河在铜瓦厢决口改流东北，于张秋冲断运道夺大清河入海，京杭大运河被拦腰截断无法全线贯通。"[②] 还有说法称，黄河"经山东濮州、范县（今属河南），至张秋镇，汇流穿运（运河），总归大清河入海"[③]。这些说法都是讲黄河在张秋镇穿运，而且穿运后京杭大运河就断了航。然而历史事实真的如此吗？人们知道，张秋是历史上的运河名镇，一直属于山东省阳谷县，一条古金堤使其与南边的寿张县（今属河南省台前县）和东阿县相隔。当时兰阳黄水北来既未淹及该镇，同时阳谷

---

① 朱亚非、陈冬生主编：《山东通史·明清卷》，人民出版社 2009 年版，第 250 页。

② 山东省济宁市政协文史资料委员会编：《济宁运河文化》，中国文史出版社 2000 年版，第 35 页。

③ 常诚：《150 年前黄河大改道》，《大众日报》2006 年 5 月 24 日。

县又不靠大清河，岂有黄河在这里“冲断运道夺大清河入海”的道理？

查阅当地的史志记载，如《梁山县志》称，清咸丰五年（1855年）“六月二十九日（应为六月十九日之误——引者注），黄河在河南兰阳（今河南省兰考县）铜瓦厢三堡决口，洪水向西北倾注，复折转东北，分三股至张秋镇，穿运夺大清河，梁山一带被淹”①。又见1992年梁山县水利局编《梁山县水利志》载：“公元1855年（清文宗咸丰五年）六月十九日，黄河在河南省兰阳县铜瓦厢决口，改道东北流至张秋镇穿运河，在东阿县鱼山夺大清河，由牡蛎嘴入渤海。”两志记述基本相同，其对兰阳黄河决口的洪水流径说得具体明确——“洪水向西北倾注，复折转东北，分三股至张秋镇”，并且知道“在东阿县鱼山夺大清河”“由牡蛎嘴入渤海”等，却唯独对黄河在当时本县的路径、何处穿运等重大史实只字未提，向北一步跨到张秋镇，只说“至张秋镇穿运河”等。

人们知道，现在的梁山县本属原来寿张县的一部分，清末黄河决洪就是漫穿该县而过，而该县的史志编纂者却不知道当时黄河正是在本县穿的运河，竟也认定黄河“至张秋镇穿运河”。其对家乡历史了解之疏淡不能不令人惊诧！连当地的史志对黄河改道穿运的历史都记载不清，还能看到其他有对这个问题的清楚记载吗？

有一篇专门介绍京杭大运河山东段概况的文章（作者董一刀），写道：“京杭运河山东段分黄河以北和黄河以南两段。黄河以北从德州第三店至位山，长235公里，由于水资源缺乏，已于20世纪70年代末期断航。黄河以南从位山至陶河口，长275.6公里，由梁济运河、南四湖和韩庄运河组成。”显然，这里把黄河穿运处定于位山。我们知道，位山属于东阿县，新中国成立以来曾于此处修建了一大型水利工程——位山引黄灌溉工程，但从古至今却从未有运河在这里通过，又岂有在这里被分为“黄河以北和黄河以南两段”呢！

最近又见有专家这样讲：明清古运河“在梁山县国那里村东过大清河至张秋镇”。这一说法更加离奇，实际上这段明清运河与同时期的大清河都在东

① 梁山县志编纂委员会编：《梁山县志·大事记》，新华出版社1997年版，第11页。

平县，全然不在梁山县（梁山县是1949年建立的新县）。两河一条在南、一条在北，根本不相交，它们又岂能“在梁山县国那里村东”有穿过关系！

以上说明，在关于黄河穿运的这一重大事实上，现有史志、论著中的记载是何等混乱不清，真实的地点竟不为人知！

看到这些混乱不清的记述，人们不免要问：清末黄河改道山东究竟在何处穿运？当时经过如何？对清末黄河改道山东这一重大事件，我们今天在挖掘大运河历史文化资源的工作中不能不做一番考察。

黄河铜瓦厢决洪究竟流向何处？

经考察得知，当时的黄河冲穿运河其实是一个多变又漫长的过程，情形颇为周折复杂，并非是一处发生、一次定局、一句话可以说清的。在此请容笔者从头讲起。

1855年的农历六月中，黄河兰阳以上洪水连日异涨，铜瓦厢（址在今东坝头镇西，已陷河中）段河水涨平了堤面。十九日，风雨大作，洪水波涛汹涌，终于在下北厅三堡无工堤段漫过堤面，瞬时就撕开了四五丈宽的口子，决洪向西北奔腾而去，任何抛物拦堵都无济于事。至二十日，决口已达七八十丈，这段堤防全部溃坍，铜瓦厢完全沉于河中。河北大量村庄田地被吞没，“远近村落，半露树梢屋脊”。据载在决洪流经的长垣县，当时一夜间就有107个村庄消失了！

面对如此滔天大祸，署理河督（蒋启杨）和道厅官员已是心惊胆裂，悚惶恐惧，束手无策，只有火速奏报于京城。

当时，对于出河洪水究竟流向何处、受害区域有多大、将寻向何处入海等，无人知晓。清帝在闻奏后也无计可施，只是谕令河南巡抚要迅速查明水情、安抚赈济灾民、筹集物料盘筑裹头，毋使决口扩大，以及将兰阳所有疏防、管河官员和署理河督一律革职查办，除此之外再未有什么措置。

至六月底，洪水经直隶到达山东曹州和濮范境内。据时任山东巡抚的崇恩七月初三的上奏：“惟寿张已近运河，若水势再行增长，必将串过运河，漫入大清河，始能归海。”[①] 这说明洪水至少在七月初尚未到达运河。

关于洪水的流径和穿运河地点，直到七月二十日以后才先后见于河东河道总督李钧和河南巡抚英桂的上奏中，其讲述基本一致。英桂奏：“查明黄水由三堡口门，先向西北斜注，淹及封邱、祥符各县村庄，再折向东北，淹及兰仪、考城，并直隶长垣等县各村庄。行至长垣县属之兰通集，溜分两股。一股由赵王河下注，经山东曹州府迤南，至张秋镇穿运。一股由长垣县之小清集，行至东明县之雷家庄，又分两股，一股由直隶东明县南门外下注，水行七分，经山东曹州府迤北下注，与赵王河下注漫入汇流入张秋镇穿运。一股由东明县北门外下注，水行三分，经茅草河，由山东濮州城及白阴阁集、逯家集、范县迤南，渐由东北行，至张秋镇穿运。统计漫水分三股行走，均汇至张秋穿运，统归大清河入海。”[②]

从这个上奏中我们看到，作为河南巡抚，英桂对于河南、直隶以及山东曹濮地区洪水路径的了解是较为详细的，但对于进入山东运河的路径却并不清楚，对于当时受洪水冲漫最严重又处于运河沿线的寿张、东阿、东平三县竟一字未提，而是一步跨到张秋镇，说“至张秋镇穿运”。这确有些令人费解。我们看到，后来的一些论述一直在沿用这个说法。如民国《山东通志》卷一百十九就言：“河南兰阳汛铜瓦厢三堡决水……至张秋镇，穿运入大清河。”其实这种表述并不正确。张秋镇属于阳谷县，位于金堤之北，洪水并未到达该镇（只是运道漫溢），阳谷县也不靠大清河（大清河在东阿县境）。虽然当时阳谷、寿张、东阿三县相邻近，三县的管河道署都设在张秋镇，且有“三县托管”之说，但金堤南的运河管区分别属于寿张、东阿而不属于阳谷，这是明确的，又岂能说是“至张秋镇，穿运入大清河”？

黄河究竟在何处穿的运河？我们看到，直到九月十六日河东河道总督李钧上奏中就讲得明确了：“东境黄水穿运之处，饬据运河道查禀，系在捕河厅

---

① 中国水利水电科学研究院水利史研究室编校：《再续行水金鉴·黄河卷》，湖北人民出版社2004年版，第1124页。

② 中国水利水电科学研究院水利史研究室编校：《再续行水金鉴·黄河卷》，湖北人民出版社2004年版，第1129页。

署寿张汛张秋镇南坝头地方。官堤刷宽数十丈。”[①] 这里明确说“南坝头”就是黄河最先的穿运之处。而这时已距决口发生达三个月。此后“南坝头”这个名称就经常出现在一些记述中：“黄水穿运，挟汶东趋……入运之处，名南坝头”[②]；“其初大溜在附近张秋之南坝头”[③]；等等。

南坝头位于何处？考当地历史地理，其就在沙湾村运河西岸的赵王河入运口一个现在名叫大坝村的地方。该坝初建于明代，南坝头北距张秋镇 12 里，其行政区划十分明确：属于寿张县，而从不属于张秋镇。

这就清楚地说明，这次黄洪徙来山东行的仍是明代以来黄河向北决口的旧道。自宋朝建炎年间以后，黄河改道南流，从徐淮地区归海，然而自明朝以来却时常从河南原武至封丘一带向北决口，每次决洪都漫经山东曹、濮，穿沙湾段大运河向东入海，严重地危及漕运的安全。这个当时处于寿张、东平、阳谷、东阿四县交界的地区，正是原来梁山泊的北部区域，地势最低洼，任何西、南来洪都由此穿大运河，向东北循大清河归海。因此，沙湾一带成为南北运河患险最集中的地区。明代徐有贞、刘大夏等曾在此治河，确立了“治河保运”和对黄河实行“北堵南疏”的方针，使黄河重返南流旧道，进而使山东北部运河在明清时期保持了长时间的畅通。但在时隔三四百年之后，黄河却再次循旧道而来。

支津数出、游徙无定的决洪河道

然而这次铜瓦厢之决，却远非往昔情况可比。它水势特别浩大，致使决口达到数里之宽。而铜瓦厢以下的原河道完全断流、干涸，全河改道北来。洪水漫溢区域十分广阔，势如汪洋。而且大溜忽东忽西，横流无束，游徙无定，水不归正槽。它分流多股，支津数出，而在穿过沙湾一带运河之后，又

---

① 中国水利水电科学研究院水利史研究室编校：《再续行水金鉴·运河卷》，湖北人民出版社 2004 年版，第 903 页。

② 中国水利水电科学研究院水利史研究室编校：《再续行水金鉴·运河卷》，湖北人民出版社 2004 年版，第 1001 页。

③ 中国水利水电科学研究院水利史研究室编校：《再续行水金鉴·黄河卷》，湖北人民出版社 2004 年版，第 1392 页。

汇合一流，于东阿县鱼山入大清河归海。因此运河于南坝头处被截成两段：黄河之北称为北运河，黄河之南称为南运河。黄流从穿运口向南倒漾直达东平县的安山，向北旁溢于临清。据载："大溜截断运堤，南北五六十里间穿运者十余道。当溜则汪洋一片，堤岸被冲。"[①] 张秋至戴家庙（当时东平与寿张交界处）之间的运河堤岸多处被冲塌，仅十里堡（时属寿张县）上下运堤被冲的缺口就有四五处，运道阻滞。黄河大溜穿运处的南坝头，只五六年时间河身即被淤滞。黄水于同治初年又改道向东南数里的沈口（即今沈堤村）穿运。然而未几，沈口同样日见浅塞。约于同治七年（1868 年）又转而向北徙至八里庙（北距张秋八里，时属东阿县），变徙无常。

在黄河改道北来的最初 20 年间，两岸没有堤防，黄流在濮曹广大平原上横行无束，大溜忽东忽西，行无定道，迁滚频繁。同治三年（1864 年）后，上流开州（今濮阳）黄河日趋北徙，黄水淹濮州城，文武官署迁徙流荡，恒无定所。大溜更逼近北金堤。为防止黄河继续北决淹及河北、危及京城，清廷下谕饬令濮范寿阳阿等各地官员赶紧办理修筑金堤急务，将堤加高培厚。但是待工程刚竣，黄河大溜又忽而南趋，并于同治七年（1868 年）在鄄城红船口（又名"洪川口"）向东决口，漫淹郓城，大溜东移至东平安山，在安山以西的三里铺、头道楼至戴家庙、十里堡之间多处冲决运道，穿运河向北夺坡河、盐河至东阿庞家口入大清河。同治十年（1871 年）秋，又于郓城县侯家林向东决口，洪水由沮河漫入南旺湖，又由汶上、嘉祥、济宁之赵王河、牛头河直入南阳湖。同治十二年（1873 年），黄河又于东明县石庄户向东决口，正溜向东北，经濮州、郓城等处，直冲安山运河，入盐河归海；分溜则趋向东南，经巨野、嘉祥、金乡、鱼台等处，入南阳湖，灌入运河。山东南部各县都不同程度受淹。决水入运河后向南直达江苏省。自济宁至宿迁的运河堤多处被冲刷。与此同时，下流寿张段黄河流量锐减，只及原来的二三成。

黄河大溜南移，不仅使运河和山东的灾患地区扩大，而且江苏也开始担忧。面对这种形势，朝臣们都上言堵口、筑堤，阻止其南趋的势头。自同治

① 中国水利水电科学研究院水利史研究室编校：《再续行水金鉴·运河卷》，湖北人民出版社 2004 年版，第 997 页。

末年，山东巡抚丁宝桢奏准在菏泽贾庄（石庄户以下10余里处）黄河南岸实施堵口和筑堤。至光绪元年（1875年）三月，贾庄决口合龙，并且沿此以下至十里堡修筑了一段长约250余里的官堤，从而使黄河的南泛被束，河道逐渐归一。这不仅解除了十里堡以南运河的河患，而且使运河西岸涸出了大片农田，达“万数千顷”。此役受到百姓、朝野一片称赞。

因而，至光绪元年（1875年）之后，黄河穿运处即被缩小在寿张县十里堡至东阿县八里庙之间十多里的区域内。当时黄河在寿张县南部的孙家口又突发新股：向东北经万桥村（今已坍河中）、林楼村之南，由此北折，从十里堡与姜家庄之间穿运（即现在的黄河河道）。这样黄河在寿张县分成两股：一股是北河，即原来从八里庙穿运的河道；一股是南河，即从十里堡与姜家庄之间穿运的新河道。两股黄河至张秋以东约15里的史家桥（陶城铺以南，时属东阿县，今属台前县吴坝镇）又汇合为一，向东北入大清河。

河道逐渐归一，大运河由此废止

兰阳黄河决口，当时正处在太平天国运动和捻军起义方兴未艾之际，清政府因军务纠缠无暇治河；清军和各地团防为阻止捻军北上山东，在各段运河上又实施拦河蓄水“御贼”，因此使南北运河航运中断。其间江南漕粮改由海运承办。但江北的漕粮、“小米帮船”以及差贡铜盐等货仍需要由内河行运。因此，在漕运废弛十年之后，又于同治四年（1865年）开始恢复通航。当然其运输量已大大减少，每年仅十余万石，装船四五百只，只及鼎盛时期的十分之一。

然而这时要恢复废弃了十年的漕运绝非易事。各段淤塞的运道必须重新疏浚，塌损的堤岸、闸坝必须重新整修。尤其是沈口、八里庙等黄河穿越的运段，淤积更加严重，堤坝基本无存，无法行船。同治五年（1866年）山东地方官员潘骏文查勘沈口处运河情况后说：“沈口至张秋十二里之运河，正身全行淤闭。”“十里堡上下，有不及三尺之处。十五里之田家湾，仅止二尺余寸。沈口入黄之处，又有四尺内外。”[①] 为了使南来漕船通过，山东巡抚每年都饬令沿地官员对运道实施挑浚。大修每年一次，小修随时进行。河水涨时船只借黄行驶，但水落沙停，河道又淤高，就必须重新挑浚。这样旋挑旋淤，运河两岸泥土堆积如山，雨淋又被冲下河道，其劳费之巨，不可赀计。

尤其是光绪年间，黄河在此分两股并行。南来的漕船要先后穿渡两道黄河、两个运口——姜家庄和八里庙，才可北上。“当伏盛涨时，径由安山、戴庙、姜庄，渡黄而北，历十八九个缺口急溜奔涛之险，始至八里庙。待拦黄坝起，以达张秋。”[②] 由于姜家庄至八里庙运段处于两股黄河之间，因此受水淹、淤塞最为严重。当汛涨过后，就会出现沙淤浅涩，甚至干河，不能进船。“其寿张县所属之十里铺（也写作‘堡’——引者注）以北，姜家庄河身。因黄水偏注，渐多涸露。年来漕船到此，俱系插标引导，绕坡水行走。”[③] 由此可见当时漕运之艰难。姜家庄之北成为护漕治理的一个重要运段。

由于这段运道多有梗塞，南来漕船曾采取从安山以西的三里铺向北经坡河、盐河，出东阿庞家口入黄河，然后再靠人夫逆流挽回到八里庙运河口的路线，往返绕行百余里。后来南股黄河出现后又采取从十里堡入黄，然后顺流北下，约 20 里到史家桥再折入北股黄河，靠人夫逆流牵挽回到八里庙，入北运河，南北两运口本来仅隔 12 里，却绕行至 50 里。由于姜家庄、沙湾、八里庙段的运道淤积日甚，这段运河即被放弃治理，成为最先废弃的河段。通行数百年的明清运道数年间就被洪水淤闭，及至踪迹无觅。

然而不久，北股黄河也逐渐出现干涸，八里庙运口也不能进船。为了维持运河的航运，新任山东巡抚周恒祺于光绪七年（1881 年）奏请清廷，又于下游 20 里的陶城铺处向西开挖了一条新河，引黄行运，约长 12 里，至张秋北的阿城入运河。南船从十里堡出运河闸进入黄河之后，顺流而下，到陶城铺后开坝进入新运河，从阿城到东昌、临清，入卫河，即放弃了从史家桥、

---

① 中国水利水电科学研究院水利史研究室编校：《再续行水金鉴·运河卷》，湖北人民出版社 2004 年版，第 1016 页。

② 中国水利水电科学研究院水利史研究室编校：《再续行水金鉴·运河卷》，湖北人民出版社 2004 年版，第 1935 页。

③ 中国水利水电科学研究院水利史研究室编校：《再续行水金鉴·黄河卷》，湖北人民出版社 2004 年版，第 1346 页。

八里庙到张秋的旧道。由此，作为运河名镇的张秋也逐渐衰落。

陶城铺处的新河运行了约20年，但仍不能克服黄水淤积之症，终在光绪二十七年（1901年）被废弃。这时清政府改由江北漕粮折色，整个京杭大运河的航运即由此作罢，此时已距铜瓦厢决口近半个世纪。

在北股黄河绝流之后，南股黄河更加势涌，河道定格于寿张县十里堡与姜家庄之间，北入东阿县，奔腾入海，至今没有发生大的变化。

在讲述完这段历史之后，我们现在可以清楚地了解清末黄河穿运处究竟是在哪里了。确切地说，是在张秋金堤之南、安山之北的寿张、东阿、东平三地的运河段上，其穿运点先后有多处。如果以黄河形成主河道来说，即先后有南坝头、沈口、八里庙、十里堡与姜家庄之间四处。最后定格处则是寿张县的十里堡与姜家庄之间。所有穿运处无一是在张秋镇。黄河定格之后，寿张与东平、东阿改为以河为界，八里庙改属寿张，十里堡改属东平。20世纪60年代寿张县撤县，后来其大部分辖区划属河南省濮阳市台前县。沙湾、八里庙、姜家庄等这些地方现在都属于台前县的夹河乡。所谓“张秋镇穿运”的说法与实际就相差更远了。不仅其地址不确、县属混淆，而且省辖有别，实应纠正。黄河最终穿运处位于今山东省东平县戴庙镇十里堡村与河南省台前县夹河乡姜家庄之间。让我们记住这里吧！

（本文曾刊于《运河研究》2018年第3期，有修改）

“北五湖”还是“北七湖”？

目前，在一些论著中常见山东历史上有“北五湖”的说法。然而，令笔者不解的是：历史上济宁之北明明白白先后存在过七个湖，实为“北七湖”，怎么成了“北五湖”？此外，相关论著对于各湖的演变过程多有不准确的说法。为澄清谬误，笔者有必要在此做一考证。

目前相关论著中提到的“北五湖”，多数系指山东历史上的安山湖、南旺湖、马踏湖、蜀山湖和马场湖。相对于“南四湖”（微山湖、昭阳湖、独山湖和南阳湖）而言，这五个湖位于济宁以北，因而统称之为“北五湖”。

“北五湖”，是在历史上不同的时期、由不同的原因形成的，从总体上说其形成时间早于现在的“南四湖”（非指古代该地区的诸小湖）。“北五湖”中成湖时间最晚的也在明初。

历史上两个完全不同的安山湖

早先的安山湖，是古代梁山泊的余潴。宋代以后，梁山泊由于屡受黄河冲积，地势逐渐抬高，大部分泊地涸为平陆，其水面向中心收缩，至金元时期就只剩下安民山周围的一片水域，由此被称为安山湖，初时“萦回百里无一定湖界”。又因山南有座“安民亭”，湖亦称作“亭子泊”。其水源主要是济水和汶水，二水汇聚于此，继而向北循大清河入海。据清董恂《江北运程》载：“地在安民山前，对岸即亭子泊，为济水入大清河旧道。”元人袁桷在《过梁山泊》一诗中写的“碧澜渺无津”“波清凫聚阵”等诗句，实际上展现的就是当时安山湖的景象——梁山泊余潴。

元代至元二十年（1283年）自任城开挖济州河，其北端就在安山湖，向北即入大清河。至元二十六年（1289年）元人开挖会通河，又以这里为起点，沿湖南岸和西岸向西北行至临清，其250里漕渠主要靠安山湖供水。由于开挖会通河“引汶绝济”，安山湖就只能以汶水为源了，其水量逐渐减少。元末明初黄河又数次决口冲漫梁山泊地区，最后（洪武二十四年，即1391年）安山湖和会通河俱被淤为平陆，由此从历史上消失。[①]

明代永乐年间重开会通河，运道改由向东30里外的袁口、大安山、戴家庙新线，主要以汶水济运（由戴村坝—南旺分水）输临清。为了补充这段运河的水量，明廷重建安山湖作为济运水柜。它东起大安山，西至戴家庙，西南至寿张集，东南至赵家庄等，周围八十三里零一百二十二步。自明至清先后于湖北沿堤修建了通湖闸、安济闸、八里湾闸、似蛇沟闸四闸与运河相通。其水源主要是以新开的柳长河引西南濮曹一带济水旧渎下泄入湖。据清人蒋作锦《东原考古录》所载：“柳长河，济水旧渎也……所谓北清河也。明置安山湖，别无泉源，河由荆隆口出水，分入济渎，名济水，迳郓城东南，由北清河汇入安山湖，以济运。”又载：“安山湖在安民山北，旧小洞庭湖也……周围八十三里有奇。”

在明初，安山湖水量充足，对于补济山东北部运河起了很大作用。但自弘治八年（1495年）以后，由于刘大夏筑黄陵冈以塞黄河荆隆口决河，同时也堵塞了济渎的北流，安山湖来水减少，经常发生干涸。湖周围大量涸地被盗垦抢种。清顺治七年（1650年）河决荆隆口，泛漫张秋以南运河，安山湖尽被淤平。康熙十八年（1679年），听民在湖地上开垦佃种。

此后，安山湖又经过多次复修，但终因缺少水源起不到水柜作用而于雍正十三年（1735年）被废弃。《山东运河备览》卷六载：“湖水无源，不堪复作水柜，停筑圈堤，后遂给民垦种。”所垦湖田于乾隆六年（1741年）升科纳粮，自此安山湖之地变成了农田和村庄。

从以上讲述中可清楚地看出，明代的安山湖与元代的安山湖是在不同的时代形成的，二者不仅所处的位置、演变过程不同，而且水源不同。元代的安山湖是自然形成，明代的安山湖全系人工所建，二者名同而实不为一，完全是先

① 由此消失的还有原入泊的古汶水和大清河。此后，汶水主流改自戴村西取道古漆沟经东平州城北至清河门入大清河。漆沟亦称作大清河。

后两个不同的湖。现在论著都把两个安山湖混同为一，这是完全错误的。

如某版《山东通史》在讲元代的安山湖时写道："安山湖在安民山（俗称小安山）以北，周长仅80余里。"[①] 这显然是把明代安山湖当成了元代的安山湖，将两个不同的安山湖混而为一了。

众所周知，大运河历史上曾先后有两个"安山闸"和"安山镇"，目前它们分属于济宁市梁山县和泰安市东平县，现在如果有谁把两个"安山"混同为一，即说成一个"安山闸"或"安山镇"，那会弄出大笑话。同样的道理，又岂可把原本不同的两个安山湖混为一谈，说成是一个湖呢！如果把不同时期、不同位置上的两个安山湖算作一个湖，那么南旺、马踏、蜀山三个湖岂不更应算作一个湖，而不应称作三个湖。这显然是不应该的。

一分为三的南旺湖

"北五湖"中的南旺、马踏、蜀山三湖，原本是一个湖，其存在的历史十分久远。该湖主要系由汶上县东北部和宁阳县的诸多泉水汇聚而成。由于南旺地处汶上县西南部，其地势从东北、西南方向上说最洼，汶上县东北部和宁阳县的诸多泉水下流于此，汇聚成湖。其涨水则向东南下注，经济宁西的耐劳坡（今济宁市任城区安居一带）至鱼台县塌场口入泗河。后来南旺湖与巨野泽连在一起，成为巨野泽和梁山泊的东潴。据《禹贡锥指》卷五载："（南旺）湖即巨野泽之东偏，萦回百五十余里。宋时与梁山泺合而为一，围三百余里，亦名张泽泺"。宋代之后梁山泺逐渐淤涸消失，但南旺湖因有独自的水源，仍然存在。如《明经世文编》卷一百五十六："南旺、马肠（即马场——引者注）、樊村、安山诸湖，本山东诸泉之所钟聚。"

至元二十年（1283年），元人开挖由任城至安民山的济州河以通漕运。运河穿南旺湖而过，将南旺湖一分为二：运西部分称南旺西湖，周90里；运东部分称南旺东湖，周近100里。明永乐九年（1411年）重新疏浚会通河，宋

① 张熙惟、赵文坦主编：《山东通史·宋金元卷》，人民出版社2009年版，第240页。

礼、白英筑戴村坝引汶水经小汶河至南旺分水济运，小汶河穿南旺东湖入运，又将南旺东湖一分为二：小汶河以北称马踏湖（传说以当时筑湖堤时骑马定界而得名），明谢肇淛撰《北河纪》称“马踏湖在汶河堤北、漕河东，周回三十四里”；小汶河以南称蜀山湖（以一山独自于湖心而得名，蜀者“獨”也），周围 65 里。运河西岸的南旺西湖则独享南旺湖之名。明清时期三湖长期作为济运水柜，对支持南北航运起了重要作用。

清代由于黄河决洪数次泛及南旺，其湖底逐渐淤高，湖面逐渐缩小。尤其是自清末（1901 年）京杭大运河停航后，对上流戴村坝汶河遏流工程和南旺三湖疏于修治和清淤，加之汶上县泉源逐渐减少，至民国末期马踏湖和南旺湖先后复耕还田，唯蜀山湖还有聚水，运河自济宁向北至东平湖清河门段尚还通船。直到 20 世纪 50 年代末，由于开挖梁济运河、修筑张坝口湖堤等，济宁之北老运河被数处截断。当地政府为防水患而堵筑了小汶河，蜀山湖没有水源，于 20 世纪 70 年代全部复耕还田。

济宁西湖的形成与消失

马场湖位于济宁任城西的古耐劳坡（安居）地带。明代永乐年间开挖汶上小汶河引汶水注南旺，使蜀山湖水量大增，涨水南泄，当时朝廷于蜀山湖堤和运堤连接处筑设了滚水坝，名冯家坝，为蜀山湖溢洪，湖涨之水通过此坝流入济宁西，造成运河以东的洼地积水如洋。为了遏蓄蜀山泄水，不使其漫溢，明成化年间实施了筑堤束水，因而使聚水成湖。因湖区原有草场养马，故名马场湖，又称“马常泊”、济宁“西湖”等，并于湖堤修闸与运河相连，作为运河的水柜。

明正德年间，济宁州署为引水护城，先后于城东遏洸河、府河水绕城北向西流入马场湖，更使湖水量大增。自此马场湖只受洸、府二河水，不再受蜀山湖水，冯家坝被堵筑。明清两代又多次对马场湖上下闸坝和周围湖堤进行增筑和扩建。据明末清初顾炎武撰《肇域志》卷十七载：“马场湖，在州西十里漕渠北岸，北接蜀山湖。万历十七年，尚书潘季驯于湖北岸为减水闸三座，东为堤也，道长一千六百余丈。湖之西口为冯家坝，长十余丈，以备蓄泄。湖凡周回四十里。”清代后来又将马场湖进一步扩大。据道光《济宁直隶州志》载：“周六十里，其西、南两岸抱运河。”其向东可达任城西的夏家桥、草桥一带。但至清末湖地逐渐被淤浅，洸、府河仍复城东向南流。自光绪二十七年（1901年）南北大运河停航后，朝廷不再对马场湖实施修治，湖无水源，最后完全干涸。如光绪三十四年（1908年）正月山东巡抚吴廷斌上奏说：“现在古制久失，马场湖已成田垄，府河亦早淤塞。”[①] 自此，400多年的湖地即被放垦还田。

东平湖并不是历史上的安山湖

讲述“北五湖”的历史，笔者以为无论是从地缘关系上还是从水源关系上，都不可不谈及现在的东平湖。从目前的论著中看到不少把东平湖与安山湖混同为一的说法，如称“东平湖即历史上的安山湖”，还有“东平湖又称安山湖，是北五湖中唯一现存的湖泊”等。这些说法是完全错误的。

人们所说的东平湖，实际是指现在常年蓄水的老湖区，而非指自20世纪60年代被划定为黄河特大洪水滞洪区，而实际上却一直是农田和村庄的“二级湖区”。现在的东平湖，其所在位置、水源、成湖时间和过程等各方面都不同于以前的安山湖。

现在的东平湖是清末黄河改道山东后逐渐形成的。在黄河来山东之前，东平湖地区是一片低洼的平地，大清河（即大汶河）经此向北入海。由于1855年黄河兰阳大决口穿山东运河至东阿县鱼山夺大清河入海，造成原大清河河道拓宽、淤高，致使大清河原在庞家口、清河门一带下泄的渠道受阻，由此向南河水发生积聚。尤其是黄河泛滥时还向该区域倒漾，形成常年大面积积水，因此成湖。正如1915年《山东南运河疏浚事宜筹办处第一届报告》中所说：“黄河初入山东循大清河而去”，“横截汶水归海之路”，“汶即不能北注，旋流泛滥，遂使东平良田数千万亩，尽付波臣”。这一带洼地形成一片新

① 中国水利水电科学研究院水利史研究室编校：《再续行水金鉴·运河卷》，湖北人民出版社2004年版，第1857页。

的积水区，积水面积逐渐扩大。最初人们称这片区域为“积水洼”。1933年的《黄淮运河整理计划初步报告》中则出现了“东平湖”的名称。经100多年的治理、演变，终形成现在的东平湖。

东平湖主要以大汶河为水源，其形势沿东西两边山丘逶迤，自北向南成扇形逐渐开阔，南岸则以明清运河故道为止，总面积208平方千米。东平湖地处明代安山湖之北，二者从位置上虽只有一堤之隔（分处于老运河堤的南北两边），但时间上却相隔200多年。

东平湖与历史上的安山湖位置接近，与大运河关联密切，亦属汶水水系。因此有充分的理由把东平湖归为“北五湖”之列，即称之为“北六湖”，把东平湖划在“北五湖”之外是没有道理的。“北五湖”之称或源于明清时期济宁之北济运的“五个水柜”之说，当时元代安山湖已经消失，东平湖尚未出现，自是名副其实。然而今天诸湖的变迁俱成历史，作为研究者不能无视实际变化而因循旧称。

我们看到，在近年来政府的有关文件中，出现了把东平湖列为“北五湖”的说法，言：“北五湖自北向南为东平湖、马踏湖、南旺湖、蜀山湖、马场湖，其中以东平湖最大……”① 这里增加了东平湖，却把安山湖抹去，以东平湖代替了安山湖，同样是不正确的。

这样，东平湖再加上前文所述早先消失的元代安山湖，那么实际上山东历史上更应主张“北七湖”的说法。按成湖时间顺序排列为：南旺湖、元安山湖、马踏湖、蜀山湖、明安山湖、马场湖、东平湖。② 七湖既各自独立存在又南北连缀，犹如七星罗布，完整地体现了山东运河从始至终的真实演变历程。它们之间具有的关系不可割减。而“北五湖”之说则是某些学者对历史事实的不了解所造成的。这样无缘无故地把两个湖泊给埋没掉，不能不说是山东水利和运河史上的一个重大漏误。

“北七湖”是在历史上各自不同的条件下形成的，目前除东平湖尚存之外，其他六湖都成为历史。其消失的主要原因都是湖区淤填、地势抬高和水

① 山东省发改委等：《山东省生态保护与建设规划（2014—2020年）》，2016年。

② 据有关历史文献记载，明代在南旺与济宁之间还曾有过大薛湖、晋阳湖、伍庄坡湖。在安山与张秋之间还曾有沙湾湖等。这几个湖因面积较小，存在时间不长，故不列出。

源消失，显现了自然界沧海变桑田的伟力。往日波光万顷、樯帆连影的景象如今踪迹全无，取而代之的是无垠的沃野和稠密的村落。时光不可往复，愿北七湖永远留在山东人的记忆中吧！

（本文曾刊于《运河研究》2018 年第 4 期，有修改）

附图：

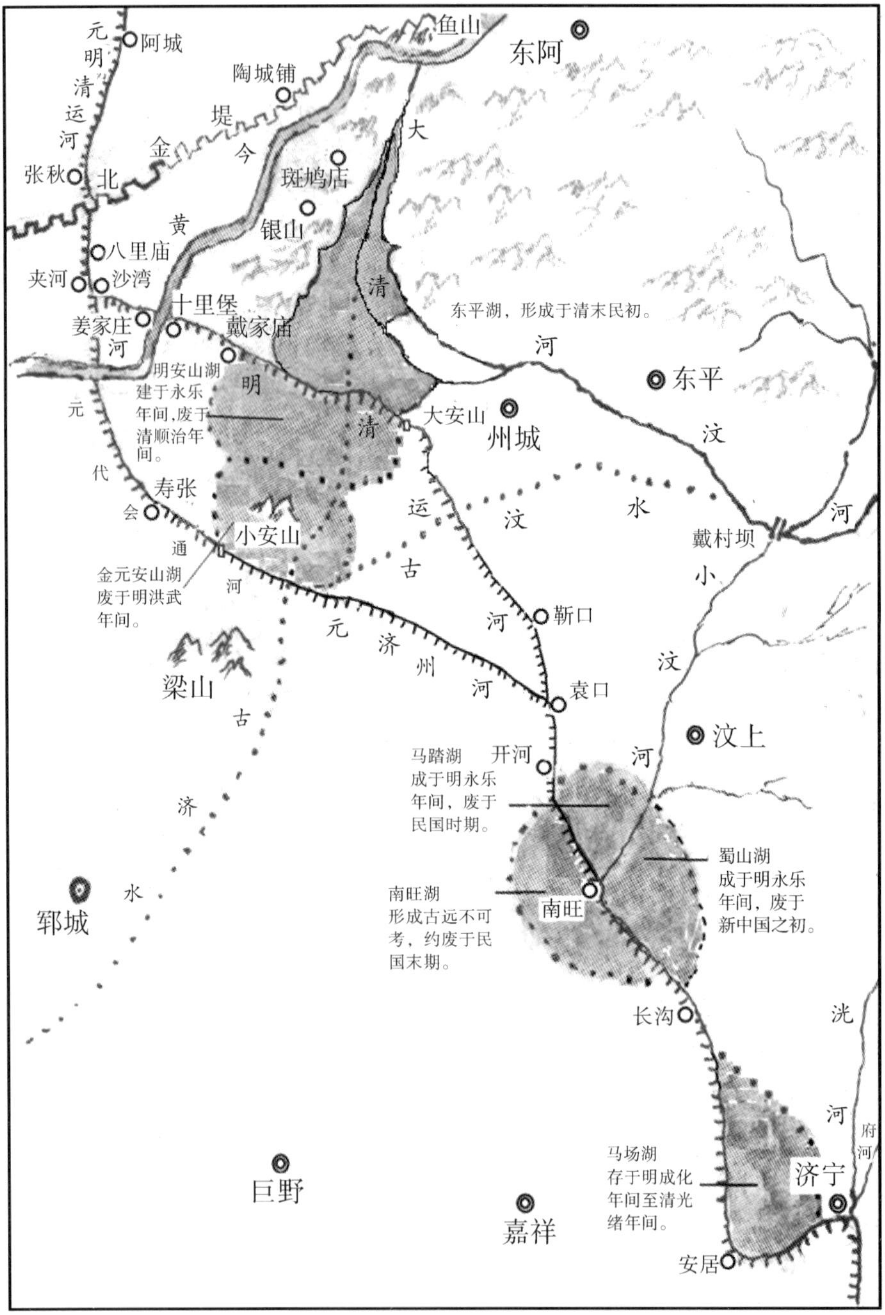
元明清运河
阿城
鱼山
东阿
陶城铺
金堤
今
大
斑鸠店
张秋
北
银山
黄
八里庙
夹河
沙湾
清
东平湖，形成于清末民初。
十里堡
姜家庄
戴家庙
河
河
明安山湖
建于永乐
年间，废于
清顺治年
间。
明
东平
清
大安山
州城
汶
元
代
寿张
会
通
河
运
汶
水
河
小安山
金元安山湖
废于明洪武
年间。
古
戴村坝
小
靳口
梁山
元
济
州
河
河
汶
袁口
古
马踏湖
成于明永乐
年间，废于
民国时期。
开河
汶上
河
济
蜀山湖
成于明永乐
年间，废于
新中国之初。
南旺湖
形成古远不可
考，约废于民
国末期。
南旺
郓城
水
长沟
洸
河
府河
马场湖
存于明成化
年间至清光
绪年间。
济宁
巨野
嘉祥
安居

北七湖位置示意图

“安山”，一个令众多著家、史籍难以注解清楚的地名

它曾经是孤栖于梁山泊中的一个小山丘，方圆七八里，出地四十丈，与西南18里的主峰梁山隔水相望。蒋作锦《东原考古录》云：“境故多水患，河、汶、济三水环山，流民借以安，故名。”因此，它被称作“安民山”，又简称“安山”。

宋代以后，由于屡受黄河冲积，梁山泊地势逐渐抬高，大部分水泊涸为平陆，其水面向中心收缩，至金元时期就只剩下安民山周围的一片零散水域，由此被称为“安山湖”，初时“萦回百里无一定湖界”。又因山南三里有座“安民亭”，湖亦称作“亭子泊”。其水源主要是济水和汶水，二水汇聚于亭南（古之清口），由此向北循大清河入海。如清董恂《江北运程》载：“地在安民山前，对岸即亭子泊，为济水入大清河旧道。”元人袁桷在《过梁山泊》一诗中写的“碧澜渺无津”“波清凫聚阵”等诗句，实际上展现的就是当时安山湖的景象——梁山泊余潴。

当时的梁山泊涸地大部分尚是荒无人烟的荒原，对于安山这样一处沮洳之地，本也不会有人问津，然而正是由于京杭大运河的开挖，使“安山”名著史册，并成为一个数百年来令众多学者难以注解清楚的地名。

大运河使“安山”由一变二

京杭大运河自元代始经过山东，其前期工程是济州河。至元二十年（1283年）元人自任城向北开挖济州河，其北端就在安民山南的湖中，也就是济水与汶水汇合处。由此向北即入大清河，从而使南北漕运贯通。后来在寿张县县令韩仲晖等人的建议下，元廷又以这里为起点，开挖会通河（1289

年），沿湖南岸和西岸向西北行，经寿张县城、沙湾、张秋、东昌至临清。其250里漕渠主要是靠安山湖输水。为了控制渠水流量，人们于安山湖西修建了一座安山闸（位于安民山西偏南6里，后称“码头集”）。但由于开挖会通河“引汶绝济”，此后安山湖就只以汶水为源了，其水量逐渐减少。

元代会通河贯通了60多年，当时的安山闸成为一个重要的航运码头，由过去一片荒僻的湖滩地变成一个繁盛的集镇。但从元末起梁山泊地区又开始遭遇西南黄河决口洪水的冲击，明洪武二十四年（1391年）黄河于原武黑洋山决口再次冲漫该地区，安山湖和会通河俱被淤为平陆，由此从历史上消失。

明朝虽自成祖朱棣迁都至北京，但经济上仍“仰给东南”。为了使南方岁漕、物贡远供于京城，永乐九年（1411年）重开会通河。为了避开黄河的冲犯，新开河道在元河旧线上自袁口以北向东移，经靳口向北至东平州城西15里处折向西北，经戴家庙至寿张沙湾入旧河。新河线路西距元寿张旧运道30余里。新河主要以汶水为济，为了补充北部运道上的水量，又于戴家庙以东的运河南岸筑堤圈围了一个人工湖，周围83里，并开挖柳长河引西南濮曹一带济水旧渎之水入湖。新湖仍取名“安山湖”。成化十八年（1482年）又将原在安民山的安山闸移于安山湖东北岸的运道上。新闸仍沿用“安山闸”的名称。由此该地亦以闸为名被称作“安山”。而实际上这里并没有山，原本亦是古梁山泊的一片涸地。

新闸地处运河的重要位置，它东邻州城，南北居于济宁至临清的中间，因此成为运河上一个重要的水旱码头、一个南北物产的集散交易场地。该段运河的管理机构、河卫军营、政府署衙、驿馆、税所等也都设在此地。随之，各业的商铺、货栈、作坊等也相继建立。街面上来往的官人、商贾、船夫、农民、僧人熙攘络绎。原本一片荒野僻壤很快发展成为一个兴旺的集镇。因此，这里便被当地人称作“大安山”。而原来的安民山则被弃离于运河之外，自然萧疏冷落，被称作“小安山”。至清代，大安山发展到鼎盛时期，名扬南北。据传乾隆帝下江南亦曾留迹于该镇。

这样，在新旧两代的会通河遗址上就形成了两个“安山”：两座“安山闸”、两个“安山镇”、两个“安山湖”。对于两个“安山”的变迁和区别，当地百姓是清楚的，在当地向来流传“大安山不大，小安山不小”的说法。然而对于一些不谙当地历史和实际的学者来说，两个“安山”的内情并不容易弄清楚，在他们的论著中出现错乱就不可避免了。

史志中关于安山记载的错乱与蒋作锦的考证

明终清兴，京杭大运河漕运发展到历史上的鼎盛时期。但一些学者在撰写著作时缺乏严谨态度，疏于考证，往往以当时的认知推断历史，尤其是弄不清楚两个“安山”的来历和地理位置，因此在他们编撰的不少著作中出现将两个安山闸、安山镇、安山湖混为一谈的现象。即使是当时编撰较严谨的文献，如《山东通志》《山东运河备览》《山东全河备考》《读史方舆纪要》等，在相关问题上也出现了混淆。

以清代著名的地理志书《读史方舆纪要》为例，其中卷三十三关于会通河的记载说：“会通河，州（东平州——引者注）西南十五里，南接汶上县，汶济二水合流处也，有闸一曰安山，西北入东阿县。《志》云漕河西岸有安民山，山下为安山湖，湖绕山下，萦洄百余里……仍合汶水，亦名积水湖。正统三年于近河处置减水闸以济漕，后淤为民田。”该记载中所说“会通河，州西南十五里，南接汶上县”“正统三年于近河处置减水闸以济漕，后淤为民田”，说的显系明代以后的会通河；而“汶济二水合流处”“有安民山，山下为安山湖，湖绕山下，萦洄百余里……仍合汶水”，说的则是元代会通河。这里竟将不同朝代的会通河和安山混同为一，读来令人如坠云雾。而文中所谓“西北入东阿县”“漕河西岸有安民山”字句，则无论是对于元代会通河还是对于明代会通河来说，都是错误的。实际上这段漕河是西北入寿张县，安民山在元漕东北岸，亦不在明漕岸边。

在清代学者胡渭所撰的《禹贡锥指》中，我们看到卷十五有注解云：“州（东平州——引者注）西南十里有安山镇，即古安民亭……济汶合处。”这里明显把明清时期的安山镇说成是安民山的安民亭、济汶合处，事实上两地相距 22 里之多。这反映出学者实际上对该地的历史和地理不甚了解。

清代另一重要文献《山东全河备考》在“明清运河安山闸”一图上特别注明：“元人所开会通河自此起至临清止。”这里显然亦是将明代大安山的安山闸混同于元代安民山的安山闸，将元会通河混同为明会通河了。

对于当时史志编撰中关于安山注解的错误，给予指正和注解的是清代学者蒋作锦（1817—1864 年）。蒋氏是泰安府东平州大渔营村（今梁山县馆驿镇大营村）人士，最熟悉梁山泊一带的地理情况。其代表作《东原考古录》就是他“荟萃史志、佐以《水经》、参以闻见”所撰成。蒋氏在书中针对当时关于安山和会通河记述的错误，予以考证和纠正。

如他在《安山闸考》中说：东平“州境有两安山闸，一在安民山东北十五里安山镇，明成化十八年建，今运河所经；一在安民山西南六里码头集，元至元二十六年建，元运河所经。考元运道，由袁口西北迳安民山南安山闸，又西八里迳寿张闸……与安民山北明时所建安山闸相距三十里。二安山闸名同地异，志家误合为一，援引多涉骑墙语，总因不识元明运道耳。”

其在《元明运河考》中说：“明安山镇闸与元安山南闸相去甚远，州境运河全非元时旧道，总因避黄故耳。《运河备览》引《元史·河渠志》谓：安山镇闸西八里原有一闸，不知闸在寿张故城东。读《通志》者又谓：元运道由今寿张东门外，不知为旧寿张。甚矣，考古之难也。”[①]

其在《安民山考》中说：“小洞庭今为安山湖，湖东北畔为安山镇，均以山得名，镇距山十五里，俗呼镇为安山，名与山混，转呼山为小安山，名实倒置矣。《元史》称开会通至须城安山南，志误为镇南今运河。元运河在山南六里之马头集，今运河开自明，在山北十五里之安山镇，镇南非山南，致元、明二安山闸混为一，又以安山镇为安民亭故址，显与《水经注》‘亭北对安民山’不合。总因未识汶水入济故道，错认安山镇作安山而误。”

今读《东原考古录》，尽管书中也有未尽和不准确之处，如安山湖只考证了明代安山湖而未考证元代安山湖，致使后来史志编撰受其影响仍出现将两个安山湖混同为一的问题。某版《山东通史》在讲元代的安山湖时说：“安山湖在安民山（俗称小安山）以北，周长仅 80 余里。”[②] 这显然是把明代的安山

① 文中说“寿张故城”“旧寿张”都指元代寿张，位于今梁山县寿张集镇；“今寿张”系指明代以后迁治于王陵店的寿张县城，位于今阳谷县寿张镇。其意说明《山东通志》将两个寿张城、两个安山闸混淆。

② 张熙惟、赵文坦主编：《山东通史·宋金元卷》，人民出版社 2009 年版，第 240 页。

湖说成了元代的安山湖。又如《东原考古录》中说："安民山南安山闸，又西八里迳寿张闸。"实际应为"安民山西（偏南）安山闸，又西北八里迳寿张闸"。又如书中指出，明代"安山闸"在安民山东北15里安山镇，这与其所说"安民亭（北距安民山三里）东北距安山镇二十五里"的说法不符。实际上明代安山闸距安民山应是20里之多。但总的来看，他的考证是比较详明和准确的。完全可以说，蒋作锦的《东原考古录》说清楚了当时史界存在的两处"安山"位置的混同问题。尤其是《东原考古录》对于梁山泊一带曾经存在的诸多城邑和县治遗址、河水流经及水系关系等做了大量考证，为后世了解、研究这一地区的沧桑变化和历史沿革提供了宝贵的文献资料。

"须城安山"在哪里？

清末以来，梁山泊地区又发生了巨大变化，最重大的是黄河改道于此地。黄河频繁泛滥，使该地区地势逐渐升高，古河道、古湖泊、古城址都完全消失了，千百年历史俱被埋在黄土之下。自清代以后，迁进该地区的人口即大量增加，原来人烟稀少的旷原都变成了密集的村庄。新中国成立以来，由于排涝、防洪、引黄等水利建设的需要，又开挖了许多新河道、干渠，修筑了大量河堤、闸坝等工程，新修的公路更是纵横交错，彻底改变了当地的地理面貌。历经清末、民国至新中国成立以来，行政区划屡经变化，旧史志记载的地名与现在实际归属大都不符。这一切情况，都给今天讲述、研究历史造成许多困难。

在今天，当人们重新提出古运河在哪里、安山在哪里时，又有多少学者能够回答得清楚呢？

现在人们都知道，从济宁向北到梁山县的北端有一条著名的"梁济运河"，在有些地图上它还被鲜明地标作"京杭运河"。但其实它原本是新中国成立以来开挖的一条排水渠，并未正式通航（曾进行过通航试验），更没有任何历史文化遗迹，称不上是真正的运河。而该地区真正的运河——古代济州河和会通河，其故道却大部分消失，很少有人知道其遗址在哪里。目前在济宁至梁山的国道上，当人们经过任城区长沟镇时，恐怕无人知道该段公路正是在原来的运河故道上修建的。在从梁山县开河、袁口向西北，经过馆驿镇、小安山镇、寿张集镇、台前县至阳谷县张秋镇这一线，全线130多里穿越的正是原梁山泊涸地，这也正是元代运河所经的地区。然而现在它的具体线路如何、经过哪些村庄，对此更是无人知道！

关于元代济州河的起止点，从历史文献中得知是“自济州至须城安山”。然而“须城安山”究竟在哪里？目前，在论著中看不到对它有准确的注解。

在当代关于济州河的讲述，常见到的说法是：“开挖济宁至须城（东平）的济州河。”① “修凿济州河，引汶、泗水经济州（今山东济宁）西北至须城（今山东东平）安山。”② 还有人说：“济州河，自济州至须城（今东平县）安山。”

在这些注解中，显然都是把“须城安山”注解成“东平县的安山”，把须城县直接看作东平县，笔者认为这种注解是不准确的。

在历史记载中，“须城安山”说的本是元代济州河的安山，它只能是安民山，即小安山，当地百姓都知道它现在属于梁山县，隶属于济宁市；而“东平县安山”本是明代会通河开挖以后出现的一个镇，称大安山，现在属于泰安市，它与元代济州河和会通河没任何关系。用“东平县安山”注解“济州河的安山”是完全错误的。这里犯的正是当年被蒋作锦所指出的把两个安山——“山”与“镇”相混同的错误。

查阅历史文献，须城是古代东原地带的一个古县置，元代时其治所在今东平县的州城镇，但它与后来的东平县不仅名称不同、存在的时间不同，而且辖区不同。其辖区既包括现在的东平县一部分，又包括现在梁山县的一部分。而安民山、济州河恰在现在属于梁山县的这部分区域。因此，在论著中直接把须城县注解成东平县是不恰当的。

当然，在元代初期安民山是否属于须城县，这是有必要予以深入考证的问题。

在宋金元时期，安民山处于寿张、须城、郓城三县交界地带，当时该地

---

① 山东省济宁市政协文史资料委员会编：《济宁运河文化》，中国文史出版社2000年版，第22页。
② 郑孝芬等：《话说漕运》，中国矿业大学出版社2017年版，第9页。

尚属沮洳之处，并无明确的县界。而据历史文献记述，它应在寿张县境。如明万历《兖州府志》在记述该地历史时仍引用《水经注》曰：济水，经梁山东，“又东北过寿张县西界安民亭南，汶水从东北来注之”。“济水西有安民亭，亭北对安民山，东临济水，水东即无盐县（古县，须城县的前身——引者注）也。”又说：汶水“西南过无盐县南，又西南过寿张县北，又西南至安民亭入于济”。这些记述都说明历史上济水与汶水汇合处就在安民山南，它当时位于寿张县境，而不在须城县。在该地，须城县、无盐县都在济水和安民山之东，而并未跨到济水之西。

查阅历史文献可知，《水经注》成书时寿张县治所尚在今东平县州城以南的霍家庄，而在北魏之后至元代，寿张县治所即迁至今梁山县的寿张集镇，在济水之西，距安民山更近。从实际距离上说，安民山距寿张县城是十几里，而距须城县城却有 40 里，并且中间还有济水（大清河）相隔。这时安民山更不可能属于须城县。在元代之前的历史文献中找不到安民山在须城的记载。又见崇祯《郓城县志》卷一载：“宋元以前与安民山通属郓，今割属寿张。”这里也排除了元代安民山在须城的说法。虽然当时寿张县、须城县都隶属于东平路，但须城县与东平路是不同的概念。

现在看到的关于“须城安山”的说法多引据于《元史·河渠志》，而该书编撰时间是在明初，此时正是寿张县因被水淹而县置裁撤、“省入须城”之时，当时的《元史》编撰者据此把安山写入须城县或是重要原因。据康熙《寿张县志》，自洪武十四年（1381 年）寿张县又复置迁治于距旧城西北 50 多里的王陵店（在今阳谷县寿张镇），远离了安民山，这时济水（及该段大清河）已经消失，此后安民山即被划入东平州。[①] 我们看到，在明清以来的历史文献中都把安民山明确记于东平州。这在明万历《兖州府志》中也有清楚说明：安民山东临济水，水东即无盐县界也；安民山即安山，旧为寿张境，今改为属州（东平州）。即是说，安山原来在寿张境，至今（明代）始改属东平。这也正是明清以来历史文献中出现“须城安山”以及“安山在东平”说

① 梁山与安山以会通河为隔，仍还属于寿张县。洪武十八年（1385 年）后寿张县随东平州改隶兖州府。

法的原因。但有学者以此时的隶属来追溯历史，推断安山在元代也属于东平，则是对历史原状的不尊重。

关于安民山这一隶属关系的变化，在清康熙《山东通志》中也反映出来。该志在卷六关于“安山”的记述中言：“安山在东平州西南三十五里，亦名安民山，旧为寿张境，元至正间黄河汛决，城圮邑废，改属东平。”这里是说，安山原属于寿张县境，自元至正年间“改属东平”，改属时间更早一些。① 然而，即使依其所说安山是在“元至正间”改属东平，却也摒弃了所谓在元初开凿济州河时属于须城或东平的说法。

“须城安山”的记载是一种历史的错误。在今天唯见某版《山东通史》未照搬旧史，采用了一种折中说法，言：济州河“南接济州泗水，中经汶上至寿张、须城之间的安民山（安山）西侧，北汇入大清河”②。在这里首次提出了“寿张”，并将其置于须城之前，可见其对旧史记载的质疑。然而所说安民山在“寿张、须城之间”却仍属含混。而且这里所判济州河在“安民山西侧，北汇入大清河”亦与实际不符。济水与大清河俱在安民山之东，济州河本是达于两水的汇合处，岂能跑到安民山之西去?!

我们知道，梁山县是建于1949年的一个新县，其县境包括历史上寿张县的一部分和东平县、郓城县、汶上县的一部分。其中明清和民国时期属于东平的大、小安山即由此被划入梁山县，分别建置为大安山乡和小安山乡。直到1985年区划调整，大安山又重新划归东平县，后又撤乡并入商老庄乡，变成行政村；而小安山仍在梁山县，由乡改成镇，直到今天。这清楚说明，无论是在元代开挖济州河和会通河时还是在现在，安民山都不在东平县境，所有关于元代“安民山在东平县”的注解都是不准确的。所谓“东平县安山”，只有大安山村；明清时期小安山虽然也辖于东平，但已与大运河毫无关系。

由于历史上行政区划的改变而使古遗址归属不同，这本是一种必然现象，然而在今天，显然应该以现在的区划为标准，而不应该再沿用历史上某个时

---

① 查阅历史文献记载，关于寿张县城因“黄河汛决，城圮邑废”的事件发生在明洪武元年(1368年)，即“河决曹州双河口”时；而寿张县“省入须城”是在洪武三年即1370年，二者都不是在“元至正间”。康熙《山东通志》将事件发生时间提前了。

② 张熙惟、赵文坦主编：《山东通史·宋金元卷》，人民出版社2009年版，第234～235页。

期的记载，历史归历史，现实是现实，这样才可以避免遗址区位和归属上的混乱。

笔者发现，目前在互联网上关于“济州河”条目的注解，几乎都是一种说法：济州河，“元在济州境内所开运河，即今运河鲁桥、安山段的前身”。这里所说“安山”显然是大安山，而“今运河鲁桥、安山段”已经不存在，其断航时间是在新中国成立后的20世纪50年代。那它的“前身”究竟指什么？相关表述令人费解。确切说，“前身”应是明清运河，但其与“济州河”根本扯不上关系！就目前来说，元代济州河故道遗址全在济宁市境内，但在当时，济州河北段先后经汶上、须城、寿张县境，该段“隶属于”东平路，因此说它是“在济州境内所开运河”亦是不当的。

另外，关于元代会通河的开挖，目前还常见论著中有一种说法：“起自东昌路须城县安山之西南，由寿张西北至东昌……”该说法实际上也是引据于《元史·河渠志》。其所记“东昌路须城县”显系“东平路须城县”之误。一句话中竟有两处错误，并且都是关键性的，可见当时编撰者们的轻率。其中“东昌路”的错误比较容易识别，而“须城县”的错误识别起来就困难多了。

（本文曾发表于《济宁日报》2020年7月11日，有修改）

附图：

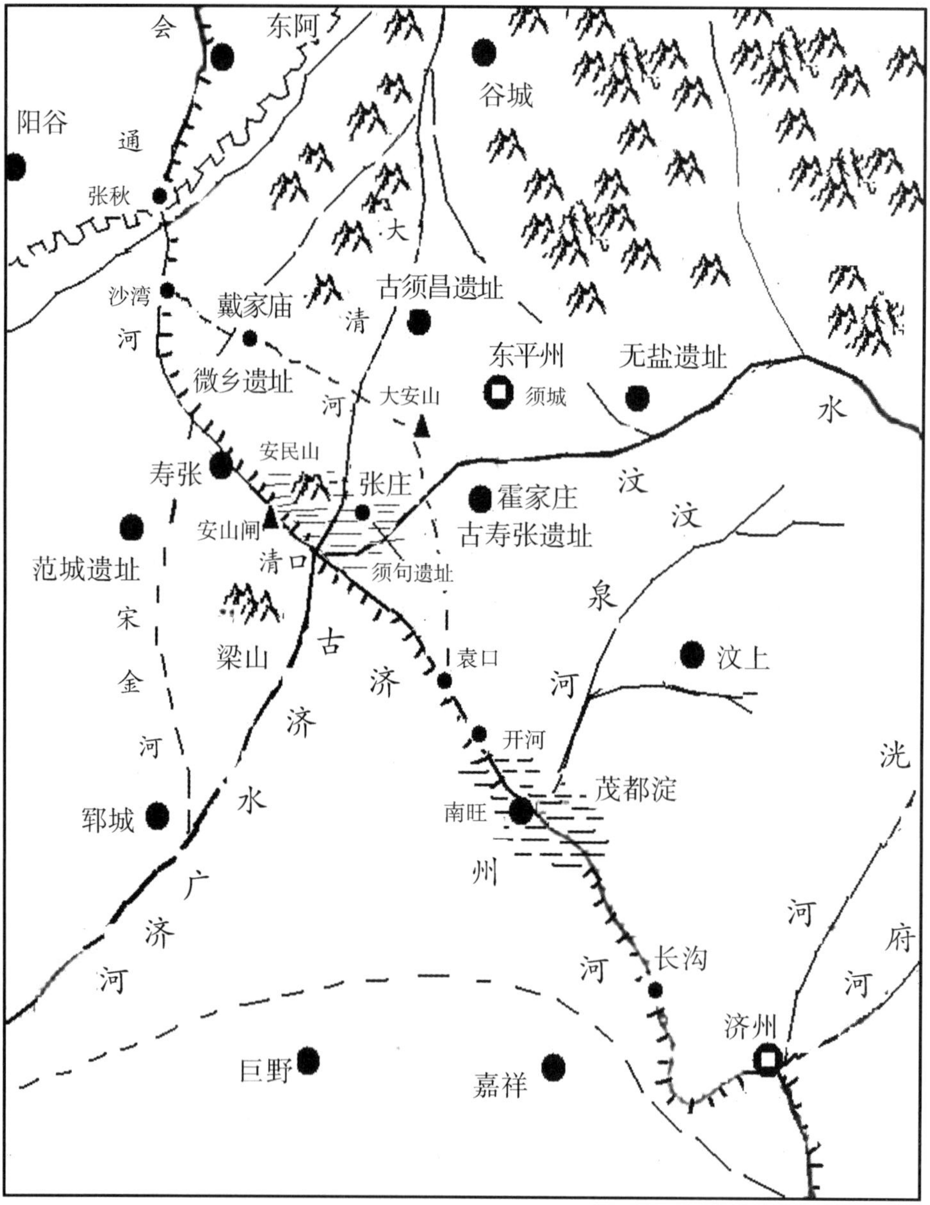

元代安民山运河形势图

安民山今照（南坡）

安民山今照（西坡）

鲁西南来水考

山东的水系是多元的。在历史上山东的水源十分丰富，鲁中丘陵地带分布有大量泉水，形成了许多河流。这些河流受地势影响，都由中间向四周分流，分别由南、北两方向入海。如向西、向北流的汶河、大小清河、潍河、淄河、弥河等都向东折入渤海；向南流的泗、洸、白马、薛、沂、沭、洳等河都向南流入淮河，并由之入海。这些河流统称为“鲁水”，即山东水系。在北部从豫冀两省交界一带流来的卫河、漳河、马颊河、徒骇河等属于海河水系。从鲁西南地区入境、来自河南省的诸河，它们先后属济水和黄河两大水系，流经山东入海，这里称其为“鲁西南来水”。其中，鲁西南来水关系复杂，对山东省环境变迁和历史发展影响最大。了解这一水系的发展演变，对于今天的历史研究和治水意义重大。

一、济水，一条孕育东方文明的母亲河

山东省与河南省在历史上是关系紧密的两大省份。一条大河贯通两省，成为两省共同的历史、文化渊源。

历史上的中原大地曾是水源十分丰富的地区，大量地表水形成许多河流和潴泽，汇成了古代北方的一条大渎——济水。济水源于河南济源，在向东流的过程中汇合了沿途的荥泽、砾石溪水、索水、白沟、黄水（黄沟）、酸水、沮水、汳水、羊里水、睢水、澶渊等十几道支流和潴泽，经现在的荥阳、原阳、封丘、兰考等进入山东省菏泽地区。在山东境内又先后汇合了濮水、瓠子、洪水、汶水、泺水等八九条支流，浩浩荡荡流入大海。

《尚书·禹贡》言：济水“东出于陶丘北”。陶丘，位于现在菏泽市的定陶区。济水由此北流，出菏泽分为两道：一道向东南流曰“南济水”，又称菏

水，至鱼台县入泗河，向南入于淮河；一道向东北流曰“北济水”。据《水经注》：“又屈从县（定陶县——引者注）东北流”，“又东至乘氏县（今菏泽与巨野县间，城址在巨野县龙堌镇——引者注）西，分为二”，“其一水东南流，其一水从县东北流，入巨野泽”。出泽后“又东北过寿张县（治所在今东平县新湖镇霍家庄——引者注）西界，安民亭南，汶河从东北来注之”。在与汶水汇合后，继续北流，经东平县至东阿县鱼山东北流，经今平阴、历城、章丘、邹平、博兴等地，于广饶东北入海。《汉书·地理志》称“过郡九，行千八百四十里”。其中，济水从西南至东北贯穿山东省1000多里。

古代人类依水而居，河流是人类的繁息地，亦是文明传播的主要路径。济水就是古代承载中华文明向东方大地流动的一条大河。

古代中原地区是中华文明的发源地和中心地。与之紧密相连的古代菏泽地区是较早开发、发展起来的一个地区。建于新石器后期的陶丘古城就在该地，这里也是尧、舜、禹的主要活动地带之一，与夏朝的中心地夏邑（商丘）距离很近。《史记·五帝本纪》言：“舜耕历山，渔雷泽，陶河滨。”① 舜帝就曾经在这一带亲事农耕、捕鱼和烧陶。这说明当时此地就已进入农业社会。至禹帝时，其以治水为大业，进一步开原辟土，大大促进了该地区农业社会的形成。据《尚书·禹贡》载：“九河既道，雷夏既泽，灉（又作“滩”——引者注）沮会同，桑土既蚕，是降丘宅土……厥田惟中下，厥赋贞。作十有三载，乃同。厥贡漆丝，厥篚织文，浮于济、漯，达于河。”其意思是说，有九条河流被疏通，雷夏（菏泽）成为湖泽，灉、沮二河汇流于此。这里的土地都种桑养蚕。于是人们从丘陵迁到平地居住，那里的土地是黑色肥沃的，田地是中下等，耕作了十三年才与其他州相同。该地区进贡的物品是漆和丝，还有竹筐里装的彩绸。船只行于济水、漯水上达黄河。以上记载清楚反映出夏代之初菏泽地区的治水以及农业发展的状况。人们不仅实现了定居，而且能够种桑养蚕，生产漆和彩绸，按规缴纳贡赋等，可见当时菏泽地区经济社会已发展到相当水平。

当古代中原和陶丘地区进入农业文明社会时，当时的山东地区还处于未开化的部族时代，史上被称为“东夷”。在上古时期，陶丘所在地区的以东、以北

---

① 据考证，雷泽在今菏泽市北，历山在今鄄城县境，河滨在定陶区。

都曾经是广大的洪荒地带，尤其是位于东平、寿张、郓城一带的东原地区，更是一片人迹罕至的汪洋和沼泽，同时还阻隔了陶丘文明向山东腹地的流传和发展。大禹治水，使该地一部分洪水入海、一部分蓄大野泽，即“禹陂大野”，从而开辟出广大平原。《尚书·禹贡》言：“大野既潴，东原底平。”大禹将水汇入大野泽，使东原地区变成平陆，由此疏通了古代陶丘与东夷地区之间的联系。

人类文明的生命活力，就在于它的流动性和传播性。中华文明正是以古代曹州为门户沿济水的流径向东方发展延伸的，经东原地区进入海岱，进而带动了整个山东腹地的开发和文明进步。至西周，开国功臣姜子牙封于青齐，齐国逐渐崛起，成为东方大国。后来，山东逐步成为以“齐鲁文化”为灵魂的东方圣地。从根本上说这一切都与济水的孕育和泽被分不开。

这条源于中原大地、蜿蜒豫鲁两省近2000里的北方大渎，在数千年历史上成就了古代东夷大地的文明发展和繁盛，称得上是齐鲁之邦的母亲河。山东省有许多地方就是因济水而得名的。

例如，作为古代九州之一的兖州，就是得名于济水。兖州之名源于“兖水”，兖水即是“沇水”，亦即济水。《尚书·禹贡》言：“导沇水，东流为济。”《水经注》：“济水出河东垣县东王屋山，为沇水。”孔安国曰：“泉源为沇，流去为济。”《尚书·禹贡》又言：“济、河惟兖州。”是说济水、黄河之间的广大地区属于兖州。兖州最早位于现在的河南濮阳一带，后来地名沿济水多次东迁，最后定于山东省的现址。其他地名，如济州（先后址于碻磝、巨野、任城）、济北郡（西汉置，位于现在山东省西北部，治所在卢县城，即今长清区西部与齐河县西南一带）、济宁、济南、临济（汉置县，治所在今山东高青县东南高城镇西北2里）、济阴（在今定陶、曹县之间）、济阳（《水经注》载，址在济阴县以北，即今菏泽市西南，金代以来址于现在的济阳县）等，更是直接以“济”字为名的。就连齐河县、齐东县（元代置）、齐国之“齐”字，也与济水有关。《春秋说题辞》曰：“济，齐也。”《风俗通》曰：“济者，齐也，齐其度量也。”我们常说的“齐鲁文化”，其源头当来自这条从中原大地流淌下来的济水。

自远古以来，济水流径历经变迁，今天已无据可考。郦道元《水经注》所载应是济水末期的情况。据其所言，济水自河南省原阳以下分为两支，即北济、南济，至乘氏县南两支即合而一。而至乘氏县西又分为二，即以上所述：其一东南流为菏水；其一东北流入巨野泽，为济渎。历史地理学家史念海先生认为："由巨野泽流出的济水，乃是单一的河道，不再分南北两支。"①

然而史先生此见并不准确。实际上济水过梁山东以后至安民山南又向西北分出一个支流。这在《水经注》等历史文献中都有记载。如《天下郡国利病书》说："《水经注》曰济水至寿张分为二，水其支津西北出谓之马颊，马颊水首受济西北流，历安民山北又迳桃城东（东阿桃丘也），又东北迳鱼山南东注于济，谓之马颊口。又曰济水至鱼山南左与马颊水合，今小盐河庞家口在鱼山南入大清是其地也。"济水的这条支流，应起于安民山南，向西北流，至张秋南向东北流，经陶城铺至鱼山南又入大清河，长约 200 里。而现在的各种著述却看不到对它的记载，可见对济水的历史变迁仍有待深入研究。笔者综合相关资料绘制的济水与古黄河示意图如图 1 所示。

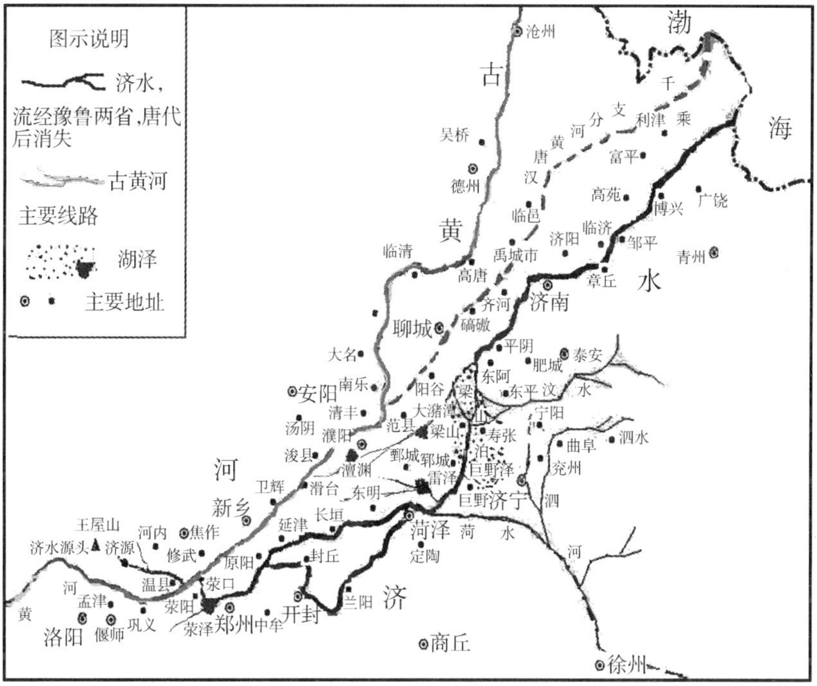

图 1　济水与古黄河示意图

① 史念海：《论济水和鸿沟》（中），《陕西师范大学学报》（哲学社会科学版）1982 年第 2 期。

二、济水故渎——广济渠（五丈渠）

济水，这条孕育中华文明的北方大渎在后来却消失了，其根本原因是黄河的变迁。

黄河是发源于青藏高原流经我国北方的一条大河，它自西而来，经过河南省的孟津、沁阳、修武、滑台等地，数千年间在河北、天津和山东的北部摆动并入海。黄河是一条很不稳定的河，其在一地驻久，就把其河床抬高，必然向外改道，早在汉代即出现向南决口改道的趋势。在西汉末的平帝时（公元1—5年），黄河在荥阳以北向南决口，洪水侵入济水的支流汴渠，向东淹漫兖、豫二州（兖州，时在今河南濮阳地区；豫州，时在今河南东部、南部，安徽西北部），在这一地区泛滥了60多年，向东淹及曹州、济州和淮河一带，向西危及洛阳。至东汉明帝永平年间（公元58—75年），命王景治河。王景治河时除了疏浚和改造汴渠、导洪水向东南泄入淮河外，最重要的工程是修筑了“西自荥阳（今河南荥阳东北）东至千乘（今山东高青东北）海口千余里”的黄河大堤，将黄河阻于大堤之北，不使其南犯。有人称王景治河维持了“黄河的千年稳定”。《清史稿·河渠志》言：“历东汉迄隋、唐，从无变异。宋神宗时，河分南北两派并行。”这条大堤至今仍可见其遗迹，它名为“金堤”，又称“王景堤”，见证着王景治河的丰功伟绩。

王景治河虽然阻挡了黄河的南迁，但由于经历了这场数十年的洪水冲积，济水这条古代大河却也逐渐淤塞了，之后成为在不同年代时堙时续的一条河。查阅历史文献，自隋、唐以至宋明的《河渠志》中，关于济水的记载再难见到。

自晋代以后，中原地区群雄逐鹿，朝代更迭频繁，洛阳、开封先后成为政治中心。各个王朝为疏通与东方齐鲁地区和江淮地区的漕运，自荥阳向东沿原来济水的流向先后开挖了许多新河。隋大业年间，在这些地区运河的基础上进一步疏通、延伸，又开挖了一条贯通江淮的新运河——“通济渠”。通济渠，起于洛阳，上段是疏浚东汉所开凿的阳渠故道，又引谷水、洛水入黄河，经偃师、巩义，中牟、开封入汴水（又称“汴渠”），向东南经陈留等地而进入淮河，到达扬州、江南等。至唐代又对通济渠进一步疏浚，并改名为

“广济渠”。如《宋史·河渠志》载：“自隋大业初，疏通济渠，引黄河通淮，至唐，改名广济。”这就是在历史上著名的“隋唐大运河”的南段。

宋代又改广济渠为“汴河”。《宋史·河渠志》言：“宋都大梁，以孟州河阴县南为汴首，受黄河之口，属于淮、泗。”同时，又自开封向东北疏通了进入山东的运道。该运道中的曹郓一段使用的就是原济水故渎，其在《水经注》中称作“五丈沟”：“右合菏水，水上承济水于济阳县东，世谓之五丈沟。”早在唐末五代时就将该段疏浚成为一条运道，称作“五丈渠”。宋建隆二年（961年）又将其开挖延展自开封至曹济等，并于乾德三年（965年）功成。《天下郡国利病书》载：“五代周显德四年疏五丈河，由汴达于曹济以通青郓之漕，宋太祖建隆二年亦浚五丈渠，北历曹济及郓以通京东之漕。”自开宝六年（973年），又将五丈河改为广济河。据《宋史·河渠志》：“广济河导菏水，自开封历陈留、曹、济、郓，其广五丈，岁漕上供米六十二万石。”“五丈河下接济州之合蔡镇（位于今巨野县西部龙堌镇一带——引者注），通利梁山泺。”

“通济渠”“广济渠”等仍都以“济”字为名。这说明它们与济水的渊源关系：仍以豫北的地表水为主要水源。自汉代以后，由于黄河多次泛漫，原来作为济水支流的一些古河流、潴泽消失了，但当地的地表水仍然存在，这正是隋唐以后得以疏浚新运河的客观条件。例如唐宋时期开挖的运河就是引用的原济水的重要支流索水等的水源。据康熙《大清一统志》卷一百十三载：“五代唐同光二年诏蔡州刺史朱勍浚索水以通漕。宋建隆二年导索水自旃然与须水合，入于汴。其后复导入金水河。元至元十一年命贾鲁治河，引京、索水通陈、颍入江淮，通名贾鲁河。”这些新河虽然也上接黄河，但主要还是引用沿途大量地表水，是清水，而不是黄水。又因其大部分河段开挖仍利用的原济水故道，有关史志上又称其为“济水故渎”。

这些新开的河道，其目的都是贯通漕运，将山东、江淮和东南一带的贡赋物产运至京城，以供朝廷使用。其中尤以江淮和东南运量为大，因此其线路以向南通江淮为主，主道是自汴京向东南经安徽入淮河和由汴河至徐州入泗河等。《宋史·河渠志》载：“自京东分广济河由定陶至徐州入清河，以达江、湖漕路。”较之南线，向北通山东的运量和运道小得多，大体路线是经定陶、郓城向北入梁山泊，再由大清河入海等。

如图 2 所示，广济河是由汴京通山东的一条运河。自宋初开通以后，因多次受黄河决洪淹漫，经常淤塞，其运行时间不长，至北宋中期以后即废。其山东段的具体路径如何，并无清楚的记载。据笔者考证，在北宋前期广济河无疑是沿循的原济水流径由郓城东向东北入梁山泊，再入大清河。但至北宋中期后因梁山泊运道不畅（一因湖水浅阻，二因渔民多盗），当时又由郓城向西北沿梁山泊西岸经寿张县的黑虎庙东（今属梁山县）至东阿县张秋（今属阳谷县）开挖了一条新道，然后由张秋之南又向东北经陶城铺（今属阳谷县）、子路山（今属东平县）、关山（今属东阿县）至鱼山入大清河，绕过了梁山泊旧线。其实这条线路自黑虎庙以下乃是循的上文所说济水的支渠“马颊水”的流径。其中张秋以下运道称小盐河。据《天下郡国利病书》：“小盐河，在张秋东岸古之马颊故道也。马颊，济之支津。”又说：“按宋《河渠志》，沿河州郡各于要害下埽，郓州有六埽，关山、子路、张秋居其三，此三埽者皆小盐河所经，则小盐河故宋时河道也。”又见清代《山东通志》在记载赵王河的流径时也言：“黑虎庙以下为宋时运道。”这里所说的“宋时运道”唯广济河，此外无其他河，可证广济河下流的路径。

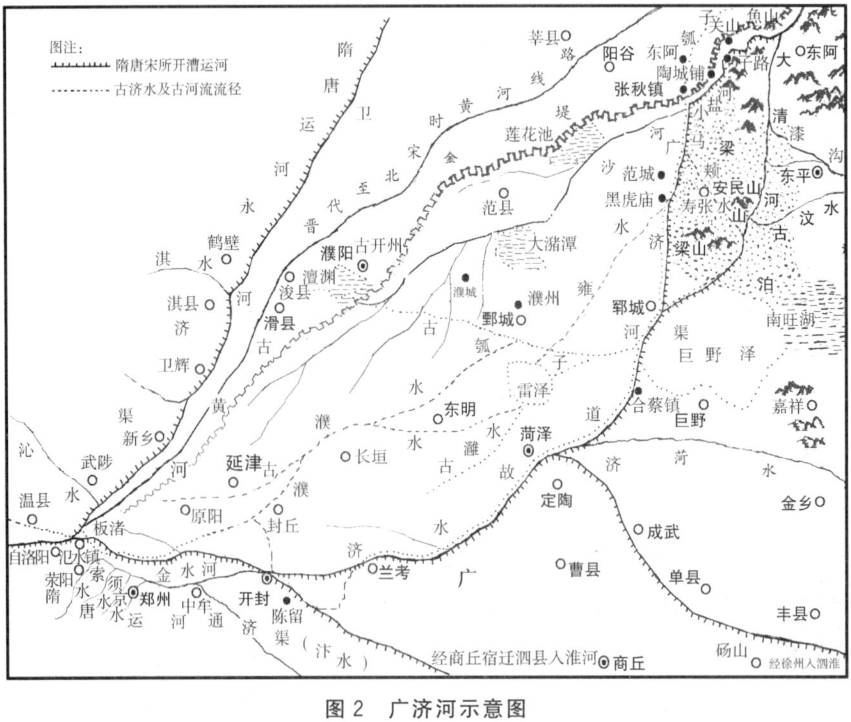

图 2　广济河示意图

三、黄河决口河道牛头河、宋金河，引水河道柳长河

这一水系自南宋以后又发生了根本改变。如图 3 所示，在北宋时黄河是从河南沁阳、新乡向东北流入河北省，经大名、衡水、饶阳、沧州等地至天津入海。至南宋建炎二年（1128 年），为抵御金兵南下，东京（开封）守将杜充在滑州决开堤防，使黄河改道东流。这次黄河改道基本上是侵占的原济水的流域和路线：由滑州经武陟、阳武、封丘进入曹州，由此黄河定格于河南省。经多次洪水淤积，古老的济水及其后渎广济河遂绝。黄河自定陶分为两股：十之七八循原来南济水的线路入泗河，入淮，十之二三循北济水故道注梁山泊，并由大清河入海。据《金史·河渠志》言：”前代每遇古堤南决，多经南、北清河分流，南清河北下有枯河数道，河水流其中者长至七八分，北清河乃济水故道，可容三二分而已。”

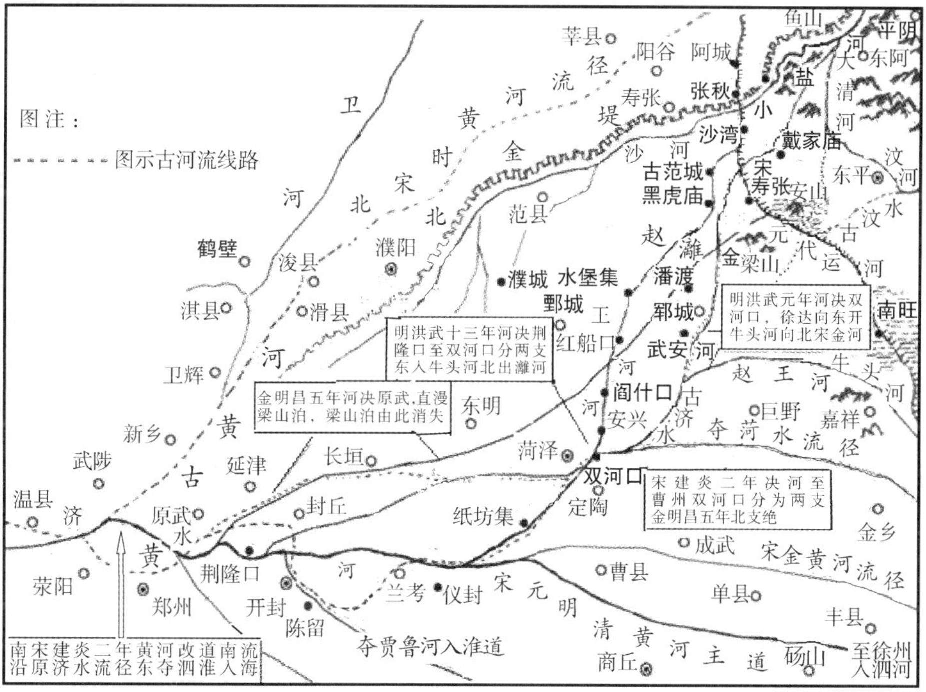

图 3　宋金至明初黄河决口河道示意图

金代章宗明昌五年（1194 年）黄河由阳武决口，洪水向东北直注梁山泊。经过这次黄河淤积，梁山泊地势进一步抬高，此后除了其中心地带安民山周围尚存有一些潴水（被称作“安山湖”）之外，余皆变为平陆。北股黄河即绝。正如《明史・河渠志》言：“金明昌中，北流绝，全河皆入淮。”自此黄河在豫鲁间地泛滥无束，频繁决口改道。《金史・河渠志》言：“数十年间，或决或塞，迁徙无定。”其下流河道在南自安徽、江苏北部，北至山东的郓城、济宁广大区域变迁无定、分出多道。各条河道虽然流径不同，但都是向东流入泗、淮，并由之入海。1290 年，工部尚书贾鲁主持疏通汴河、蔡河，挽黄河向东南流，从今兰考县东流出，经曹县南、商丘北、砀山西、萧县北，至徐州入泗，由泗入淮，并使其成为贯通东南的主航道。

在上流济水消失后，在曹、郓一带的当地坡水仍由旧道流注于安山湖入大清河，亦被称为“济水故渎”。1289 年，由安民山开挖会通河至临清，“引汶绝济”，由此这股济水故渎也断绝了。这使会通河持续运行了 60 多年。

元代会通河的流径，自安民山经寿张县城（今梁山县寿张集镇）至张秋这一段，循迹的正是原济水支津马颊水的路线，其中自黑虎庙以北至张秋段亦是利用的宋代广济河的遗迹，由此再向北至临清。

自元末之后黄河又出现向北决口改道的趋势。其洪水穿越会通河，使漕运不能畅通。元惠宗（顺帝）至正四年（1344 年），黄河于今兰考白茅决口，水漫安山，侵入会通河。加之南方反元起义频发，此后南北漕运即逐渐废止。据《明史・河渠志》载：“会通河者……元末已废不用。”

明洪武元年（1368 年）河决曹州双河口，向北漫淹郓城和寿张县以及会通河。当时明帝命大将军徐达疏通自双河口经巨野、嘉祥、济宁至鱼台的河道，导河水由塌场口入泗河，以通漕运。这条河流名为牛头河，又称“小黄河”，成为贯通鲁西南至淮扬的一条新道。

大约在这一时期，黄河决洪向北的支流也疏通了。其路径是自郓城东向西北，经寿张、东平至东阿入大清河。这条河即后来当地所称的“宋金河”。据清代《寿张县志》记载，洪武元年（1368 年）黄河决口，“寿张县城圮于水，城西形成沛河”。从时间和位置上看，这条新形成的河就是宋金河的一条支津。

关于宋金河的具体流径，现在有关说法并不准确。如山东省郓城县史志编纂委员会所编《郓城县志》言："宋金河自武安镇李垓村东鄄郓河东岸始，向北经郓城之东入梁山东平湖，河道弯曲，长 22 公里。"这里显然说的是近代以来的宋金河，并不是历史上的宋金河，因为当时东平湖尚未出现。据考宋金河应该是由郓城向西北，循宋末广济河流径，即经梁山以西向北流。但自黑虎庙之东（时属寿张县）改向东北，经现在的徐桥至东平县的戴家庙，由此再向北入大清河，并不经过现在的东平湖，而是在其西边。戴家庙距郓城也有百多里河程。一些明清文献中在"戴家庙"注有"旧黄河口"的标记，据《山东运河备览》卷六，这条河是明代的河，出戴家庙向北"三十里至东阿县之斗鸡山，又五十里至斑鸠店入盐河，归大清河"。这应当就是原宋金河北段的流径。

目前在梁山县马营镇、杨营镇、大路口乡等仍多有宋金河的遗迹。宋金河之名，应是宋朝和金朝故渎的意思。虽然宋金河沿循的是宋代广济河，但它是明初黄河决口形成的河，两河根本不同。1956 年，梁山县西北贾庄出土明代木船，据专家考证是沉于明初洪武十年（1377 年）后的事故，这与宋金河位置和年代都相吻合。当时宋金河作为洪水向北入海的一条支流，水量并不适宜于大型船只。

宋金河存在的时间并不长，在洪武十三年（1380 年）决口时即被淤废，并被新冲开的一条新河——灉河所改替。由于时间短，仅十三年，加之影响小，以至于在明清史志中，包括《兖州府志》《寿张县志》《郓城县志》等文献中都未见对宋金河的记载。现代新修的《梁山县志》《郓城县志》中所记的宋金河，皆言其流向是东平湖，其实是指的民国二十三年（1934 年）以来新疏浚的宋金河（又名清水河、沮河），目的是排泄郓、梁两县的涝水入东平湖，这与历史上的宋金河就根本不同了。明洪武二十四年（1391 年）黄河在原武黑阳山决口，洪水再次淹及原梁山泊地带，致安山湖淤为平陆，元运河由之废弃。这时宋金河也不可能存在了。

明永乐九年（1411 年）重开会通河，运道移至东平县大安山、戴家庙一线，至寿张县沙湾入元运河旧道。当时为保运道，"遣侍郎金纯从汴城金龙口下达塌场口筑堤导河南入淮漕"（雍正《山东通志》卷十九）。这说明当时北股黄河已被堵筑。

潘建荣先生是研究鲁西南古河流的专家，他的文章使笔者受益匪浅。[①] 但他在文章中把宋金河的产生原因分别说成是“永乐十三年河决”和“嘉靖四十五年河决”，一条河竟出现两次形成时间。其实这两个时间都是不成立的。根据对梁山县贾庄沉船的考证，宋金河在明初洪武年间就存在了，不可能再晚。永乐九年（1411 年）金纯于金龙口筑堤，弘治八年（1495 年）刘大夏又经黄陵冈筑太行堤。此后怎么可能再有向北分流的宋金河？当然亦无根据证明自永乐年间后至清代从菏泽向北至张秋还有什么“漕运”航道。

明开会通河，为补充北部运河的水量，在运河南岸的大安山、戴家庙之间围堤建了一个济运水柜——安山湖。同时开挖了一条新河——柳长河，又称“流畅河”，目的是引西南濮曹一带济水旧渎入湖，以为水源。据清蒋作锦《东原考古录》载：“柳长河，济水旧渎也……所谓北清河也。明置安山湖，别无泉源，河由荆隆口出水，分入济渎，名济水，迳郓城东南，由北清河汇入安山湖，以济运。”这条新河名为“济水遗渎”，其实流径在济水故道以东 10 多里。该河在初期对引水入湖起了很大作用，但在运行了七八十年后便逐渐发生水源枯竭问题，历明清两朝多次修复都未成功。最后终于在雍正十三年（1735 年）罢废了安山湖和柳长河，将其全部还田复耕。

目前在郓城、梁山仍可看到柳长河的河道，但这都是近代以来又多次重新开挖的，同宋金河一样，目的是排泄当地涝水，与历史上的柳长河已完全不同。

四、灉河、赵王河及瓠子河追溯

洪武十三年（1380 年），黄河于金龙口决口，这次向北冲开了一条新河道，至曹州双河口又分为两道：一道向巨野、嘉祥入牛头河；一道经雷泽至郓城。因古代的灉水曾流经于该地区，因此史志上把这条河流称作灉河。该河道因后来多次被黄河决洪冲淤，所以其名称也多有变化，如赵王河、枣林河等。

---

① 参见潘建荣：《菏泽古代航道初探》，《运河研究》2020 年第 1 期。

潘建荣先生把灉河形成时间确认为发生黄河决口的洪武十三年（1380年）。[①] 笔者赞同他的这一看法，但该河在菏泽至梁山段并非如他所说沿循的是“宋代广济河道”。

关于灉河的流径，据雍正《山东通志》卷六记载：“灉河，上源为贾鲁河，本黄河决口故道。自河南仪封县黄陵冈东北由祥符县境至刘家亮庄入东省曹县界，东北迳桃源集……入菏泽县界。又东北迳金堤集至县城折而北至双河口，一支东流入巨野、嘉祥达牛头河；一支东北流又分为二：一入雷泽，一达郓城，其入郓城者为古灉河，又为枣林河。自双河口北迳李家庄至阎什口入濮州界，又东北至红船口（西岸为濮州——引者注）入郓城县界，为西里河，又东北迳殷家庙、水堡集至五岔口有冷庄河水入之。又东北迳潘家渡、肖皮口、新兴屯至张家楼入汶上县界，又东至黑虎庙入寿张县界……又东迳范城桥（今在梁山县赵固堆乡范城村——引者注）、温家口（今属梁山县——引者注）、鱼户口（今名于口村——引者注）至岔河桥（此二地均在今梁山县小路口镇——引者注）为赵王河，……又东北至万家桥（今坍于河——引者注）复入寿张界（今属河南省台前县——引者注）。又东北迳半边店（今河南省台前县后店子村——引者注）至积水闸入运河。”可以看出，这里所记述的灉河流径十分详明。其双河口以上和万家桥以下河道基本上是故宋广济河的流径，而双河口至万家桥这段却是新冲开的，过郓城之西，并不同于广济河。而从黑虎庙以下不再折向东北循戴家庙宋金河流径，而是继续向北循原广济河流径，自万家桥至张秋这一段也是元代会通河的流径。

在不同时期、不同河段，这条河流的名称不同。除了以上所说灉河、赵王河、枣林河之外，还有“西里河”“范城河”“土河”等名称，实则是同一条河。《天下郡国利病书》言：“自曹州沈家口北自寿张黑虎庙长一百九十七里，其名为西里河。”“西里河，即灉河下流也。双河口之水既分而二，其一支至县（郓城县——引者注）西南红船口入境，流迳县西北四十里出水堡北为五岔河口受冷庄河水。”“自郓城之王亮口北至东平之鱼护口

① 参见潘建荣：《菏泽古代航道初探》，《运河研究》2020年第1期。

长三十里其名为范城河，又为土河。”“范城河，在县南（寿张县——引者注）十八里，即灉河下流也。由郓城来至县境黑虎庙，迳故范城东至张秋南沙湾冲漕东决。”

1998年版《菏泽地区志》载：“枣林河自金龙口东北流至长垣、东明，至菏泽双河口分为两支，北支东北流，经鄄城阎什口、红船口，梁山县李家桥、黑虎庙，北至张秋镇注入运河。”

关于土河，在《山东通志》《兖州府志》《寿张县志》中都有记载，如清光绪《寿张县志》卷一：“土河，又呼跌河，在县南十二里，明洪武二十四年河决阳武之黑洋山，经长垣、开、濮、范，过县东影唐北，东折入张秋漕河。今夏潦雨集，犹通舟楫。”

潘建荣先生在其文章中说：灉河故道，“乃为汉瓠子河之道”[①]。受其启发，笔者对瓠子河的流径做了一下考证。瓠子河，是西汉黄河决口形成的河流[②]，后来却演变成汇合沿线坡水和多股支流的清水河，因此延续了千年之久，名著史册。

关于瓠子河的具体流径，据《水经注》记载：“瓠子河出东郡濮阳县北河”，“又东北过廪邱县（治在今郓城县西北水堡乡——引者注）为濮水”，“瓠河之北，即廪丘县也”。“瓠河又左迳雷泽北。”“瓠河又东迳郓城南。”“瓠河自运城东北，迳范县与济、濮枝渠合。”“北迳范城东”，“东北迳范县北，又东北迳东阿城（即今阳谷县阿城镇——引者注）南”，“又东北过东阿县东”，“又东北过祝阿县（位于今齐河县——引者注）为济渠”等。从上述记载看，瓠子河出濮阳后，经雷泽北一直向东，由郓城县西部到“郓城南”，又折向“郓城东北”，然后又折向西北，进入范县。当时梁山西北部属范县。经范城（即今梁山县赵堌堆乡范城村）东，在这里先后与济水支渠（右）和濮水（左）合。济水支渠即是上面所说的马颊水。瓠子由此向北一直至阿城。其间必然经过今沙湾、张秋（时属东阿县）。可见这一段与《水经注》关于马颊水的路径一致，所不同的是瓠子并不是由张秋以南

① 潘建荣：《菏泽古代航道初探》，《运河研究》2020年第1期。

② 约形成于汉元光三年，即公元前132年。

折东北至鱼山入济水主道，而是继续向北过张秋至阿城，并转向东北至齐河县入济水。

将瓠子河的流径与上引灉河的流径相比较，可以看出：就万家桥以下至沙湾这 20 多里的一段来说，两河的流径是一致的；但对整条河道来说则差别甚大，统称灉河“乃为汉瓠子河之道”就不对了。

瓠子河作为济水的一条支流，其名称消失较早，后来即以濮水之名为称，直接从郓城之南合入济水。至唐末就湮灭了。在宋代即以广济河和五丈河代之。宋金时广济河因梁山泊旧道不畅，又改道于梁山之西，即自郓城向西北，经范城东到沙湾、张秋，又沿循了历史上的瓠子河、济水支渠马颊水的路径，至鱼山入大清河。金明昌年间后广济河亦被黄河决洪淤废。至明洪武元年（1368年），黄河决口又向北通开了广济河故道，但此后则以宋金河为名了。如上文所说宋金河在洪武十三年（1380 年）黄河再次决口时即被淤废，而被灉河所改替。

在清雍正《山东通志》中又出现了对瓠子河的记载，其卷六言：“瓠子河，自菏泽县北境汇水北流。至陈家庄入濮州界，折而西北，迳刘家楼，又东北，迳纸坊、韩家桥，又西北，迳连家楼，至陈家庄，与小流河会。两河合流，又西北，至张家桥与洪河会，又合流至沈家桥，入范县界。又西北，至岔河口与魏河会。自此四河合流，名曰清河。”清河，亦即范县的金堤河。可见这时瓠子河流径与古代完全不同了，实系名同而河不为一。以上就是该地区古河道变迁的大体情况。

如图 4 所示，灉河是洪武年间由黄河向北决口形成的河，它至迟在永乐九年（1411 年）重开会通河时亦从金龙口被堵筑。但因当时曹、濮、郓地区有大量坡水，这些坡水仍由灉河河道向北流，至沙湾入运河。正如《天下郡国利病书》言：“其源自黑洋山澶渊等坡水”，“有源自曹濮迳范县回龙庙而来者为清河……有源自定陶迳曹州新集而来者为天鹅坡之水，有源自郓城出五岔口而来者为廪邱坡之水，俱入西里河迳黑虎庙杨家桥至沙湾小闸入运河。”正因有沿线的这些坡水为源，该河在明时期延续 300 多年。当运河枯水时，它成为济运的水源（有时还开浚金龙口旧渠引黄水济运）；但每逢黄河从上游决口时也会沿该河道下泄于沙湾运河，穿运堤至大清河入海，成为明清漕运的一个重大险患。

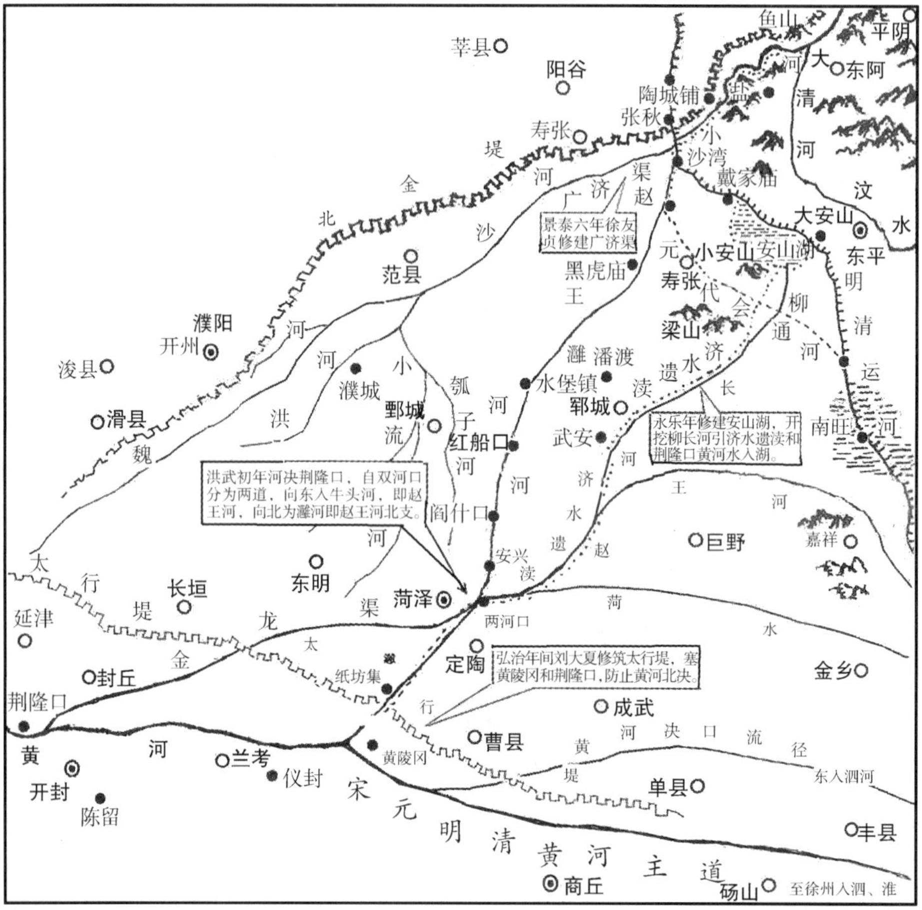

图 4　赵王河、沙河、柳长河与明清运河示意图

五、沙河、新广济渠与沙湾要津

汇入沙湾运河的河流，除了赵王河（灉河）之外，还有一派是来自豫北的沙河。该河以豫北延津、滑州、澶州（濮阳）等诸州县的地表水和黄河泛水为水源，沿金堤以南向东北流，经范县、寿张县、东阿县（张秋南）至沙湾入运河。这条河流在元明之后称为沙河，也称金堤河。

其实沙河的历史更为久远。上文已述在《水经注》中所记济水支津马颊水，说的是自安民山至鱼山的一段。这条支津自张秋之东就是沙河的下流河段。而据笔者考证，“马颊水”绝不仅仅是沙河的一段，而是沙河的全流，沙河的古称即马颊水。

观《水经注》所记“马颊水”与至今流经聊城市的“马颊河”名称相同，又见《山东通志》中把两河判为“名同河异”，互不相干。但笔者认为，两条距离相隔不远的河流，在名称上相同，这绝不是一种偶然现象，必然事出有因。

我们知道马颊河历史悠久，古为《禹贡》“九河”之一，周秦时称笃马河。该河发源于濮阳澶州坡，实际也是以豫北浚、滑、濮等地区的地表水和黄河泛水为源的。所不同的是，该河向北流，经豫北的清丰、南乐入河北省大名县，又向东入山东省境，经聊城市、德州市至无棣县入渤海。东汉时王景筑金堤御黄，西自荥阳、滑州东北行，将原马颊河水源地分隔为二，其金堤以南的延津、滑州、濮阳等广大地区的地表水不能再循原路北流，便沿金堤南向东北方向下流，经范县、寿张、东阿至鱼山入济水归海。这条河流原是马颊河的水系，二水同源，以金堤相隔一南一北相向东北流，古人也将其称为“马颊水”是自然的事情。所不同的是，“马颊水”至鱼山流入济水，成为济水下游的支流。

在南宋建炎二年（1128 年）黄河改道南流以后，侵占了原济水流域的大部分河道，并使其地势抬高，原来分布于该流域的延津、原武（原阳）、长垣、东明、曹濮等地带的地表水不能再循原路向东流入济水，而是顺地势向东北流，于范县入金堤河并向东归海，这使马颊水水量进一步增大。如前所述，马颊水在宋代曾作为广济河的下流河段，也称为小盐河。在元明会通河开通之后，该水路被“运河所截”，水直接入运。张秋以西的河流就是沙河，运河之东的河流仍称小盐河。在明景泰年间徐有贞治理沙湾运河时对沙河又进行了大规模疏浚，并命名为“广济渠”，于入运口新建了通源闸。因为故宋广济渠已经消失，徐有贞又重启旧名，说明了对旧广济渠的纪念，也说明了明广济渠与宋广济渠本属相同的水系，只不过其流径向北移了 200 里（从菏泽至张秋）。

关于新广济渠的流径，《明史·河渠志》有清楚记载：“起张秋金堤之首，西南行九里至濮阳泺，又九里至博陵坡，又六里至寿张之沙河，又八里至东、西影塘，又十有五里至白岭湾，又三里至李韃，凡五十里。由李韃而上二十里至竹口莲花池，又三十里至大潴潭（有文献作大伾潭，相传系古大野泽余波。址在今郓城西北、范县东南50里——引者注），乃踰范暨濮。又上而西，凡数百里，经澶渊（古泽名，位于今濮阳县之西——引者注）以接河、沁。”不过这条河的广济渠之名到清代就不用了，仍复沙河旧称，在清代方志中又称为“北清河”，即大清河支流的意思。据清张伯行《居济一得》卷四言：“张秋迤南八里庙有沙河一道，出道人桥入运。其源出滑县、开州。有魏河、洪河、小流河，三道俱由濮州范县以达张秋。每遇雨潦之年，其水盛大，势莫能御。”又据雍正《山东通志》卷十九：“沙河大坝明之广济渠口也。景泰中徐有贞治沙湾决口先为疏水之渠。起张秋金堤，通寿张之沙河西南，至于竹口又西南至大潴潭，逾范暨濮上接河沁之水，出通源闸济运。盖导上流有源之水以潴之为渠也。”

如果说在明代之前，菏泽是接纳西南来水的门闾，那么自明代始这个门闾就向北移到了沙湾。这个寿张、阳谷、东阿、东平四地交界的地带，北有金堤为阻，东有山东丘陵为障，任何南来、西来、东来之水都必须由此寻路归海。张秋至沙湾十多里运河就成为接纳来自河沁、滑州、延津、曹、濮等西南“八州县坡水”（《山东运河备览》卷六）的门闾。正如《天下郡国利病书》言：“曹濮诸州邑其腹也，张秋其尾闾也。”张秋之“尾闾”，其实就是指城南的沙湾运河。岂不知这西南诸州邑腹地之水，正是当年济水的供源，可称其为济水故渎。沧桑巨变，如今诸水改道从沙湾复归大清河。

由于沙湾段运河是汶水与黄水、豫水三河的交汇处，水系关系复杂，这里成为南北漕运上的一处“要津”和最大患险段，也是明清两朝“治河保运”工程的中心地段。当运河枯水时，使沙、赵（灉）二河输水入运；而当运河水溢时则由小盐河泄水入大清河。这全由一系列水利工程设施控制，是一处重要的枢纽工程，充分体现了古人治水的智慧和高超技术。

六、西南来水的终结——黄河

在南宋建炎二年（1128年）黄河改道南来之后，其主河道一直是流经豫苏两省，依次侵占汴河、泗河、淮河河道，于淮安向东入海。历宋、金、元、明、清虽然频繁向山东省决口，入大清河归海，但主河道一直未发生重大改变。尤其是明清两朝，在治河中都坚持一个明确的观念，即“北堵南疏”，黄河“只可以南、不可以北”。其主要目的是保护漕运，使其不被黄河冲犯。正如清代河道总督杨方兴所概括的：“宋以前治河，但令入海有路，可南亦可北。元、明以迄我朝……必借黄为转输，是治河即所以治漕，可以南不可以北。”（《清史稿·河渠志》）在明清时期虽然发生了十多次决洪冲穿运河的险情，但每次经过大力防治都使其回复原道，黄河基本定位在自开封经兰阳、归德、砀山、徐州、邳州、宿迁、淮阴一线的“明清故道”上，大运河得以维持了400多年畅通。

但是黄河自古以来就是一条不安分的河流，终于在清咸丰五年（1855年）于兰阳铜瓦厢大决口。这次决口非历次可比，洪流异常强大，水势特别迅猛，决口竟达数里之宽，人力无以堵塞，造成全河改道北流。如图5所示，洪流经祥符、长垣、东明、鄄城、郓城、范县、寿张、东阿，在东平县戴家庙和阳谷县张秋之间多处冲穿运河，入大清河归海。在最初的二十年中，黄河在上述广大地区横流无束，迁徙无定，河道支津数出。当时无力施治，最后黄河终于定位于现在的河道上。

黄河来山东，在当时政府和民众的体验中完全是一种灾难。黄河侵占了大清河的河道，将河床冲宽数倍，清水变成了黄流。大量农田塌陷河中，有些村庄也陷于河中，甚至有几个县城也搬迁了。洪水泛滥频繁，沿线的良田、村庄被淹没，百姓房倒屋塌，携儿带女四处逃荒，有大批百姓为讨生计只好闯关东等。历史上山东省西部、北部大平原本是广袤的良田沃土，但自从黄河来此后，沃野全部变成了黄沙，土地退化，收成稀薄，有的成为盐碱地，草木不生，生态环境受到严重破坏，加深了广大地区的贫困化。

新中国成立以后，在毛主席“要把黄河的事办好”的伟大号召下，人民群众开展了大规模的治黄斗争：两岸修筑了坚固的堤防，中游修筑了三门峡、小浪底等大型水利枢纽工程，使河水流量得到控制，由此数十年来安澜，再无泛滥，河道固定，水位稳定，沿河人民生命财产安全得到保证。自古以来黄河桀骜不驯、横流无束的本性完全得到驯服。通过一系列综合治理，黄河水被用来发电、养殖、灌溉、优化环境等，变害为利，成为造福人类的宝贵资源。调水调沙技术的实施更进一步提升了黄河治理的科技水平。这是数千年历史上所从未有过的。

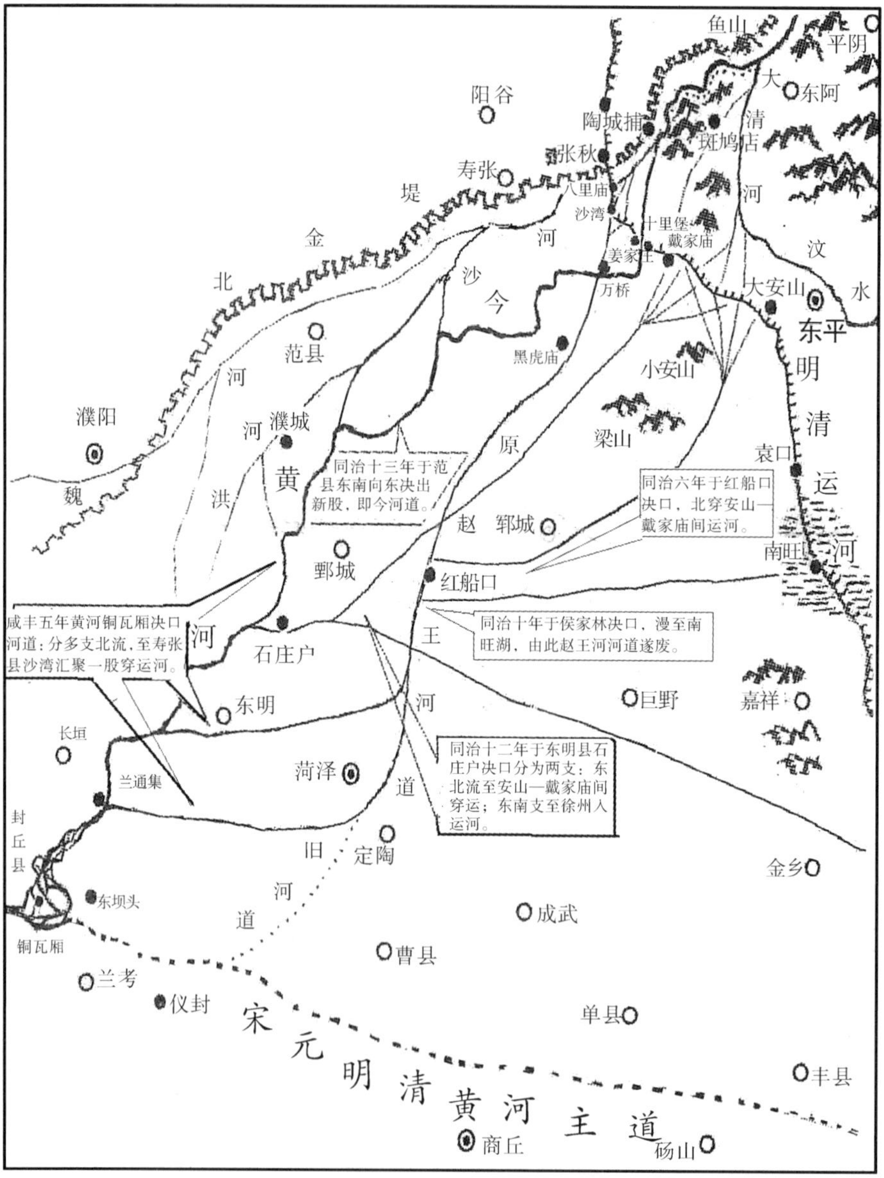

图 5　清末兰阳黄河决口主流线路示意图

黄河来山东，使鲁西地理面貌和水系发生了根本改变。大运河断航，梁山泊地区地势隆起，古河道、湖泊消失了，而一些新河渠、湖泊（东平湖等）出现了。历史上的河踪水系早已沉寂于黄土地下，憧憬中的西南来水目前只有这条奔腾不息的黄河。由于时代和大自然的变化，现在华北干旱缺水成为主要问题。在这一背景下，国家又实施了南水北调工程，将千里之外的长江水调运到泰山脚下，建成了世界上最大的泵站群工程，使长江、黄河、汶河汇水于东平湖，并由此输往济南、胶东和天津，更增强了山东水系的多元化。

今日的菏泽市作为山东沿黄地区的门户，引用黄河水自然是其最大的优势。历史上与其紧密相连的中原地区如今已成为黄河彼岸，豫省的水系再也进不了山东。菏泽境内的河流都顺地势流进南四湖，再无向北流的支系。而豫东北一带的坡水则沿北金堤河经台前县向东北流进黄河（如图 6 所示）。水清河静，人们都知道它历史悠远，却无人知道它正是古老的济水、广济河的遗渎！

有专家提出，要使“豫鲁边界洪水下排大体恢复到 1128 年黄河改道江苏前北宋时期的自然流势”①。我们知道，北宋时黄河经河北省和山东省北部入海，豫鲁边界的水系是济水遗渎——广济渠，它是源于中原大地的水系，水量很大。自从 1855 年黄河改道山东之后，两地以河相隔，豫省当地水系再也进不了山东。所谓“鲁西南的来水”只是当地菏泽地带的地表水，它怎能够再恢复到历史上广济渠那么大的水量和流势？这里显然是把菏泽当地水与河南水系混为一谈，是对历史的极大误解。尤其是现在距离北宋已 1000 多年，鲁西南屡经巨变，欲使当地的水情恢复到北宋时代，即恢复梁山泊，恢复济水、广济渠，无异于痴人说梦。

历史俱往矣，今天治水无疑应立足于现实，站在新的起点上，不可动辄幻想恢复历史。

---

① 李殿魁：《论当代黄河京杭运河恢复航运的必然性和可行性》，《运河研究》2020 年第 1 期。

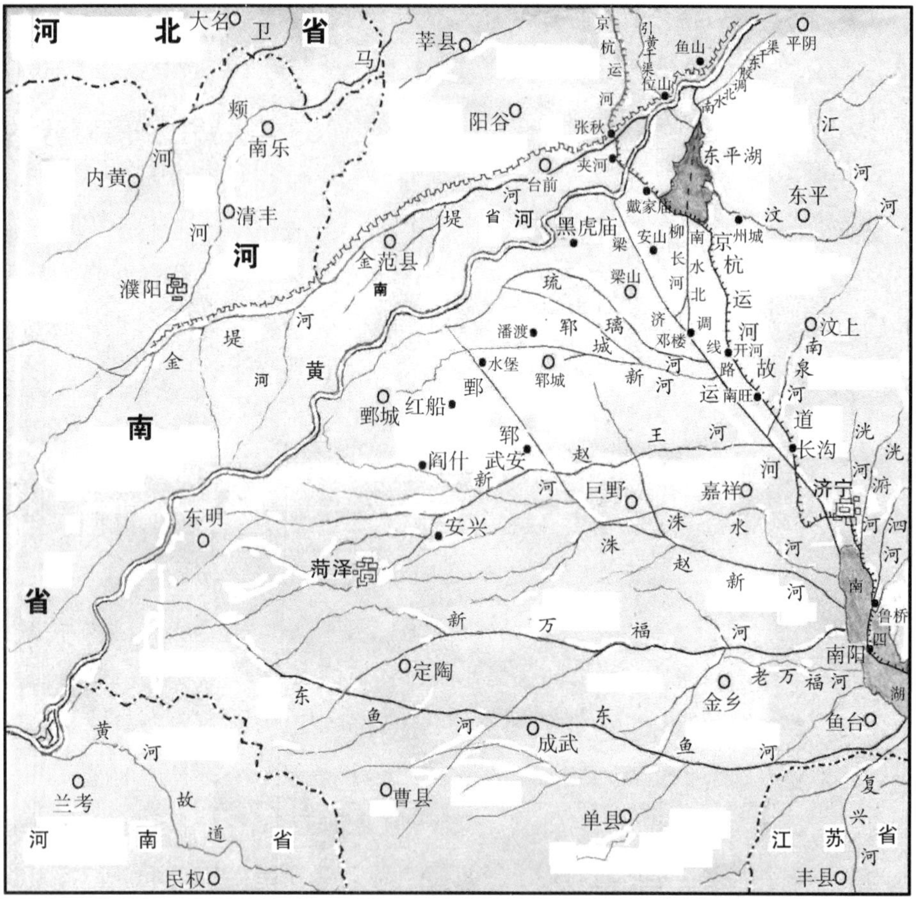

图 6 鲁西南现代水系示意图

（本文曾发表于《济宁日报》2020 年 11 月 14—15 日，原题名为《流淌的文明：图说鲁西南之水来龙去脉》，有修改）

济水不是“黄河的支流”

济水，是古代流经豫鲁两省的一条大河。在历史文献中，其与江、河、淮并称为“四渎”。我国历史地理学家史念海先生多年来致力于河流变迁研究，结合对历史文献记载的释解，对古代济水的变迁及其相关遗址做了大量考证，为我们了解、研究济水历史提供了宝贵参考。但他在文章中提出了一种看法，认为济水与江、河、淮三渎的“意义不同”，不是“独流入海”，“与黄河有相互交叉”，“是由黄河分流出来的支津”。[①] 对于此见，本人不敢苟同，然而此见的一些支持者颇多。近些年在一些报刊、图书和网络上多见“济水以黄河为水源”“济水是黄河的支流”等新说法，甚至有人判定“把济水列入四渎是历史之误”等。其似乎是对史念海先生的观点做出的解释和引申。此类说法更加新鲜，令人生疑，在此谈谈个人的一些不同看法。

在古人的定义中，济水是发源于河南济源王屋山的一条大河。古籍《山海经》中就说：“济水出共山（在今河南省济源市——引者注）南东丘。”《水经注》曰：“济水出河东垣县东王屋山。”济水在东流过程中与黄河发生交叉，被黄河分为北南两支，但两支间仍有水脉相通，是有统一源头、水脉的一条河。济水的水源并不是黄河。

河流的本质在于水。从整体上说，济水是以河南省北部地区的地表水为水源的。古代的中原大地曾经是降雨量十分丰富的地区，在现在的荥阳、郑州、原阳、延津、中牟、开封、封丘、长垣、滑县、濮阳等广大地区曾存在着许多湖泽、潴潭、河流，它们向东寻找入海之路，最终汇聚成一条大河，这就是济水。有关文章中往往回避济水是以中原大地上的地表水为源这一根本问题，而认定“济水以黄河为水源”，“是黄河的支流”，这在历史事实上是

① 史念海：《论济水和鸿沟》（上），《陕西师范大学学报》（哲学社会科学版）1982 年第 1 期。

重大的误解，是对济水本质认定上的错谬。

济水在上游虽然与黄河发生交叉，但并未断绝其“独流入海”的水脉。对此历史上存在“伏流说”与“清浊分流说”两种解释。“伏流说”固不可信，但“清浊分流”却是自然中存在的现象，并非不可能，在此完全否定古人是轻率的。

按照某一代表性的说法，“济水从济源发源后，根本就没有过黄河，也过不了黄河。试想，济水从黄河北岸流进黄河，难道不被滔滔河水冲下去吗?”[①]可以看出，关于济水“过不了黄河”的断言，这里明确说是以“试想”为逻辑推论的，即想象推测，而并不是基于客观事实的科学论证。其明显的纰漏就有以下两点：

第一，这里所设想的前提条件——“济水出入黄河两岸的出入口恰好相对，并没有错位”[②]，是完全失实的。考察济水黄河以北支，可清楚地看出：济水在出王屋山后总的流向是向东，与黄河大体一致，至温县东才斜向进入黄河，并不是与黄河垂直相交。如果两岸河口真的是“恰好相对，并没有错位”，那么在黄水冲击下，济水的确是过不了黄河。然而实际情况却不是如此。事实是济水从北岸黄河上流入，从南岸下流荥口（旧石门）出，之间相距很远，看上去至少有一二十里之多，有一定的倾斜度。在这么长的河程内排除不了河水在多种因素影响下发生流向变化的可能。

第二，无视入河济水的流速。经考察，济水所在的黄河以北地势比较高，这就决定了济水在入河口处的落差大、流速高。根据自然常识，当两水汇合后流速大的河流仍会在其惯性下保持原来的流向，继续向前延伸。其结果必然是大部分济水会逐渐流靠到南岸去。出荥口的水我们不能说全部是济水，但至少应是黄水与济水的混合水。断言“济水根本就没有过黄河”“源头的水并没有入海”是盲目的。这里的根本错误是把济水设想成静水——“流进黄河后就被滔滔河水冲下去”，而不知济水是有很大流速的水，在其惯性下有一部分济水可以由北岸到达南岸。《水经注》引《晋地道志》称：“济自大伾入河，

① 傅道津：《把济水列入“四渎”是千年之误》，《济宁日报》2020年8月16日。

② 傅道津：《把济水列入“四渎”是千年之误》，《济宁日报》2020年8月16日。

与河水斗，南溢为荥泽。”这里的“与河水斗”，说明济水在黄河中是一种急流猛进、强势向前的状态，而不是那种被黄水平静“冲下去”的状况。现实中一些可观察的实例可证明这一点：人们在黄河入海处看到，黄河入海后仍保持原来流向继续向前延伸，洪流长达数十里，清浊两水十分分明。

“清浊分流说”是在历史上济水存在的情况下，古人通过实际观察得出的一种解释，相比而言应是具有一定权威性和可信度的。而现在的否定、非议之说是在济水消失千年之后、现场完全改变的情况下，仅凭专家头脑想象推测提出的，其真实性不免令人生疑。尽管文章中反复指称“古人迷惑了”“古人错了”“古人不懂得流水的道理”“古人却不这样认为”等，显然只是一面之词，大有强加于人的意味，不仅无有任何说服力，反而愈显出自己的武断、牵强，有悖于常识。

济水从荥口出来后向东南流入荥泽。据考证，荥泽“不是很大的湖，南北的长度最多也不过十几里”①。荥泽中的水除了来自过河的济水、黄河水之外，还有汇集当地地表水形成的荥渎和广武山流下的柳泉、广武涧等流入。这就说明其中黄河水占的比例并不大。论者把荥泽的水全部看作黄河水，否定了过河济水和当地地表水、广武山水等的存在，是很不严谨的。《禹贡》言：济源水“东流为济，入于河，溢为荥”。这里的“入”是进入的意思，没有下潜之意；“溢”是满和增多的意思，是说济水出河后在荥泽大大增多了。这对济水过河的概括是很准确的，恰切说明了河南济水与河北济水支脉相通而又水量增大的关系。“入于河，溢为荥”是统一的，把济水理解成南北分割的两条河是错误的。

对于黄河以南的济水来说，实际的发源地就是荥泽。济水出荥泽向东流，先后汇入大小河流、潴泽十多条（个），在《水经注》等历史文献有记载的就有砾石溪水、索水、白沟、黄沟水、沮水、汳水、羊里水、睢水、澶渊等，无名的更不计其数，经现在的荥阳、原阳、封丘、兰考等地进入今山东省菏泽地区，最后就成为一条水势浩大的大河。可以看出，济水沿线的各个支流是由豫北广大地区的地表水汇聚而成，是清水而不是黄水，其中黄河水的占

① 史念海：《论济水和鸿沟》（上），《陕西师范大学学报》（哲学社会科学版）1982 年第 1 期。

比更加微不足道。[①] 在进入山东省境内后，济水又先后汇合濮水、瓠子、洪水、汶水、泺水等八九条支流（均为清水），最后浩浩荡荡流入大海。《汉书·地理志》称："过郡九，行千八百四十里。"

史念海先生对济水的考证整个看是比较详细的，但恰恰对济水在中原大地上的这些诸多支流的水源问题却避而不谈。其认为从荥泽到巨野泽全程流淌的是从黄河流出的水或者是黄河澄清后的水，这是对济水本质上的误读。

上述考察充分说明，济水本是具有独自水源、独自流域、独自入海河道的一条大渎。其在水源、流域、入海路径和水文性质等诸多特征上都不同于黄河，是独立的一条水系，古人称济水为"四渎"之一并没有错。新论者断言"济水只是黄河分出的一条支津，其源头则与黄河同，并不在济源，所以不符合四渎独流入海的要求"，其说完全是轻率不经、根本罔顾历史真实的。

其实古人对"四渎"的定义与今天水系划分的原则大体是一致的，即主要以其入海路径的不同为根据，而不是以河流的源头为标准。对于河南济水来说，其实它的支流有很多，其发源地也很多，退一步说，即使其中有一支源于黄河，但也不足以认定整条济水属黄河水系。如果坚持"源头说"，那么历史上淮河的几条重要支流，如汴河、涡河、惠济河、蔡河、贾鲁河等的上流源于黄河，难道淮河也是黄河的支流吗？若说水系间的支津连通，淮河与长江之间就更多，岂不更应将淮河称作长江的支流，剔除于"四渎"之列吗？显然，"源头说"是不能成立的。

济水更是一条承载着悠久历史文化的大河。在相当长的历史时期里，黄河下游是在今河北省和天津市一带，而以南的中原和山东广大地区则属济水流域。济水是清水，较之黄河流域更适合于人类定居和生活。因此，这里成为远古人类最早开发的地区之一，是中华文明的重要起源地。历史上著名的尧、舜、禹就主要活动在中原济水流域。在原始社会后期，以烧陶和种植业为特征的农业文明——"陶丘文化"就产生于当时的济水沿岸（今菏泽市定陶区），并由此沿济水向东夷大地传播发展。现在人们常说"黄河是中华民族的母亲河"，其实黄河横贯中原地区的时间是在唐代之后，河道位置固定于山东

---

① 黄河泛滥侵漫济水流域是另一种问题。

更是在清末以来，而在此以前数千年历史上，中原和山东广大地区真正的母亲河是济水，而不是黄河。在先民的记忆和历史记载中，黄河带来更多的是灾害，而不是福祉。可以说，济水与黄河在对人类的利害关系上是有所不同的。

济水，这条源于中原大地、蜿蜒豫鲁两省近两千里的大渎，在数千年历史上促进了古代东夷大地的文明开化和繁盛，实是齐鲁之邦的母亲河。山东省有许多地名得自济水。例如，作为古代九州之一的兖州，就是得名于济水。兖州之名源于“兖水”，兖水即是“沇水”，亦即济水。《禹贡》言：“导沇水，东流为济。”又言：“济、河惟兖州。”是说济水、黄河之间的广大地区属于兖州。兖州初址于现在的河南濮阳地区，后来沿济水多次往东搬迁，最后定于山东省现址。其他地名，如济州（先后址于碻磝、巨野、任城）、济北郡（西汉置，位于现在山东省西北部，治所在卢县城，即今济南市长清区西部与德州市齐河县西南一带）、济宁、济南、临济（汉置县，治所在今山东省高青县东南高城镇西北二里）、济阴（在今菏泽市定陶区、曹县之间）、济阳（《水经注》载县址在济阴县以北，即今菏泽市西南。金代以来址于现在的济南市济阳区）等，更是直接以“济”字为名。就连“齐国”“齐河县”“齐东县”之“齐”字，也得名于济水。《春秋说题辞》曰：“济，齐也。”《风俗通》曰：“济者，齐也，齐其度量也。”我们常说的“齐鲁文化”，其基因也是源自这条从中原大地流淌下来的济水！确切来说“齐鲁文化”是济水文化而不是黄河文化。相比而言，山东历史上因黄河而得名的地名却极少。如“河北”“河南”“河东”“河西”“河内”“河间”“河阴”“河阳”等这些历史地名无一个是在山东省。如依“济水是黄河支流”的新定义，数千年历史文化的定位岂不是也要改变？

近年来，习近平总书记多次就保护、挖掘和利用历史文化资源做出重要指示，这对于历史研究工作来说具有重要指导意义。济水本是我国古代著名的“四渎”之一，它至今已消失了上千年之久。历史上留下的关于济水的大量文献记载和故事传说等，成为济水文化的重要内容，在今天看来十分宝贵。对此，我们应认真加以保护、整理和继承。在学术上发表新见、创立新说当然是必要的，但要下一番深入调研，弄清事实，严格求证的功夫，而不是仅凭一隅之见就轻易断言。对于否定古人、修改经典定义、创立新说的做法应慎之又慎。历史考证和研究应把维护文化遗产的真实性、完整性视为根本任务，对古人经典首先树立尊重、珍视观念，其次才谈得上创新。如济水，在古人的定义中本是明确、有据的，笔者实在看不出在今天有何正当理由和必要再将其改称“是黄河支流”，并把古代“四渎”变成“三渎”或“两渎”！有关济水的无稽之谈只会干扰人们对历史上自然水系关系的认识，影响济水文化的保护和研究，绝无任何积极意义。

（本文曾发表于《济宁日报》2020年9月6日，有修改）

下编

谈山东水系与大运河通航

历史上的山东水系及其在大运河贯通中的枢纽地位

大运河是中国南北走向的水运大动脉，全长3500多里，其开通又是完全利用东西流向的各自然水系，充分体现了我国古代劳动人民的高超智慧和杰出才能。

常见有关论著上讲述，中国大运河连通南北“五大水系”，即海河、黄河、淮河、长江、钱塘江。五大水系都是东西流向的，各条河流的水源、流量不同，位势高差不同，把这些河流连接起来，构建一条南北流向、蜿蜒3000多里的水运通道，其中还有渡江、过黄、跨海（海河）、越地脊（山东高地）等，这是一项多么浩繁、艰难而复杂的工程！若说起中华民族古代水利科技成就，这连通五大水系的中国大运河堪称是最杰出的。

这里需要特别提出的是，讲“五大水系”却不提山东水系，这是一个重大的缺漏。所谓“山东水系”，是指发源于山东本地——鲁中丘陵地带的诸河流，它们都是以各地的泉水为源的，历史上被称为“泉河”。因此山东又被称为“泉河之乡”。山东水系的一个显著特点是，由其地形所决定，各河流的流向分散，皆由鲁中丘陵向四周分流：向东、向北流的河（潍河、淄河、白浪河、弥河、小清河等）都直接流入渤海，向西流的河（汶河、坎河）汇入大清河又曲折向东流入渤海，而唯有向南流的诸河流（如洸、泗、白马、沙、薛、洳、沂、沭等河）皆取道黄河、淮河入海（自宋至清）。现在鲁南的一些河流都归属于淮河水系，其实历史上的鲁南河流并不直接入淮，因为中间还有一条黄河相隔。山东的河流都是清水，自然也不同于黄河水系。因此从各方面说，山东水系都是与五大水系不同的一个独立水系。

自元代始，京杭大运河经过山东。在这里所面对的重大难题是：由于山东丘陵地势较高，南北两端的河流不能通过。当时的人们总结治水经验，利用了当地的水源优势向两边分流，使南北河流连接起来，从而实现了南北通航。自元至明清运河贯通600多年，山东泉河先后参与济运的不下十多条，历史上将其概括为“五派源泉”以及“五水济运”等说法。其济运河程从临清至宿迁1000多里，占京杭大运河总长的三分之一。明胡瓒《泉河史》卷七言：“山东凡发地皆泉，其为漕河之利者，不过三府十八州县二百四十四泉也。”《清史稿·河渠志》言：“山东运河，全赖湖、泉济运。”

因此，山东水系不仅名副其实，而且更是在大运河贯通中起了关键作用。所以，讲“五大水系”不讲山东水系是重大的缺漏。

山东水系对于通运发挥了特殊作用，一方面体现在它以泉水为源，能够持续供水，水量较为稳定；另一方面体现在它居于较高地势，能够向南北分流，从而把两边的河流连接起来。“五大水系”基本上都是东西流向，唯山东水系是南北流向，因而对于南北水系贯通起了决定性作用。当然这也得利于天赐地造之机。

现在人们都知道戴村坝—南旺分水枢纽工程是实现南北跨脊通航的典范。其实，从充分利用当时的水系、地势优势和人民群众的治水经验来说，运河通过山东地脊的途径本来可有多种选择，戴村坝—南旺分水方案并不是最佳的。例如，当时如果选择从济宁循洸河（历史航道）向北行，至宁阳堽城入大汶河，然后西行入大清河，可直接利用汶河和大清河实现通航：这段河道古来就有通舟楫的记载。最后，于东阿鱼山以南再向西北开渠至临清。这一线路，能最大程度地利用自然河流，只需人工开挖大清河至卫河间160里河道，不仅可以完全省去从济宁经南旺至临清长达450里的人工河道，而且“水脊”升得更高、航道位势落差更大，水量更充足，流水更通畅，尤其是大大避开了黄河决洪的冲犯，航运也会更安全。

我们知道，在当时运河的东南—西北方向上来说，南旺地势最高；但从东北—西南方向上来说南旺的地势却又是最低，其北边的戴村坝地势就比南旺高出15米之多（现在一说13米）。当时从戴村坝引汶水下南旺，实际上就是将汶水落差下降了15米，这就必然造成从南旺向北分流的势能大大减少，水势缓弱，因而成为张秋以北、东昌一带运道时常发生浅阻的重要原因。至于南旺以北运道经常受黄河冲犯的问题就更加突出，安山至张秋段一直是患险最多的河段，历史上南北运河的两次被淤废都是在这里发生的。设想当时如果直接利用汶河—大清河通航，根本就无须开挖济宁至临清 450 里的人工河道，也无须经戴村坝—南旺分水，那样就不会使向北的运道损失 15 米的位势落差。大运河的水脊就在宁阳堽城，其位势比南旺更高出 20 米以上（堽城坝比戴村坝约高 7 米）。可想而知，运河水量将会更加充足，水势更加强劲，亦会极大地避免黄河的冲犯。[①]

我们还知道，明代南阳新渠和泇运河的开挖就是为了避开黄河的冲漫，从而废弃泗运旧道，将运道向东移至位势较高的地带，由此使鲁南运河获得了新生。同样的道理，济宁以北的通运，如果当初向北移向汶河—大清河一线，不走南旺—临清低位势线路，那么大运河的命运必会是另一种样子。

当然，元代首开漕渠选择南旺线路是由当时的多种具体原因决定的，不可能离开历史背景看问题。[②] 而在经过数百年实践检验之后的今天，我们有可能以更加科学的眼光给予研究。

单从水利工程上看，戴村坝—南旺分水枢纽工程的确是一项伟大的杰作，所谓“七分下江南，三分朝天子”（一说“三分下江南，七分朝天子”等）是一种赞美之词，无可非议。但如果有人把其当作科学的说法，真的以为南旺分水“向北直通北京，向南流到江南”，则大谬矣！

如上所述，大运河全程 3500 多里，它连接六大水系，沿线济运的河流不下 20 条，全程运道实际上是分段供水、由沿线各条河流相互接力而延续的，其中没有任何一条河流的水是贯流全程的，尤以南旺分水来说更没有这么大的水量。从功能利用上看，它只是向北供水至临清、向南至任城。

我们知道，南旺分水引的是汶河水，汶河在出鲁中丘陵之后，到宁阳县堽城坝先分流了一部分水入洸河南下任城济运。到东平县戴村坝后，其主河仍是入大清河归海，只是分出一股入小汶河南下南旺，而在南旺又再南北分

① 参见姜传岗：《元代山东运河线路选择得失考》，《运河研究》2017 年第 4 期。
② 参见姜传岗：《元代山东运河线路选择得失考》，《运河研究》2017 年第 4 期。

流，其水量已经不大，却要向北供给至临清三四百里的运道——这是当时运河最缺水、漕船发生浅阻最多的一个河段。至今我们看到仅在临清市区的古运河上就有船闸遗址 5 处，当时目的之一就是控制汶水不向卫河流失。在这里只有船只经过时才灌塘开闸，而船只不过时就闭闸，以蓄住运道的水，“滴水不使空泄”。实际上，即使少量船只通过也不开闸，而是明文规定：“须积船二百余只方可启版，版启完即速过船，船过完即速闭版。”（《居济一得》卷二）由此可见控水十分严格。正如嘉庆《东昌府志》卷七载：“汶水自南旺分流，至此渐微，沿途置闸，启闭极严。”还说：运河以临清闸为界，“以南曰上河，汶水也；以北曰下河，卫水也”。可见其控水分明，绝没有上下通流的常规。这就是说，南旺分水向北只是流到临清，它连山东都出不了，更谈不上流到北京。临清以北的通航靠的全是卫河，属于海河水系。该河来自上流河南省，位势高、水量足，无论是隋唐运河还是元明清运河循的都是卫河，从未有山东水系过临清的事。即使卫河水，向北至多到天津就完全入了海，也无缘进入北京。山东水向北可直通北京，更是不可能的事。

同样，南旺分水向南只是济运到任城，由此就接到洸河，两水之间有天井闸和任城闸控制；洸河向南至鲁桥接入泗河，泗河向南至徐州接入黄河，其间有镇口闸和内华、古洪等闸控制（明嘉靖年间后泗运旧道废弃，新开南阳新渠和泇运河，至宿迁入黄河）；黄河向南则汇入淮河，并于淮安流入大海。这就是说，连黄河、淮河之水都过不了长江，山东之水又怎能够“下江南”？

历史表明，在六大水系中，山东水系居于黄河与海河水系之间，它在南北通航中的作用是特殊的、关键的。运船通过山东水脊是由上下诸闸间的技术性操作实现的，是一个系统性、群组性接力的过程，绝非一河一役之功。如果把运河过山东地脊只看成南旺分水的作用，那其实是把这一伟大科技工程小看了，简单化了！山东水系对于运河供水只是中间的一个区段，如果把山东的水看成“直通京杭”、全程通航“主要用的山东省的水”，则是对历史的极大误读。

目前，支持这种主要用山东水通航的主张是所谓“鲁南水北流”的观念。人们知道，由于受地势条件所决定，“鲁南水”自古以来都是向南流，从未有过向北流。但有专家竟认定历史上的鲁南水是有北流的。这种观念究竟是以何种客观事实为依据？实在令人疑惑！难道说是指的历史上的济水、广济河、赵王河（北支）等这些北流之河吗？然而，须知这些北流之河本是来自菏泽地区的“鲁西南之水”，而并不是“鲁南水”。更确切地说，这些北流之河实是来自上源的河南省，而并不属于山东水系。这里把“鲁南”与“鲁西南”、“河南水系”与“山东水系”相混同起来是极大的错乱。其实，即使济水、广济河等在宋代之后由于自然条件变化也早就消失了。尤其是自清末黄河铜瓦厢大决口改道山东之后，赵王河这条最后的北流之河也消失了。在目前，即使黄河南岸的郓城、梁山县境的地表水也都是顺地势向南流，最终汇入南四湖，再没有任何北流之水。所谓“鲁南水北流”完全是一种虚假的幻想，更是对山东水系的误解！

从当前实际出发，科学规划大运河通航的水源配置方案

历史俱往矣。自清末100多年以来山东环境面貌经历了巨变，山东水系发生了根本改变：一是黄河改道山东，大运河断航；二是自然环境发生变化，总的来说是干旱少雨。目前地下水位已下降至数十米，泉水停涌屡见不鲜。历史上那种雨雪丰沛、河流纵横、城乡坑坑塘塘都有水、许多地方掘地就涌水的“泉河之乡”景象已再难见到。泉水消失，则河湖无源，历史上的河、湖或消失（如“北六湖”）或成为季节性的，连汶、泗之河一年中也有八九个月断流，历史上形成的山东水系现已基本消失。

目前山东处于干旱缺水状况，正如21世纪初山东省政府在一份文件中所说：全省淡水资源总量为305.82亿立方米，仅占全国水资源总量的1.1%，人均水资源占有量和亩均水资源占有量都只是全国平均占有量的1/6。山东已成为目前“我国北方严重缺水的地区之一”。

另外还应看到，新中国成立以来的经济发展、科技进步和水利建设的伟大成就给我们保护自然环境、大范围调控水资源提供了有利条件。由于对黄河的治理取得了决定性胜利，黄河已从害河变成了利河；又由于当代南水北调工程的实施，山东和华北用上了长江水，北方水资源状况得到改善。在国家振兴科技发展的新时代，重启南北运河复航工程的时机已经到来。

今日运河复航，显然要从当前的客观实际出发，充分利用现实的水利条件，不可照搬历史模式。能否清楚认识山东的省情，尤其是水资源状况，科学精准地设计制定通航方案，是目前摆在山东面前的一项重大课题。

目前山东省内有专家主张“鲁水通运论”，即“实现鲁水北流”，认为“恢复大运河通航必须依靠山东的水源”。[①] 具体就是以南四湖、东平湖通运，“开通穿黄隧道，直输京津”。这不仅可解决通航问题，“一水贯通南北”，而且可解决整个华北地区干旱缺水问题，包括“支援雄安新区建设”，“建立以自流京杭运河为骨干的自流灌溉网和航运网”，“服务京津、润泽华北”，等等。

“鲁水通运论”其目标、气魄可谓远大，宣讲多年，目前颇具影响。然而，此论的可行性很值得讨论。根本问题是：今日山东究竟有水北输实现通运吗？南四湖之水能够北输吗？

“鲁水通运论”者处处讲的所谓“鲁水”“山东水源”，究竟是指什么？其始终未讲清楚，给人的只是一种虚空、抽象的概念。我们知道，历史上的“鲁水”就是指发源于山东本地的泉水而形成的河流和湖泊，即“山东水系”的水。而现在这种水已经不存在了。目前虽然原有的一些河道、湖泊仍然还在，但须知“河”“湖”与“水”并不是相同的概念，“河”“湖”更不同于“水源”。把目前存在的河、湖当成水源是虚假的。

“鲁水”“山东水源”当然也不是黄河水和南水北调的水，因为它们都是外来水。所谓“鲁水”“山东水源”目前实际上只能是山东的大气降水。

从全国降水量分布来看，山东与甘肃、陕西、山西、豫北、河北、天津、北京等地的年均降水量为500～700毫米，属于降水量较少的地区，大大低于相邻的江苏（1200毫米）、安徽（1000毫米）、河南（800毫米以上）。与河北和北京、天津相比较，山东年均降水量虽然稍多几十毫米（2016年为658.3毫米，属平水年份），但由于山东省近半面积是丘陵地形，中间高而四周低，像一个锅盖形状，因此雨季地表水向四周流失特别严重。地表水向东、向北都流入大海，向西流入黄河后也入了海，向南则流入江苏省，而留在当地和渗入地下的水却较少。相比而言，河北省等地区就没有这个突出问题，那里由于地形比较平缓，

---

① 参见李殿魁：《治水新论》，科学技术文献出版社2016年版，第179、190页。

地表水入境的多、出境的少，西部太行山、南部河南省的水都往河北平原流，并且大部分水渗入土壤中。因此说，山东的干旱缺水实际上比京津冀地区严重得多，尤其是对于鲁中丘陵地区来说更是这样。目前以所谓“鲁水”“山东水源”的状况实在承担不了向外输水、开发航运的重任。

自从山东丘陵地区的大量泉水消失以后，南四湖、东平湖实际上已成无源之湖——湖中储存的只是天上的降水。每当雨季周边的河流下淌，给湖区注满了水，而到冬春之季就干涸，成为季节湖。自20世纪八九十年代以来湖区百姓都见证了屡次发生的干湖现象，每年都停航几个月，为保湖区生态有时靠引流黄河水给予补救。数十年来，南四湖、东平湖连自身和梁济运河的通航问题都解决不了，又怎能向北输水至华北，并解整个华北地区干旱缺水之困?

若讲干旱缺水，作为山东人应该知道，沂蒙山区和鲁中丘陵地区比华北平原严重得多。在这里，半数以上的水库干枯，地下水位已下降至数十米之深，禾苗枯焦浇不上水，连人畜饮水都困难，其旱情远超过周边各省区。我们知道，在鲁南每年汛期都有二三十亿立方米的“雨洪”流出省外，这其实正是以沂蒙山地区的严重干旱为代价的。采取措施尽可能多的留蓄这些水、使其少些南排入海，显然是水利部门所应努力做到的。然而须知这些“雨洪”本来都是包括在沂蒙山地区的降水量之内的，即使将其全部留蓄起来，也改变不了沂蒙山地区缺水的基本事实。具有正常思维的人都会明白：现在即使沂沭河和南四湖增蓄了水，也应首先考虑本省的抗旱问题。南四湖连其附近沂蒙山地区的干旱缺水都解决不了，它又有何能千里跋涉到华北去抗旱?!

诚然，近几年来人们欣喜地看到南四湖、东平湖都常年充水了，济宁至东平湖航道也贯通了，但须知这是国家南水北调工程引来的长江水，而并不是山东自身的水资源。其实南水北调工程给山东的供水量是有额度的，即包括生态用水、城市用水、工农业用水等，其中并没有向华北通运的水。有人所谓“形成以南四湖为北部京杭运河通航的可靠水源”，完全是空话。南四湖本身缺少水源，尚靠南水北调补水，它拿什么充当“北部京杭运河通航的可靠水源”?!

中办、国办印发的《大运河文化保护传承利用规划纲要》，在关于北部运河“水资源优化配置”方案中明确列出：通惠河、北运河通水是利用北京地区的河流和城区排水；南运河（天津至临清）“主要利用上游卫运河下泄水、漳卫河汛期洪涝水、沿河周边城镇再生水”，“适当利用南水北调（中线）等外调水”；会通河“黄河以北河段，主要利用南水北调东线输水及黄河引水，在南水北调东线工程非输水期可利用本地地表水及周边城镇的再生水”；等等。我们看到，这种水资源配置方案是比较科学合理的。但这里压根就没有提利用山东水源通运的意思。对于南四湖、东平湖也只是规划“改善调蓄能力”。

由此说明，国家对山东的水资源状况是清楚明白的：北部运河通水通航仍然沿循自然水系和历史源流，临清以北仍利用卫河上游的水；山东是被补水对象，没有输水任务。然而我们看到，倒是山东的有些专家不明就里，虚构出本省水源丰富的事实，力争要输水外流，解决整个华北地区的干旱缺水问题。

有论者说：北运河的水源向来以山东为主，只要把大汶河、东平湖的水引入临清卫河，北运河复航就成功了。[①] 这话清楚说明“鲁水通运论”者对北运河的事实并不了解，令人惊诧！其竟然不知道临清卫河向来流淌的只是上游河南省的水，从未有什么汶水过临清济运的事；而北运河向来是利用来自北京等地的河流，与山东的水毫不沾边，根本不可能有什么“北运河向来以山东水为主”的事实。众所周知，按照国家京津冀协同发展规划，目前从北京至天津的北运河已经成功实现了通水通游（旅游通航），哪里还需要等待汶河、东平湖的水前去复航呢?!

所谓“鲁南之水北流，直输京津”更是异想天开。历史上鲁南水系从来都是向南流，受地势北高南低决定，任何时候都不可能向北倒流。事实是，一直以来南四湖之水连济宁向北通航都无法解决，又何谈过黄河远输京津?莫说南四湖现在只靠南水北调补水，即使有水，又岂能向北爬高自流?假设南四湖之水能够向北自流到临清，那么历史上还需要从南旺分水吗?不要说鲁南之水根本流不到京津，如前所述，即便南旺的汶水也只能流到临清。而即便是临清以北来自河南的卫漳之水，也只能流到天津并全部入了海，而无法再向北流。因为天津海河底海拔只有二三米，北京地区包括雄安新区和整个河北省地势都大大高于天津，这一带几乎所有的河流和泄水包括北运河都

① 参见李殿魁：《治水新论》，科学技术文献出版社 2016 年版，第 179、190 页。

向天津海河流，南运河之水又岂能由此向北和向西“自流”供水？总之，即使作再多的假设，也绝对实现不了使南四湖之水向北自流、输水到天津和北京的想法。

河南省北部降水量同山东省差不多，但就其全省来说却远高于山东省。尤其是其南部紧靠丹江口水库，该省引用长江水极其便利。丹江口水库海拔高度为170米，向北落差很大，开闸就能向北自流供水，不仅能解决本省用水问题，而且穿过黄河一直顺流至河北、北京和天津。现在南水北调中线输水线路已经通到邢台、石家庄和保定以北，完全走的是高位势线路，设计供水区覆盖京津冀全地区。该地区的引江线路从西向东与当地水系自然流向完全一致。现在许多河流包括白洋淀都已经通了水，向卫漳河供水变得更加容易。

据央视《新闻联播》2019年3月10日报道，由国家发改委批准的河南濮阳引黄入冀补淀工程也实现了通水，黄河水穿过卫河经邯郸等地一直输到了白洋淀和雄安新区，并向滏阳河、漳河、卫河、南运河、衡水湖、南大港等河流、湖泊实施生态补水。

相比河南、河北，山东没有这种水优势，又有何条件取代卫漳河输水？有何资格争当向华北供水的大户？即便能拿南水北调东线之水通运，仅就其输水线路位势太低这一点来说，北京也根本用不上来自山东的水。而至今有的山东专家仍大言要使南四湖之水穿黄河、夺卫河输水给华北，“服务京津、润泽华北”，“建立自流灌溉网和航运网”等，其想法如此简单、离谱，这在河北、北京人听来也只有苦笑的份了。

山东究竟是缺水还是丰水，是向内引水还是向外输水，这是两种根本不同的治水通运理念和方向，对此有必要深入开展讨论。其关键在于要树立一种端正、严实的科学态度，否则要制定出正确的方案是不可能的。

［本文曾刊于《聊城大学学报》（社会科学版）2020年第4期，有修改］

“京杭运河断航造成华北平原缺水”吗？

——对一种治水兴运论断的质疑

在目前山东省关于治水兴运的理论中，笔者看到一个著名的论断：不是华北缺水造成京杭运河断航，是京杭运河断航造成华北平原缺水。① 对此，立论者多次宣讲，诸多专家学者引述、赞赏，这也成为一句颇有影响力的名言。

然而在笔者看来，这一论断在历史事实和逻辑上包含着诸多悖谬。在此谈谈个人的看法以供研讨。

上述论断涉及两个客观事实：“京杭运河断航”与“华北平原缺水”。前者发生在清末，后者发生在现代，二者相隔100多年，从根本上说它们之间没有因果关系。运河主要是人们的一种引水利用方式，它只是“流”而不是“源”。一条运河对于增强地区间的航运能力、改善沿线的水利条件和环境生态状况等无疑具有巨大作用，但因其水量较小，任何时候它也不会对一个广大区域的水源状况产生重大影响。例如黄河千百年来从黄土高原上穿过，是否改变了整个陕北高原的干旱缺水状况呢？没有！运河水量与黄河无法相比，运河的存废岂可根本改变整个华北地区的水情状况?!

根据有关专家的阐述，所谓“京杭运河断航造成华北平原缺水”，其明确所指是因山东运河的断流，也就是说“鲁水”向北断流、“单向南排”而造成华北平原京津冀地区缺水。② 这就更加远不及意，是事实上的错乱。

稍微了解一些历史的人都知道，历史上从鲁北至华北运河的通航从来都是利用包括卫河在内的海河水系的水，从未有鲁水向华北输水的事实。可以

① 参见李殿魁：《为科技治水兴运立论》，《运河研究》2016年第4期。

② 参见李殿魁：《贯通京杭运河是实现华北平原洪水资源化和生态平衡的关键》，2017年7月30日在山东省第三届运河论坛上的讲话。

说鲁水与整个华北京津冀平原是否干旱缺水没有因果关系。

从中国的水系分布上看，整个山东省北部和华北地区都属于海河水系。该地区处于太行山东麓，地势向东倾下。由于历史上北方降水量比较丰富，从太行山余脉下注的泉水和雨水流经晋冀鲁豫地区，形成许多河流，这些河流向东先后汇聚于海河，由此流入渤海。其中光流经鲁北的就有马颊河、徒骇河、漳卫河等，其水量都十分丰富。尤其是卫河，发源于河南省卫辉一带，先后经过山东省的临清、德州进入河北省，又流向天津，入海河，其水量浩大汹涌。历史上的北部运河，无论是隋唐运河（永济渠），还是元明清运河都是利用的卫河。

所谓山东水系，是指以鲁中丘陵地带的大量泉水为源而形成的河流和湖泊。其中鲁南的许多河流都向南流入淮河水系。唯有汶河是自东向西流的一条河，该河流至梁山泊腹地与来自西南的济水相汇合，然后向北流，称为大清河，在东阿和平阴绕过泰山西脉后折向东北，至利津入海。还有源于泰山北麓的小清河，亦是向东流入渤海等。这里从未有鲁水流出山东，更无向北输水入河北的事实。

自元代始京杭运河经过山东。元明清通运，南北两端利用的都是自然河流，而在中间这一段由于地势较高，却是全凭山东的水源得以贯通。其鲁南诸河，如泗、洸、白马、沂、沙、薛等河皆顺势向南流，入淮河归海。其向北济运的只是从戴村坝—南旺分水的汶河。汶水北至临清，从而接通了济宁至临清这段运河，因而在南北运河贯通中起了重要的枢纽作用。当时的汶水出泰莱山区后其实是被一分为四：一由堽城坝分水南下入洸河，至济宁济运；二由戴村坝—南旺分水向南流于济宁济运；三由南旺向北流于临清接卫河；四由戴村坝下仍循原河道入大清河归海。因此说汶水向临清输水的水量并不大，只是接通南旺至临清这一段三四百里的运道而已。即便如此也常有水不够用的问题，致使张秋之北东昌这段运河常有浅塞现象。如清代的治河名臣张伯行在其《居济一得》一书中就明确说："数十年来每遇天旱，东昌一带辄有胶舟之患，粮运迟滞职是故也。"以至有河臣还建言从卫河引水向南增济东昌这段运河。由此说明汶水向北济运的水量并不大；当时它连安山至东昌一带的漕运供水都力所难及，更谈不上对临清以北卫运河有什么影响。而且卫运河上还建有水闸来控制两水之间的交流。就整个山东水系来说，其与海河水系相比水量也小得多，二者之间基本上没有交流关系，鲁水向北连德州地区都没有进，又何言其向华北断流，造成华北地区的干旱缺水？目前看到有不少专家都呼吁所谓“恢复南旺分水”，要使“鲁水直输天津”，并解决“整个华北地区的干旱缺水问题”等。持此论者误读历史之甚，不能不令人诧异。

究竟是什么原因造成历史上京杭大运河断航？有关专家只说“不是”华北缺水造成运河断航，却并未说明“是”什么原因造成运河断航，而后者恰是需要今日弄清楚的重要历史事实。

了解运河历史的人们都知道，清末京杭运河断航其直接的原因是由于黄河徙来山东。咸丰五年（1855年）黄河于兰阳铜瓦厢大决口流来山东，于张秋镇之南至十里堡之间约20里的区域内横穿运河，将运河截成两段，由此有了“河南运河”“河北运河”之分。从此汶水即断绝了向北运河输水。但是这时南北漕运并未完全废止，穿黄北岸（至临清）以“借黄行运”又维持了40多年，其间清政府的东河总督和山东巡抚为每年漕船过山东进行了艰苦不懈地疏治，多次改变漕运路径，但终因不能解决黄河之北运道的淤塞问题而于光绪二十七年（1901年）罢废了治理，由此南北运河中断，至今已有100多年的历史。现在我们有必要以历史的眼光看问题：运河过黄河在今天都是一个难以解决的复杂问题，要求前人在当时条件下解决穿黄通运更是不可想象的。我们无理由苛责前人。

我们还应该知道，在南北运河断航之后，北部运河自临清经德州至天津仍是通航的。为此清末、民国时期都曾对这段运道进行过部分疏治。尤其是自新中国成立以来更进行过多次大型修治，包括新挖河道、截弯取直、增建大型通航设施等。因此，直到20世纪70年代之前卫运河仍是通航的，除了木帆船外还可通行300吨驳船和100马力机轮，光在60年代德州段年货运量就达125.5万吨，年客运量达2万人次。[①]

在南北运河断航之后，北部运河之所以仍能通航，根本在于当时整个华

① 参见卞锡华：《运河南北通水复航将为德州经济带来诸多利益》，《山东社会科学》2016年12月增刊。

北海河水系水源仍很丰富：卫河以及滦河、滹沱河、永定河、徒骇河、马颊河等北方各河流常年水势汹涌，白洋淀之水仍浩渺广瀚，海河仍频繁泛滥等。直至20世纪五六十年代之前整个华北地区总体上并无干旱缺水之虞，而只有诸河泛滥之患。过来的人们都记得1963年那场涉及河北、天津地区的大水灾：太行山之东地区连降暴雨，所有河流湖泊溢涨，洪水造成143个县受灾，35个县被围困，死亡达数千人，京广、津浦铁路中断等，为历史记载上所未有。事实说明南北运河断航并未导致华北地区出现干旱缺水的情况，所谓“京杭运河断航造成华北平原缺水”的论断是毫无根据的，显然存在事实和逻辑上的谬误。

山东和整个华北地区干旱缺水，实是20世纪六七十年代之后的事情。由于降水量减少，加上现代工农业用水和人民生活用水大量增加，以及浪费用水、对水资源缺少保护、过度开采地下水等，造成晋、豫、冀、鲁等整个北方地区全局性干旱缺水。地下水位越降越低，泉水停涌，河流逐渐干涸或断流。北方著名的大河如卫河、徒骇河、滹沱河等都成为季节河。在这种背景下，北部运河才断航。事实说明，北部运河断航的根本原因是海河流域的干旱缺水，其中更具决定性的因素是发源于豫北的卫河断流。华北缺水是因，卫河断航是果。正如卞锡华先生在文章中所说：“（卫运河）在七十年代末因河道常年干涸而停航，运河变成了季节性河流。”[①] 就北部运河来说，所谓“不是华北缺水造成京杭运河断航”之论是罔顾事实的。

鲁南之水单向南排，自古以来就是如此。这本是客观规律决定的，水往低处流，不依人的主观意志而改变。鲁南地势北高南低，按历史上的说法仅南旺就比济宁“高三丈有奇”，而比沽头（位于江苏省沛县）更是高达百尺。据现在的数据，梁山县北部海拔又比南旺高出3.5米，在这种地势上鲁南之水不可能向北自流。须知历史上鲁西南地区，包括单县、金乡、鱼台、郓城、巨野、梁山等县涝灾非常严重，当时治水的主要目标就是排涝救灾。为此在新中国成立之初开挖了梁济运河和湖西的多条河流，正是利用了水向南流的

---

① 卞锡华：《运河南北通水复航将为德州经济带来诸多利益》，《山东社会科学》2016年12月增刊。

条件，引水南排归海，才使该地区百姓避免了历年的涝灾之祸。由于自然环境的变迁，现在干旱缺水成为主要矛盾，水变成宝贵资源，但以今天的水资源短缺并不能否认历史上水多为患的事实，不能否定当时排涝治水的正确性。当代治水显然要面对当代的主要矛盾，为此国家实施了南水北调工程，鲁水不仅不再向南排（除汛期超过警戒线外），而且还从长江调水补充，这正是治水从客观实际出发的正确做法。

有专家说："洪水单向南排"是"造成京杭运河长期断航和华北平原缺水的直接的、最重要原因"[①]。因此，该专家提出目前要使鲁水北输，过黄河供北部运河复航，并解决整个华北地区的干旱缺水问题："开通京杭运河穿黄隧道，让南四湖、东平湖的水自流至天津"，"恢复大运河航运必须依靠山东的水资源"."彻底实现鲁水北流"，"服务京津、润泽华北"[②]。之前论述已清楚说明，鲁水与"京杭运河断航和华北平原缺水"根本没有关系。历史上鲁水并无北输，只有南流。目前山东已成为缺水区，成为国家南水北调的供水区，在这种情况下更没有余水向北输出并解决整个华北地区的干旱缺水问题。鲁水若真的如此充裕，又何须南水北调向山东省补水呢?

专家是否知道，若论缺水情况，鲁中丘陵、沂蒙山地区远超过河北省和天津市，许多地区禾苗干枯，连群众吃水都困难。我们连本省的干旱缺水问题都解决不了，又岂能奢谈拯救华北!

总之，京杭运河断航、山东和华北干旱缺水、"南北分治"等，从根本上说这些都是自然条件的变化造成的，前人为治水做出了艰苦不懈的努力。但是我们看到，有专家把这种变化完全归咎为前人的错误：什么"清政府治水错误"，什么"民国政府治水错误"，还有"苏联专家、黄河水利委员会、水利部治水失误"等，从而根本抹杀了百年来自然环境条件改变这一客观事实，更抹杀了前人治水所取得的成就。甚至把新中国成立以来修建的重大水利工程、至今发挥着重大作用的梁济运河和位山引黄工程等都说成是错误的，南水北调工程也是"将错就错"，等等。笔者认为，这里不是前人的错误，而恰

---

① 李殿魁：《贯通京杭运河是实现华北平原洪水资源化和生态平衡的关键》，2017 年 7 月 30 日在山东省第三届运河论坛上的讲话。

② 李殿魁：《治黄兴运历史回顾和未来展望》，《运河研究》2015 年第 4 期。

是某些专家自己的思维出现了问题。他们连基本的历史事实都弄不清楚，更谈不上制定出正确的治水兴运方略了。

诚然，我们目前正面临北部运河复航的历史重任，实现这一伟大战略最需要的是科学求实精神。按照客观规律，北部运河的水源问题显然应从海河水系的综合治理中得到解决，其中尤以重启卫河复航为关键，所谓“鲁水北输论”是行不通的。现在京津冀豫地区正在对海河水系展开积极治理，有些河段已经复流，加之南水北调工程开始向华北输水，这些都为北部运河复航提供了客观条件。

看到有专家提出于上游河南省由南水北调中线向卫河输水，使卫河复航等，这种设想都是可行的。最近从央视新闻（2018 年 5 月 5 日）获悉，南水北调中线工程已开始向白洋淀输水，按规划将使淀内水位保持在 6.5～7 米。由此说明，如果以南水北调中线之水补给北部运河，也完全是行得通的。而所谓“鲁水北调”，其现实的踪影又在哪里？

总之，笔者认为我们只要节约用水，保护和综合利用好水资源，积极进行统筹，搞好“空间均衡”，积极总结古今治水经验，北部通航的水源问题是完全可以解决的，而一切脱离实际的虚妄、空洞之词都只能是误导。

（本文曾刊于《运河研究》2018 年第 2 期，有修改）

附图：

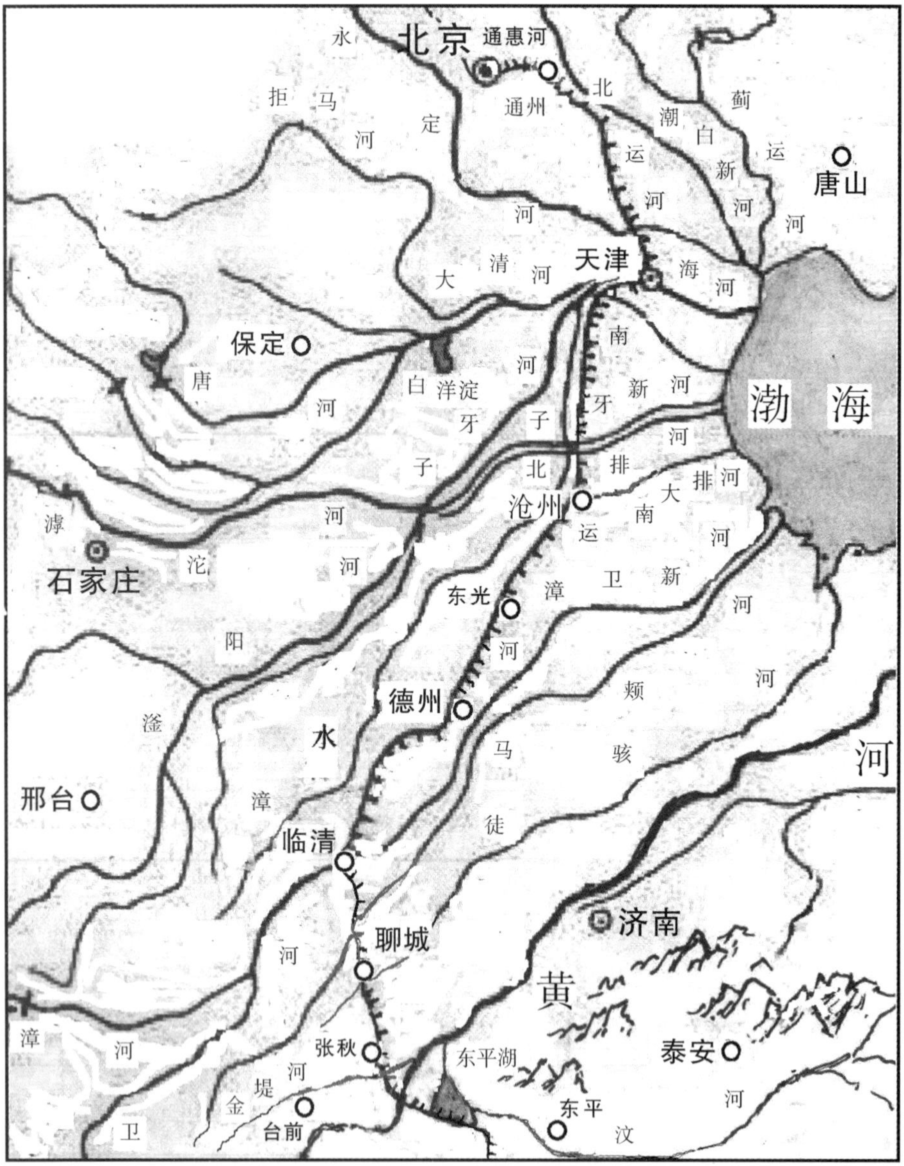

北部运河与海河水系示意图

戴村坝—南旺分水工程能够恢复吗？

从相关会议报道上多次看到有领导和专家提出“恢复戴村坝—南旺分水工程”的主张。如有专家说：“中国科技水平最高的水利工程是戴村坝、南旺闸”，“现在仍不过时”，因此要“恢复和发展戴村坝、南旺枢纽工程的运行，建成山东的现代都江堰”等。①

对此，笔者提出：戴村坝—南旺分水工程能够恢复吗？

毋庸置疑，戴村坝—南旺分水工程在京杭大运河开通中具有决定性地位，它充分体现出中国古代劳动人民治水的智慧和能力，称得上是中国科技史上的一项杰出成就。现在，作为世界文化遗产中国大运河中的一处重要遗址，它具有重大的历史文化意义，需要得到保护和修复。但是，如果无视目前的实际情况和需要，硬要恢复其分水、通航的水利功能，则完全是不切实际的空谈。

应该看到，百年以来梁山泊地区和济宁一带已发生了沧桑巨变，天时地利条件与历史上已有根本不同。古代南旺分水，完全是由当时的漕运需要以及南旺的特殊水情、地势决定的。当时的南旺，既有汶上县东北境和宁阳县西部的数十道泉水下流，奔流不息，又有源于泰莱山区的大汶河从戴村坝遏流至此，四面尽水，因而水源极其丰盛，运河得以在此向南北分流。而如今的南旺，既无历史上的水源之利，又无当时的“水脊”之势。上流的泉水完全断涌，而且年降水量大大减少，所有河、沟干涸，滴水无存。目前大汶河已变成一条季节河，大半年无流水，连供东平湖保持其生态水位都不够（现在主要依赖南水北调补水），哪有余水输往南旺！而小汶河也早在20世纪60年代初因汶上县防洪需要而被堵死，河道消失，再无输水作用。如果要恢复

① 参见李殿魁：《为科技治水兴运立论》，《运河研究》2016年第4期；《治水新论》，科学技术文献出版社2016年版，第291页。

旧运河，应该首先说明水从何来、无水怎能通运。

如今的南旺，两端的运河故道早已踪迹无觅，而现在的新运河远离故道八里之遥。百年来受黄河决洪冲积影响，梁山泊地区地势已大大高于南旺，现在即使南旺有水，它也不能再向北流，而只能向南流，因而其分水功能已完全丧失。目前要重开戴村坝固然不难，但大汶河是否有水外输、水输南旺后究竟起什么作用、南旺上下是否还有通航条件，这些问题必然是首先要回答的。

在新中国成立后，人们立足于当时的实际情况和需要，自济宁向北掐弯取直，挖了一条新河——梁济运河。约半个世纪以来，该河在排涝（排泄郓城、梁山一带的涝水入南四湖）以及引黄灌溉等多方面都发挥了重大作用。但令人遗憾的是，当时开新河却完全抛离了运河故道，使南旺等大批历史遗迹被远弃于航线之外，尤其是在南水北调东线工程建设中，梁济运河又得到进一步升级改造，建成能够通行千吨以上船舶的三级航道，成为一条名副其实的运河。该运河无论在规模、建制还是在功能作用等各方面都是历史上的老运河所无法相比的。既然现在已形成这样一条通航运河，那么有必要将其废弃再恢复老运河通航吗？

据有关方面的资料显示，现在南旺的运底高程是 37 米，北部东平湖正常水位高程是 42 米，后者比前者高出 5 米之多。现在从南旺的梁济运河向东平湖输水要经过邓楼和八里湾两级提水。这就是说，从运河的纵向来说，水脊之地已不在南旺，而移向东平湖，东平湖的位势已与相邻的黄河基本持平。东平湖如果充满了水，由此既可自流于黄河，又可向北过黄河自流于天津和向东流于胶东地区。从调水、分流、通运意义上说，今日东平湖已完全具有历史上南旺水脊的位势、功能。在这里大汶河的泄水与南水北调东线的输水相汇合，水源充足，直接形成调水、蓄水、通航的客观条件。即使南旺故道要复河通水，它也只能从东平湖引水，经南旺顺流于济宁，而绝不可能从南旺再向北分流。

旧运河遭废弃，南旺退出历史，完全是百年来客观环境的变化造成的，不是以人的主观意志为转移的，更不是由某一时期的“治水失误”所致。时移世易，不可逆转。

戴村坝—南旺分水工程，作为一项宝贵的历史遗产永远是我们民族的骄傲，在今天无疑应该给予大力保护，包括将一些设施和纪念物重建等都是必要的，但这与复建水利工程并重新恢复其分水功能是根本不同的。至于其能否与2000多年来一直发挥着作用的都江堰水利工程相提并论，并称其为“中国科技水平最高的水利工程”，笔者不予置评。但在今天的实际情况和环境条件下，戴村—南旺分水工程不再具有水利枢纽的地位，不可能再现古代的盛况，更没有条件“发展为山东现代的都江堰”。

当年的戴村—南旺分水工程虽然遗址还在，但物已非。天道运行，地历沧桑，时光前进如江河奔流，不可往复。看当今的水利工程犹有移山倒海、调动江河之功，足使任何古代工程相形见绌，如南水北调工程就是一个史无前例的创举。如果我们只留恋昔日的成功，而无视现实的恢宏，必然会再现古代“刻舟求剑”的故事。正如水利部国家南水北调规划设计管理局副总工程师韩亦方同志2006年在杭州召开的京杭运河申遗科技论证会上所说：“戴村坝、南旺闸过时了。”这话是有充分道理的，值得我们深思。

（本文曾刊于《运河研究》2017年第2期，有修改）

山东运河通航的客观条件谈

2019 年 2 月，中办、国办印发《大运河文化保护传承利用规划纲要》，大运河全程复航工程得到越来越多人的关注。如何从技术层面上制定通航方案成为一项迫切的任务。山东省处于京杭大运河全线复航和穿黄的决定性地位，更有人说“运河通不通，关键在山东”。而山东运河通航方案的制定又取决于是否认清了当地存在的客观条件，任何奇思妙想都必须以客观实际为检验。为此本文做以下研讨和讲述，以供专家和决策者参考。

历史的启迪

河流形成的最基本条件有二，即水源和地势，二者缺一不可。

河流的实体是水，没有水形不成河。但水还必须是充分的、持续的，水量少或者不能持续供给，都不能形成一条河。

水流动的条件是地势，地势即地面的高低差别，其表达名称是落差。水只有在一定落差的地表上才会形成河流。“水往低处流”是自然界不可违背的客观规律。所谓“一定的落差”，是说落差太大、太小都不行。落差太大，犹如山洪下泄，水流过快，使水量不能持续，不能形成河流；如果落差太小，近乎平地，水只能聚集不动，形成湖泽，也不会形成河流。

无论是自然河流还是人工河渠，都必须满足以上两个基本条件，只要有充足的水源，又有适当的地势落差，河渠就会自然形成，否则都是不可能的。

历史上山东大运河的贯通正是巧妙地利用了当时的水情和地势两大客观条件。京杭大运河全长 3500 多里，在山东省的两端利用的都是自然河流：济宁以南利用洸河、泗河行运，向南接黄淮到达江南；临清以北接卫河入海河水系，到达天津、北京等，唯有中间济宁至临清一段 450 里无河可借，必须以人工开挖。但是由于这一段中间跨越泰山余脉，地势中间高两端低，任何河流都无法通过。这一度成为困扰元廷的重大难题，致使元世祖在至元十三年（1276年）谕决“穿济州漕渠”后六年间未能动工。后来经过进一步考察，发现在该段居于最高位置上的南旺恰巧有一片水域——南旺湖，该湖又是以汶上县东北部的大量泉水为源，自古以来水量充足。这样，从该湖向两边开河，就使湖水自然顺地势向南北两面分流，南至任城接洸河，北至安民山入大清河。不久又由安民山直通至临清入卫河，从而实现了京杭大运河全线贯通。

元代运河的开通实是巧妙地利用了当地特殊的客观条件：在最高地势上恰有一个南旺湖存在，被称作“水脊”，由此向两边开河，就把南北两端的河流连通起来，从而使大运河在中间高两面低的地势上通过。据《明史·河渠志》记载，南旺“北至临清三百里，地降九十尺”；“南至镇口（一说沽头——引者注）三百九十里，地降百十有六尺”。正是由于南旺与济宁和临清之间的这种地势落差，使运河通航由“不能”变“能”，由大碍变大利。对于大运河过南旺，人们都说是河流穿“水脊”而过，但实质上是由同一水源地分别向南北开挖了两条不同流向的河。大运河正是由不同流向的两条河连接而成，既充分利用了自然条件，又充分体现了古人的高超智慧和技术，不愧为古代水利史上的杰作，其宝贵经验永远值得后人借鉴。

至明代，由于运河航运量大大增加，运河开挖规模更大，仅靠南旺湖供水已远远不够，当时主持开河的宋礼又采用白英之计从大汶河开建戴村坝工程，遏汶水至南旺济运，并新建了安山湖作为水柜等，从而大大增扩了运河的水源。这种行水格局直至清末基本未有改变。

百年来的沧桑巨变

自清末以来，山东省自然环境发生了重大变化。其最显著者有二：一是黄河徙来山东。黄河不但直接造成京杭大运河的废弃，而且三年两泛、洪涝灾害频发，彻底涂改了鲁西北平原的地貌，将绿野变成黄沙，更使沿河一带和梁山泊地区地势逐渐隆起。黄河长时期浊浪汹涌，水流量、水位极不稳定，泛滥频繁，水中多含泥沙，河床多发淤积和改变等。这对于大运河的复航来说无疑是一道难以逾越的鸿沟。二是气象条件变化，干旱少雨，水源短缺。从 20 世纪七八十年代以来鲁中丘陵地区的泉水几乎全部停涌，原来作为运河水源的汶、泗诸河大多干涸或变成季节河，南旺三湖完全消失等，历史上大运河通航的客观条件已不复存在。

百年来山东环境条件虽然发生了不利的变化，但是还应看到，自新中国成立以后党和国家带领人民开展了艰苦卓绝的治水斗争，半个多世纪以来水利建设取得了伟大成就，对黄河的治理取得了决定性胜利等。其客观优势条件也逐渐显现出来：一是通过对黄河的一系列治理，使黄河结束了几千年来泛滥无束的历史，河道、水位均保持了基本稳定，已安澜了数十年，现在河水流量、淤沙等在一定程度上都处于被管控之中，黄河调沙、清淤等技术的运用，更使河道淤积等问题得到一定程度缓解等。黄河水的综合利用取得了显著成果，害河变成了利河。黄河状况的重大改变，使南北通航不再有不可逾越的障碍。二是本世纪以来国家启动了南水北调输水工程，东线、中线都初步实现了通水成功，为山东、河南调来了长江水。南四湖、东平湖和梁济运河的水量得到补充，而且实现了水运贯通。黄河以北和华北地区的缺水问题初步缓解，黄河水量也将会得到进一步补充和调节等。黄河以北至华北运河通航的水源问题也可以调配解决。

以上两项伟大成就使山东水情产生了重大变化，对于大运河复航具有决定性意义。加之现代生产力发展和科技进步，目前大运河南北贯通的客观条件和时机已经成熟，重启大运河全程复航工程，不会再有大的困难。

但是如何设计通运方案等，成为需要深入调研和解决的当务之急。它无疑对今人的智慧和勇气是一种现实的考验。

认清山东水情是规划运河通航的前提

由于山东、华北的环境条件已与历史上有很大不同，因此今天的运河复航不可能再重复历史上的方式。我们应当从当前实际情况出发，充分利用现有水利建设的成果，实事求是、科学、创造性地制定通运方案。

其实，自清末南北大运河断航以来，各个时期都曾有一些有识之士呼吁过大运河复航，从国民党政府到新中国成立后也曾实施过几次运河通航的工程，但都因当时客观条件不具备以及缺乏正确的思路和方案而作罢。其失败的原因之一是在水源和地势利用上一直存在着照搬历史的思路，就像至今仍有专家主张“恢复戴村坝—南旺分水枢纽工程”以实现运河复航，殊不知现在大汶河已经成为季节河，无水输往南旺；由于北部黄河和梁山泊地区地势隆起，已大大超过南旺，南旺已不再是“水脊”之地。目前，南旺不要说无水，就是有水也不再具有分水功能。现实告诉我们，完全照搬历史并不能解决今天的问题。

在历史上，山东省曾经是水源十分丰富的地区，鲁中丘陵地区有大量泉水，汶、泗等诸河流都是因泉水汇流而形成，它们正是当时大运河贯通的根本条件。但是由于现代气象条件和社会生产条件的变化，干旱少雨，各地的泉水几乎全部停涌，山东成为严重缺水的省份。目前的河、湖从形式上看起来仍然存在，但水却变得不同，多是季节性的，连满足当地生态环境需要都不够，更无法提供通运造河之水。

目前有专家提出所谓“用山东的水通运”，具体说就是以南四湖、东平湖等作为向北通航的水源，所谓“开挖穿黄隧道，一水直通京津”等，此见同样是脱离实际不可行的。

应该知道，南四湖、东平湖在历史上从未成为过向北通航的水源，在今天水源短缺的情况下更无水输运。在元明时期京杭大运河自济宁向南是利用的洸河、泗河行运，参与济水的还有白马河、沙河、薛河等。当时南四湖尚未出现。东平湖出现的时间更晚，是在黄河来山东、南北运河断航以后形成的，从来与京杭大运河无缘。南四湖是在明清时期黄河泛滥夺泗的情况下逐渐形成的，在这期间因漕运多发患险，运道又被迫改迁于南阳新渠和泇运河一线，离开了南四湖，仍以洸、泗、白马、沙、薛、泇等诸泉河为源。直至清末大运河断航，南四湖从未有对大运河产生过供水作用。现在的湖中航线是在新中国成立后的20世纪70年代开通的，自此南四湖才承担了航运和向南输水济运的作用，但在冬春季却经常发生枯水甚至干湖现象，每年都要停航几个月。其间，往往还要靠引用黄河水补湖，以保护湖中生态。半个多世纪以来，水利和航运部门曾几次对济宁以北的梁济运河进行通航改造，但终未成功。直到南水北调工程通水成功后，得益于江水补济，南四湖、东平湖才常年保持了正常蓄水水位，梁济运河才实现了水运贯通。事实说明，若没有南水北调补水，南四湖、东平湖连自身的正常水位都不能保持，更莫说向北部运河供水。所谓以南四湖、东平湖作为运河通航水源的主张完全是对山东水情认识不清的体现。

山东省缺少水源，要实现运河通航必须靠引用外来水。山东省最主要的外来水源首先是黄河，其次是南水北调水。如前所述，得益于新中国对黄河治理的成功治理，目前黄河的状况有了根本性改变，加之南水北调工程初步成功，更给山东和华北引来了长江水。南水北调对山东省水情起到"补短板"作用，大大改变了山东缺水的状况。当前规划山东运河通航，做好引用部分黄河水和南水北调水的文章显然是最现实、科学的思路。

我们看到，在中办、国办印发的《大运河文化保护传承利用规划纲要》中，关于大运河"水资源优化配置"明确列出方案：会通河"黄河以北河段，主要利用南水北调东线输水及黄河引水，在南水北调东线工程非输水期可利用本地地表水及周边城镇的再生水。黄河以南河段，实施东平湖与南四湖连通工程，改善调蓄能力"。这里确定的山东水资源配置方案如此切合实际、科学合理，实令人赞佩。文件中还明确列出了四种水，即南水北调水、黄河引水、本地地表水、城镇再生水。这些水都是可以管控的水，对于济运造河来说更为安全、便利，也更有保证。如何具体筹划这四种水的利用，显然是我们在制定通运方案时应重点关注的内容。

值得注意的是，在《大运河文化保护传承利用规划纲要》中丝毫没有"利用山东水源通运"的意思，对于南四湖、东平湖也只是实施它们之间的"连通工程"和"改善调蓄能力"。这说明国家层面对山东的水资源状况是清楚明白的：山东是被补水目标，没有输水任务。然而，倒是有些专家不明就里，一直持有利用南四湖、东平湖水向北通运的主张，虚构出山东省水源丰富的事实，极力主张山东输水外流。如此思维不清，必然会阻碍山东通运方案的制定。当前，只有把认识统一到高层决策上来，才能为正确制定通运方案提供前提和基础。

正确地利用地势条件是通航的前提

现在很多人都把黄河视作南北通航的巨大障碍，说什么“悬河”“高岸”等，对其望而生畏。因此，有人设计出各种企图避开黄河的奇思妙方。如“穿黄隧道”“架槽”“升船机”等，不是从黄河底下穿过，就是从黄河上面跨越，都是不敢直接与黄河相通。

但在笔者看来，黄河的地势高亢非但不是南北通航的障碍，反而是可资利用的条件；如果没有黄河，今日运河复航将会更加困难。

其一，黄河沿线地势隆起，与南北两边地势形成显著落差，提供了向两边开河顺流的有利条件。相反，如果没有这种落差，在目前鲁西平原上将无法造出一条贯通南北的河流。

其二，黄河提供了可资通航的水源，同历史上的南旺“水脊”道理一样，由此向两边开河分水，就可使南北航运贯通。今日黄河远比当初的汶河水资源充足。

我们知道，当初南旺“水脊”是京杭大运河得以贯通的天然条件，因此成就了古代水利工程中的杰作。焉不知今天的黄河“水脊”同样可以成为南北通航的“地利”之机吗？不仅如此，而且黄河的“水脊”比南旺更高，水源更充足、利用更直接，关键是位置更适中——该处几乎位于济宁至临清正中。今天是否能够利用这种“地利”优势，取决于我们有无古人的那种勇气和智慧！

正是由于目前黄河一带地势高亢，由此向北开河通水十分便利。如北岸张秋镇以南地势目前比临清市高出 10 多米，由此沿运河故道向西北引水，将十分顺畅。相反如果没有这条黄河，该地区向北的地势坡降很小，那将无法形成一条河流。这从历史上鲁西的自然河流都是向东流而全然不会向北流就可以证明。目前所谓之“悬河”，实质上是积蓄了一种强大势能，提供了向北开河的有利条件。看位山引黄干渠，半个多世纪以来畅流不息；南水北调东线输水干渠直流至河北省等，此前类似工程都是成功的，又何忧重新疏通一条大运河?!

这种地利条件同样适用于黄河以南。我们看到，目前在黄河以南自东平湖至南四湖借助南水北调东线工程已经实现了通航。但其航线走的是三级泵站提水渠道，不能不说大大失去了古运河的原貌。本来，这段运河是完全可以从东平湖向南沿老运河故道，经南旺顺流至济宁的。我们知道，东平湖本是黄河的衍生水体，目前湖底基本与黄河持平，同样处于“水脊”之位，其有汶河、黄河、南水北调工程供水，水源充足。如果由东平湖向南疏通老运河故道，湖水就可自流到济宁和南四湖，工程将十分容易完成，而且能真正保留京杭大运河的原貌。可惜目前并未通航到黄河，东平湖运河故道虽西距黄河只10多里，但至今仍未将之接通。因此，目前我们还无法说“黄河以南运河通航完全实现”。

“穿黄隧道”方案之误

多年来，有诸多专家赞同“穿黄隧道”通航方案，其主要内容是引南四湖水和鲁南水向北通运，直流输水至京津等。

但是，鲁南总地势是北高南低，这一带河流自古以来都是向南流，从未向北流。现在北部黄河两岸比南四湖上级湖高出十米之多，不可能打造出一条向北流的河流。对此“穿黄隧道”方案设计者不甘心作罢，又提出深挖河道，“降河开隧”，使运河从黄河底穿过的方案，以为这样就可削去黄河一带高地，使水由南四湖直通至临清卫河。

此方案自是大胆、奇妙，但稍做实际考察，就会发现它是根本行不通的。

我们知道，南四湖上级湖与临清相距250公里，但在海拔高度上两地却相差无几。据2021年汛期水利部门发布的水文数据，临清卫河的最高水位是34.99米，南四湖上级湖的最高水位是34.78米，两地之间的水位差不多，而卫河水位还略高一些。这就决定了在两地之间不能直通造河。即使将其全程挖通，河道中的水也是不会向北流动的，甚至卫河水有时还可能向南倒灌。这种造河方案无疑是不可行的。

而按照“穿黄隧道”方案设计专家的说法，南四湖底海拔是28米，临清卫河底海拔是25米，将两地开河挖通后就可使湖水向北直输临清卫河。

然而，即使依照上述提供的数据，那么南四湖与临清卫河之间的落差也只有 3 米，其河程是 250 公里，计算可知其比降率是 0.012‰，即是说在 1 公里的河道里两端落差只有 1 厘米多！我们知道，地球上一般河流的比降率是 0.10‰，只有在此落差下才能使水正常流动，如本地区黄河的比降率是 0.12‰，马颊河的比降率是 0.10‰，而南四湖与临清之间的比降率只有一般河流的十分之一。落差如此之微小，是不足以形成一条河流的。任何人都不妨做一个试验，在一段长 1 公里、两边落差只有 1 厘米的平地或路面上，看下雨天是否有水流动的现象？这本是常识问题，无须专家们论证。

当然，这里说明的情况还必须是以所挖河道呈绝对直线和河底平整为条件的，如果有任何弯曲或河底不平情况，那么其比降率连 0.012‰也达不到，如此微小的落差在挖河中实际上是可以忽略的。即使其比降率再增加一倍，即 0.02‰，河道里也不会出现水流动的现象。

或许有人会说：那么历史上济宁至临清之间的运河是如何通水的呢？如前所述，那是因为当时两地之间有一个南旺高地存在，由于该处地势隆起，使南北两向产生较大落差，水才自然向两边分流，从而把南北河流接通。据历史文献记载，当时南旺分水处至临清是“三百里，地降九十尺”，看起来落差不小。但依今天考证，那是极其夸大的说法，实际上当时两地落差也只有八九米，即河流比降率约为 0.06‰，实属偏小。这正是造成当时北部运河水势缓弱，船行多发浅涩的根本原因。正如历史文献中记载所说，“东昌一带在在浅阻”，“东昌一带仍苦水小，每有胶舟之患”等。而今日造河者企图把两地间的“水脊”完全削去，“降河开隧”，使河道比降率削至只及当时的五分之一，近乎平地。这就从根本上消灭了通水的可能，必致数百里河道成为死水沟，通水通航终无成。

其实，决定两地间水流动的因素并不是河底的高低，而是地势和水位的高低。尽管临清卫河的河底比较低，河床比较深，但勘察可以知道当地的地面海拔高度和卫河通水时的正常水位却并不低，其与南四湖上级湖相差无几，正常水位约 32 米，汛期最高水位约 35 米。两者之间并未有落差，根本不能直通造河。

“降河开隧”方案看起来是避开了黄河，但实际上仍避不开黄河。根据常识，要想使穿黄隧洞的水向临清卫河流，其水位必须高于卫河，否则卫河水必然向南倒灌，吞没隧洞。这里不说隧洞水位必须要比卫河水位保持多少米的高差，只依卫河汛期的水位来说也需 34 米以上。按照穿黄隧道方案设计者的主张，隧道地址是在梁济运河北端的国那里黄河，这里的黄河底高程是 39 米，这就是说，运河水面距黄河底只有 5 米。根据我国《内河通航标准》，三级航道水上船舶加上顶上的空间至少需要 7 米，这就完全说明，黄河底下根本没有运河穿过的空间，更莫说运河与黄河底之间还必须要有几十米坚厚的隔离层。“隧道穿黄”方案如此不切实际，实是异想天开！

事实与常识说明，所谓“降河开隧”，使大运河从黄河底穿过，直通南北的方案是绝然行不通的；充分利用现实条件，因地势开河，黄运平接，建闸穿黄才是唯一科学的思路。在国家战略方针的指引下，山东大运河全线通航目标定会早日实现。

（本文写于 2021 年 12 月，有修改）

大运河过黄河的船闸方案略述

大运河南北通航，其难点是过黄河问题。为此专家们提出了多种方案，如“穿黄隧道”“架槽”“升船机”等，使船只或从黄河底穿过，或从黄河上部拖过。结合考察和调研，笔者认为这些“奇思妙想”都是脱离实际、不可行的。依今日黄河状况和我国经济技术条件，实施运河穿黄工程并不是多么困难、复杂的事情，只需修建船闸即可实现。大运河里的船只从南向北通行，都要借助一道道的船闸帮助，包括过长江、穿海河等靠的都是船闸，其同样能够以此方式过黄河。其大略如下所述。

一、穿黄客观条件目前已经具备

自清末南北运河断航100多年来，各个时期都曾对大运河复航做出过努力，但都因当时客观条件不具备和经济、技术能力落后等而未能实现。经过新中国半个多世纪水利建设的伟大实践，尤其是改革开放以来经济、科技事业的巨大发展和进步，目前大运河穿黄通航的客观条件已经具备。

首先，新中国半个多世纪以来治黄工程取得了决定性胜利，黄河的状况发生了根本改变。经过一系列治理，黄河结束了几千年来泛滥无束的历史，河道、水位保持了基本稳定，已实现了数十年安澜。现在黄河水流量、淤积等在一定程度上处于被管控之中，调沙、沉沙等技术的运用，更使河道淤积等问题能够初步解决等。今日黄河已非昔日可比，害河变成了利河，它不仅不再是运河通航的障碍，而且成为通航可资利用的条件。

其次，现在国家实施的南水北调工程取得阶段性成功。其东线、中线分别为山东、河南、河北、京津地区调来了长江水，华北地区的缺水问题得到了一定缓解，黄河水量也将会得到进一步补充和调节。黄河以南和以北的通航水源都是可以调配解决的。

现代生产力发展和科技进步为穿黄奠定了物质和技术基础，可以说目前实施大运河穿黄工程不会再有不可克服的困难。

二、运河复航线路和穿黄地址选择

运河复航线路和穿黄地址的选择是贯彻通航要求的重大体现，能最直观地反映应该打造一条什么样的运河。

根据《大运河文化保护传承利用规划纲要》（以下简称《纲要》）和国家相关要求，今日大运河建设最根本的是“打造大运河文化带”，把我们祖先留下的这一宝贵遗产“保护好、传承好、利用好”，使大运河这一古代文明成果在今天重放光彩等。

坚持“打造大运河文化带”“文化是主线，是灵魂”的理念，今日运河复航线路必然是要沿循历史线路。《纲要》多处强调的“原真性”和“完整性”、“保护历史风貌”、认真搞好“实体认定”等是对大运河复航河道的一个基本要求。其开宗明义指出：“本规划纲要所指大运河由京杭大运河、隋唐大运河、浙东运河现有和历史上最近使用的主河道构成。”这里所说的“现有”和“历史上最近使用的主河道”显然是对于祖先遗留下来的遗产运河来说的，而不是指现代所开挖的新运河。在《纲要》中多处列出在山东段就是“会通河”，其“历史上最近使用的主河道”显然就是会通河明清故道。

《纲要》还明确说明：大运河的“载体是大运河沿线的运河文物遗存、水工遗存、运河附属遗存以及其他关联遗存，是大运河千年历史的真实印记”。如果离开了运河故道沿线这些原有的城镇、古村庄和各类历史遗存、“真实印记”等被称为“载体”的存在，其就不能被称为真正的运河——绝不能以为随便在哪里开一条新河就可称其为“运河”，尤其是“京杭大运河”。《纲要》明确要求：要按照“河为线，城为珠，线穿珠，珠带面”的思路规划复航线路。这就意味着现在复航仍应沿循历史线路和故道，沿线运河古镇、历史街区和村庄等一个也不应该被抛离，否则就失去了运河复航的“真实性”和“完整性”，也背离了运河复航的根本意义。

考察得知，现在从东平县大安山向西北行（于东平湖中），经八里湾、湖西戴家庙至十里堡村，这一段就是明清会通河故道的线路；再向西北过黄河进入现在的河南省台前县，至沙湾即合入元代会通河故道，向北至阳谷县张秋镇重入山东境，跨越鲁豫两省。该线路是京杭大运河唯一的一段跨黄河线路，也是漕运史上实施“治河保运”方略之最具典型意义的河段。[①] 因此，今日运河穿黄仍应尊重历史，选址在清末黄河穿运处——现在的东平县十里堡与台前县姜家庄之间的黄河上。这样才能在最大程度上保持运河复航的原真性和历史文化意义，也为山东与河南两省在运河复航中实现合作和协同提供着力点。

有专家主张，把运河穿黄地址选在位山、国那里等地，岂不知这两处从来都不是运河的所经之地，本与运河毫无关系。它们所处的河道“梁济运河”和“位临运河”（实称“三干渠”）本是新中国成立以来新挖的引水干渠，从未通过航（虽有通航改造，但并未成功），更无任何历史文化遗迹。因此，把它们作为运河穿黄地址，根本上违背运河复航的“原真性”原则和“打造大运河文化带”的要求，实不可取。

三、黄运平交的两岸形势和穿黄可行性

许多专家认为，目前的黄河地势高亢，是“悬河”，无法实施平交穿黄。

然而，他们并不了解目前的东平湖和该段黄河（呈南北流向）东岸的广大地势也是高的，黄河对于东平湖一带地势来说并不“悬”，而是基本持平：运河由东平湖完全可以顺平进入黄河。

据相关资料，东平湖中间的湖底海拔高度是 38 米，而与其处平行位置的

① 戴家庙至张秋镇运河段，全长 12 公里，历史上处于西南黄河向北决口和曹濮诸州县泄水入海的必经之路，水系穿插错综，为明清时期南北漕运的“要津”和最大患险段，也即“治河保运”实践的中心地带，运河史上著名的沙湾、八里庙就在这个河段。历史上许多著名的治水能臣，如明代徐有贞、刘大夏、白昂，清代阎廷谟、铁保、丁宝桢、王念孙等都曾在此领导治水，涌现出许多可歌可泣、惊心动魄的治水事迹。该段运河历史文化资源十分丰富，运河两岸闸、坝、桥鳞次栉比，水工设施和祭祀建筑、碑石等遗存密布，如通源闸、积水闸、减水闸、滚水坝、五空桥、大河神祠、感应神祠、治水官衙以及明清碑群等，古迹、遗存之多为运河沿线少有。

黄河底海拔高度也是 38 米（±0.5 米），两水底海拔高度基本一致。据权威部门勘察提供，目前东平湖水位在正常情况下不仅不低于相邻的黄河水位，而且还略高于黄河水位。

比较两边的水位，东平湖与黄河通常都是 41 米，而在汛期分别可达到 42 米、43 米。可得的数据都清楚说明，目前东平湖与黄河之间地势、水位状况完全符合平交穿黄的条件。

东平湖本是黄河的衍生水体，二者同处于“水脊”，都具有向两边分流通航的功能。东平湖原是汶河、汇河和当地地表水的汇聚之潴，尤其是自南水北调东线通水成功之后，又得到长江水的补济，水源变得更加充足，能够常年保持正常水位。这不仅为黄河以南运河复航提供了良好的供水条件，而且为实施穿黄工程提供了可行性。

目前，从大安山向西至戴家庙京杭大运河故道全在东平湖中，出湖后至十里堡黄河只有 6 公里。而如今戴家庙的一段运河故道还完整存在，只要把这段故道重新疏通，运河即可直接进入黄河。

在黄河北岸，形势与南岸有所不同：黄河相对居高，略有些“悬”。总地势是南高北低，这恰为引黄通航提供了难得的条件。据相关资料，张秋镇以北的阳谷—聊城段京杭大运河故道海拔高度在 34 米上下，这比台前县夹河乡的黄河底低 4 米。如果在姜家庄穿黄处破堤开河，河水即可出“水脊”沿运道自然北流，十分畅通，经张秋镇可直流聊城等。可以说，北部运河通航没有什么重大难题。试想一下，如果没有黄河及其造就的位势优势，今日要在鲁西大地上打造一条北流之河就会十分困难。

四、穿黄运道的规制设计

有专家主张，运河复航设计“起点要高”，航道级别设计三级，有的还主张二级。对于这些观点，笔者颇不以为然。

以笔者之见，复航运道的级别、规模设计，应严格贯彻《纲要》关于大运河的“功能定位”和“原真性”规定，着眼于最大程度保留运河“历史风貌”和“风韵”，坚持“共抓大保护、不搞大开发”，“节水第一”和实事求是等原则，绝不可盲目追求“超前”和高规制。

《纲要》明确规定，大运河的“功能定位”是“打造璀璨文化带、绿色生态带、缤纷旅游带”，而在“三带”中又以“文化”为中心、为引领。“功能定位”中并未有发展航运的内容。《纲要》还特别强调要保留大运河的“原真性”“历史风貌”“风韵”等。这些都要求复航运河要更接近历史文化，不必盲目扩大规模。须知新挖河道越宽广越会更多地失去大运河历史面貌，这既不利于沿线古迹的保护，其呈现的也不是“历史印记”中的大运河。

黄河以北与黄河以南在客观条件和环境上差异较大，总的来说干旱缺水，而且公路、铁路交通发达，河运需求不强等，因此在规模上不必与黄河以南的运河相同。黄河以南运河是以航运为中心，航道级别是二级和三级，目前黄河以北的水源状况、农地状况、物流需求等都承受不住这么大的开发规模。

现在山东段黄河水量不足，而且滩宽水浅，艾山以上大部分河道全年中有半年以上水深不足 2 米，冬春季中有两三个月水深仅有 1 米。目前莫要说三级以上航道，就是以四级航道设计（水深 2.5 米），也根本不能穿黄，无法实现南北运河贯通。

我们看到，《纲要》并未对黄河以北运河的规制和航道级别做具体规定，而是要求结合实际深入调研，进行“可行性和技术经济性”论证等，体现了一种负责和实事求是的态度。综合各种因素，笔者认为黄河以北运河和穿黄航道以五级为宜，即河阔 30～40 米，水深 1.6～2.0 米，船载重 300 吨等。即使这种规制，其也超过了京杭大运河历史上的最大规模——据查清代大运河船舶最大载重约 1000 石，约合今 60 吨，即是说是清代船舶载重的 5 倍之多。今 300 吨船载量，相当于 10 辆货车的载重量（30 吨），运量已属不小，完全可以满足任何旅游团和一般货物运输的需要。与此同时，还要考虑到黄河以北并无这么大的水运需求。以五级航道标准开河，就可基本上将工程局限在大运河故道上，不必新征农地。这既能做到最大限度地保护运河文物和实现“打造璀璨文化带、绿色生态带、缤纷旅游带”的目标，又能极大地节约水源、农地和资金等，是最负责、最现实、最稳妥的安排。

五、穿黄工程要旨

黄河南岸的运河穿黄是清水进入黄河，这与运河入长江、入海河的形势是一样的，其船闸工程不存在什么特殊之处，国内经验亦有很多。其实这个问题也是前人早就解决过的问题。清末山东巡抚丁宝桢于黄河南岸主持修建的十里堡运河入黄闸①，一直使用了 27 年，基本上没发生过大问题。这种工程在今天实施起来会更容易，具体方案也会更加科学完善。

黄河南岸运河入黄闸工程的作用是实现东平湖水与黄河的贯通。十里堡入黄闸规制可设计为四级（比航道规制大些），即闸室有效尺度宽 12 米、长 150 米，槛上水深 2.5 米，闸塘底 39 米，闸塘设计水位 44 米，在湖、河通常水位下船只可顺流驶入黄河，导航河道、停泊段分别长 150 米、300 米等。当然，此处为非技术设想，具体设计应参照工程标准。

另外再建泵站一座，以备在黄河高水位时提升清水灌塘。在通航过程中，应始终保持运河水位略高于黄河水位，以使黄水不向运道倒灌。

我们所说运河穿黄，是指船舶过黄河，而并不意味着运河水通流于黄河。因此，基本上无须增加多少东平湖的调水指标。湖水与河水对接而相互不发生通流，这只有通过船闸方式的运作才可以实现。

黄河北岸运河形势与南岸不同，是黄水输入于运河，黄水单向北流。这里的工程只需修一处节制闸。闸室有效尺度宽 10 米、长 150 米，水深 2.5 米，闸底 38 米，闸塘设计水位 42～43 米。其功能操作更为简便，主要是在黄河水涨时控制其入运的流量，而在通常水位下即可开闸任由往来船只在两河之间通行。

黄河北岸引黄通运，主要技术难题是解决黄水淤积运道的问题。这个问

---

① 十里堡运河入黄闸于清光绪元年（1875 年）开工，次年建成，为山东巡抚丁宝桢奏请清廷所建，共拨银 3 万两，以石、灰等筑砌闸座，柏木下桩等。其主要作用是“蓄汶御黄”，保证南运河船只顺利入黄河。据 1992 年版《梁山县水利志》，该闸“东西槽洞长十米，深八米”。该闸运行了 27 年，后因黄河北岸运河淤积问题得不到解决而废弃。在 27 年中该闸作用发挥基本正常。主要问题是当有的年份黄水小时，闸前有淤沙五六十丈，船不能过。当时解决的措施是以汶水攻沙，“于滩面设法抽沟一道，直达黄河深处，并于两面筑做土堰”，“借汶水浮送船只前进”等。

题在历史上是一个未得解决的难题。在清末黄河穿运的40多年中，前人采取的办法就是每年用大量人工对运道清淤。上年清了次年又淤，淤了再清。久而久之运河两岸积土如山，人力难以继续向上堆土，而遇雨淋岸边堆土又冲入运道，使运道淤泥更难以清浚，其劳费愈加不赀。最后，终使漕运被迫放弃。

很可贵的是，早在新中国成立之初，前人就进行了大量“引黄通航”的探索，典型的工程是20世纪60年代在梁济运河北端国那里修建的引黄通航闸①，进行了多次运河通黄河的试验，虽然因无法解决黄水淤积等问题而最终未得成功，但其工程性质和目的与今日是相同的，即同是“引黄通航”，只不过是由黄河南岸移到今日北岸而已。当时我国尚处在“文化大革命”时期，人们竟有如此胆识、勇气和智慧进行这样伟大的探索，不能不令人赞佩！如今已过去半个世纪，作为站在前人肩膀上的后人，重新面对老问题，难道不该有新的作为吗？

更应该知道，今日的情况已远非昔比：一是黄河含沙量已比历史上减少一半，淤积问题大大减轻；二是河道清淤已全部采用机械，如挖泥船、吸泥机之类，只需一趟驶过，积淤即可送上岸，无需耗费太多人力；三是目前黄土已成为可以利用的建筑材料，同河沙一样，用途广泛，如筑堤、修路、压碱、坑道回填、烧窑砖等，当地售价已达每立方米五六元，可以肯定今后还会上升。清淤形成的黄土不仅不再是一个难以处理的问题，而且还是一笔不小的收益。

这样南北运河的船舶都可以进入黄河，不仅可以南北往来，而且可以浮黄河向上游或下游行驶等，一张四通八达的水上交通网可望建立起来。

需要说明的是，这里讲目前运河穿黄的客观条件完全具备，并不意味着没有什么问题和难题，实际上问题也是存在的，如数十年来在黄河治理中只

---

① 1967年春山东省实施梁济运河通航改造工程，按六级航道标准设计施工。1968年汛期大水时曾实现济宁至梁山间的通航。1968年3月在梁山县北部的国那里黄河岸动工修建“引黄通航船闸”，该闸于1972年12月完工，闸室长130米，宽12米，深1.5米。1976年进行了三次船舶自黄河过闸入梁济运河的试验，但黄河泥沙淤积船闸，加之处于黄河险工地段，上闸首在竣工之后曾出现渗水，为保防洪安全，于1980年6月进行封堵，1989年拆除。

强调防洪防险而不重视利用，对原来河道进行了大量改造，致使目前山东黄河普遍存在河床过宽，弯道、浅滩太多，不顺直，水浅、流速慢等突出问题。这对于滩地有效利用，以及河道行水、船舶穿黄等都是不利的。但这个问题在目前条件下是完全可以解决的，只需对穿黄处河床进行一些调整改造，使之变窄、变深即可。我们有理由相信，经过河道改造，运河全年10个月的穿黄期是能够得到保证的。

只要大力加强该工程的精心策划、统一领导，各相关部门、方面通力合作、协同一致，大运河南北贯通的宏伟目标定会在我们当代实现！

（本文曾刊于《运河研究》2019年第1期，有修改）

附图：

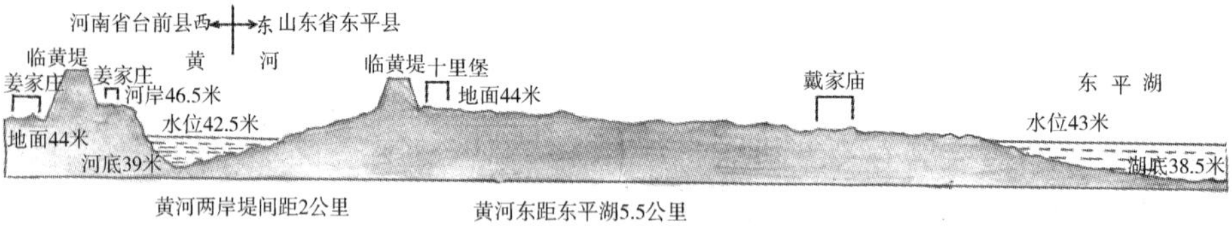

黄河东岸至东平湖

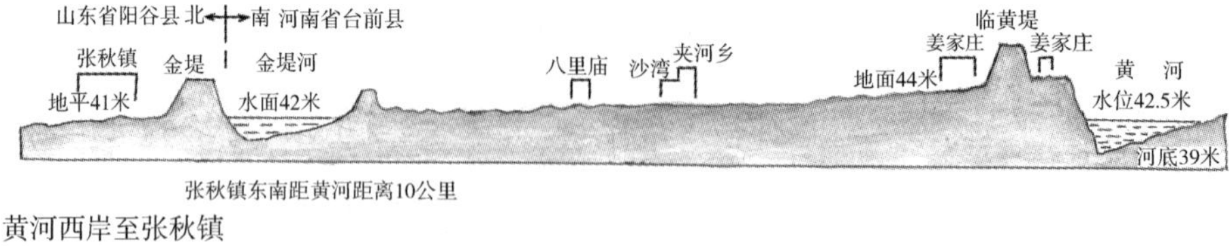

黄河西岸至张秋镇

运河穿黄两岸地形图示

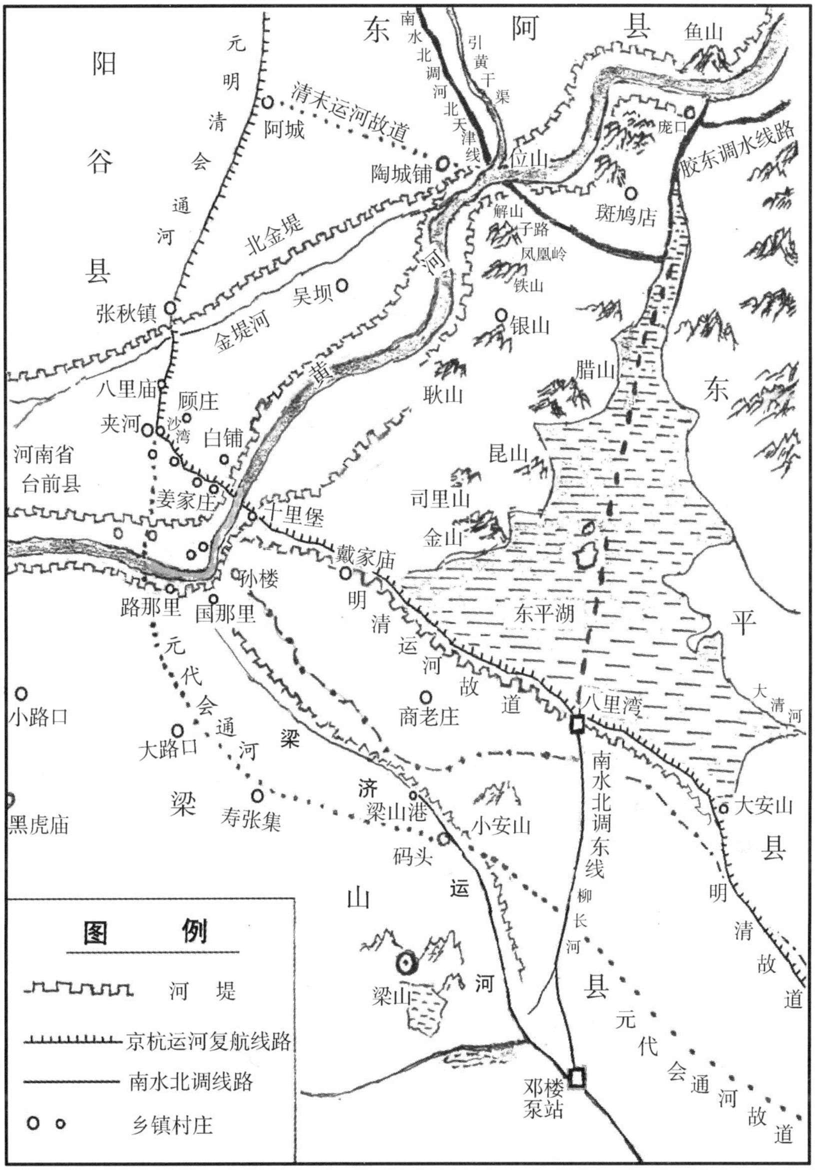

京杭大运河全程复航过黄河示意图

黄河穿运处遗址——姜家庄（近岸）与十里堡（彼岸）今照

黄河穿运处遗址——十里堡（右岸）与姜家庄（左岸）之间

附录：

大运河该如何穿黄？

自2021年国家文化公园建设工作领导小组印发《大运河国家文化公园建设保护规划》后，如何将大运河建设成为新时代宣传中国形象、展示中华文明、彰显文化自信的亮丽名片，引起了全社会的关注。大运河的全线通航，也引起了前所未有的热烈讨论。

事实上近年来，“京杭大运河全线通航”这一话题一直备受关注。在大运河黄河以南、以北段相继恢复通航的情况下，全线通航的关键在于运河过黄（河）问题。

历史地理学家邹逸麟认为，纵观历史，京杭大运河与黄河可以说既是“亲家”，又是“冤家”：运河离不开黄河，但最终也为黄河所毁，成了传统社会无法解决的矛盾。而今，随着我国经济、科技事业的巨大发展和进步，大运河与黄河再次“结亲”并顺势完成运河过黄，条件已经具备。

治黄、南水北调创造利好

2021年8月，山东省交通运输厅在答复省政协委员建议时表示：“要解决穿黄这一制约通航的关键问题，经初步分析，穿黄在技术上是可行的，但还需进一步深入研究论证。”同时，山东省交通运输厅在答复中还表示：“同意您提出的大运河线路，我厅在修编内河航道布局规划时，也是选择位临运河、卫运河和南运河线路。”

历史上，大运河与黄河分合数次。1855年黄河夺大清河改道，由江苏云梯关入海变为由山东利津入海，与运河形成交叉，阻断了会通河的北流水源，京杭大运河山东段以黄河为界逐渐成为无法贯通的南北两段。

在黄河改道初期，大运河经过抢救治理仍可通航，即在黄河穿运处筑坝设闸，“借黄济运”，大运河在山东十里堡穿黄而过，在张秋镇入运河，经阿城、聊城至临清入卫运河北上。水情较好时，黄河的船只可以通过，南达江淮。此时的运道时通时阻，给漕运带来不少困难。首先十里堡和张秋镇必须建大闸防洪，以免黄河水灌运淤积；其次，粮船穿黄河时，要避开洪峰。后来，清政府放弃运河漕粮运输，运河航道多处淤阻。到20世纪40年代，民间小船改由安山至东平湖东清河门入黄河，河道弯多水浅，稍大船只无法航行，最终于10多年后逐渐淤废。

新中国成立之后，为实现黄河与京杭大运河有效贯通，山东省曾组织建设入黄船闸。入黄船闸又称国那里船闸，位于山东省梁山县国那里附近的黄河南岸，全长130米，闸室宽12米，1972年基本完工。1976年进行船舶自黄河过闸入京杭大运河的试验，但黄河泥沙淤积对船闸运营影响非常大，加之处于黄河险工地段，上闸首在竣工之后曾出现渗水，虽经加固但隐患未除；1980年6月，实施汛前土坝围堵工程，9月竣工后停用；1989年拆除。

此后，围绕大运河穿越黄河问题，专家们提出多种方案，如利用“穿黄隧道”“架槽”“升船机”等，使船只或从黄河底穿过，或从黄河上部拖过。在济宁市委党校教授、山东省运河经济文化研究中心专家组成员姜传岗看来，这些设想尚需商榷。通过多年的考察和调研，他认为以今天的经济、技术条件，实施运河穿黄工程并不是多么困难复杂的事情，只需依靠船闸工程便可实现。

“新中国成立以后，多年的治黄工程取得了决定性胜利，黄河的状况发生了根本改变。黄河结束了几千年来泛滥无束的历史，河道、水位保持了长期稳定，现在河水流量、淤沙等都处于被管控之中；黄河调沙、沉沙等技术的运用，更使河道淤积等问题能够解决。今日黄河已非昔日可比，它不仅不再是运河通航的障碍，而且成为通航可资利用的条件。”姜传岗说。

“黄河安”是通航的基础条件之一。姜传岗指出，南水北调工程东线、中线分别为山东、河南、河北、京津地区调来了长江水，华北地区的缺水问题得到了一定缓解，黄河水量也将会得到进一步补充和调节，“黄河以南和以北的通航水源都是可以调配解决的”。

“在黄河以南，目前南水北调东线工程已输水至东平湖，并建成了三级航道，东平湖已实现了常年盈水，老运河由此引水复航将十分便利；在黄河以北，从临清向北历史上向来是利用的卫河通航，现在仍应遵循这一自然水系和历史源流，从上流河南省启动漳卫河复流工程。从临清向南至黄河一段运河，是会通河故道，无论是引黄河水还是南水北调水都十分便利。这样，南北两段运河通航的水源都是有充分保证的。”姜传岗介绍。

隧洞方案可行吗？

当运河需要穿越另外一条河流时，一般有平交、立交两种方式。其中，平交有是否在河流穿越点下游建坝壅水两类方案，立交也有从河流上面穿越或从河底下面穿越的方案。以京杭大运河与长江交汇为例，京杭大运河在江北的入江口在扬州附近的六圩，在江南的入江口在镇江附近的谏壁。两河交汇并非严格意义上的“十”字形，从北岸汇入长江的运河水，沿江向东流一段后，拐弯进入谏壁运河河道，向南奔向苏州、浙江等地。

京杭大运河呈一定夹角过长江，实际上是人类智慧与大自然构造的巧妙结合。运河水从江北汇入长江后，借助江水向东流动的力量，顺势进入南流的大运河，为航船“助力”。长江与京杭大运河水位不同，可以通过船闸来调节水位，保证船只顺利通行。

对于黄河与京杭大运河的交汇，业界有不同声音。有专家提议，京杭大运河穿越黄河，可采取隧道方式。中交水运规划设计院有限公司高工闵朝斌认为，通航隧洞一般用于地形高峻、为开挖渠道需要减少土石方工程量的地方，或与其他河流交汇、为避免干扰需要在其下方穿越的地方。通航隧洞的工程条件比公路隧洞、铁路隧洞要求高，不仅需要采光、通风，而且工程地质、水文地质要求高。由于基础处理困难，一般不能建在含水层和易产生不均匀沉降的软基上，以确保不渗水。同时进出口应具有良好的地形条件，既要与原运河平顺连接，保证隧洞直线布置，又要有足够开阔的场地布置引航道和锚泊地等。显然，京杭大运河穿黄工程不宜采用通航隧洞方案。

姜传岗同样认为，穿黄隧道不可行，“根据位山穿黄工程的勘察，隧洞要在黄河底以下 70 多米深的岩层中才可开凿。水从这种隧洞里流过，实际上是

'倒虹吸'技术的运用，它只能解决运河水过黄河的问题。但船舶不等于潜艇，岂能在一个U形管道中钻水？航船也不同于火车、汽车可以从下沉的隧洞中穿过”。

考察历史上大运河与黄河交汇的地点，结合当下现实，姜传岗认为可以采用平交船闸穿黄的方式。“穿黄工程应充分考虑黄河南北运河航道的衔接，黄河南北的大运河在航道级别、船舶规制、运河功能等方面应有所差别。最根本的是保护和启活大运河历史遗产，打造大运河文化带，恢复南北水系连通和航运，促进旅游事业发展等。”姜传岗分析道。

在黄河以南，由于梁济运河、柳长河航道完全承担了航运功能，老运河复航主要在于建设文化带和承担旅游功能等，其航道级别可以同黄河北相一致。“在黄河南岸，建造运河入黄闸工程，实现运河、东平湖与黄河的通航。另外再建泵站一座，以备在黄河高水位时提升清水灌塘。在通航过程中，始终保持运河水位略高于黄河水位，以使黄河水不向运道倒灌。”姜传岗说。

在黄河北岸，设立船闸引黄通航，河水单向北流，船闸功能操作更为简便，主要是在黄河水涨时控制其入运的流速，而在通常水位下即可开闸任由往来船只在两河之间通行。“考虑目前黄河泥沙已大大减少，加之运道流量不大，不必另建沉沙池，可以直接采取机械清淤等方式。泥淤堆放于两岸，可用于筑堤、修路、压碱、坑道回填、烧窑砖等，综合利用起来。”姜传岗从经济、人文、历史的角度分析了设闸的可行性。

尚需深入研究论证

在谈到运河穿过黄河的选址时，姜传岗有自己的考察。他认为，通航的黄河以南的梁济运河和柳长河完全抛离了老运河故道，成为没有任何历史遗存和文化传承的航道，留下了诸多遗憾。因此，东平湖以北的通航应严格坚持以文化为引领，回归历史线路——从八里湾向西，过湖经戴庙镇至十里堡入黄河。

“这段古运河具有悠久的历史和丰富的文化遗存。”姜传岗阐释了理由。历史上明清运河从东平县大安山西行，经戴家庙进入古寿张县，经十里堡、姜家庄等到沙湾入元代运河，然后北行，经八里庙到运河名镇张秋，继而向北至东昌府、临清等。

“从戴家庙到张秋这段运河，处于西南黄河向北决口入海的必经之地，因此成为明清时期南北漕运的最险要之处，也是当时‘治河保运’的中心地带。名载运河史册的沙湾、八里庙就在这个地带的中心。”姜传岗说，当时此地运河两岸闸、坝、桥鳞次栉比，水工设施和祭祀建筑、碑石等密布，历史遗产资源之丰富为运河沿线少有。清末，黄河改道山东，其穿运河之处就在十里堡与姜家庄之间，为维持南北通航，山东巡抚丁宝桢曾于光绪元年（1875年）在十里堡修筑了为漕船过黄河使用的运河入黄闸，该闸运行20多年，为运河船只入黄河积累了最初经验。

综合以上原因，姜传岗认为，新建船闸可选在旧闸遗址附近。在黄河南岸，古运河遗址就在东平湖南沿的水中，新建的梁济运河和柳长河航道过八里湾船闸即入老运河故道，向西出湖后6公里就是十里堡黄河岸。其间，戴庙镇的一段老运河故道仍然存在。经查，今东平湖湖底与十里堡黄河底海拔均为38米，东平湖与黄河水面海拔通常都是42米，间或落差在0.5米至1米之间，地势平坦，是实施船闸工程难得的有利条件。

在黄河北岸，姜家庄临黄堤外河南省台前县夹河乡地面平均海拔43.5米，地势南高北低。由此开河建船闸，黄河水即可自流向北，直达10公里外的张秋镇，通航也不是难题。

当然，解决穿黄这一制约通航的关键问题，还需进一步深入研究论证。此外，黄河以北复航涉及山东、河南、河北、北京、天津等多个省份，以及水利、环保、文物等多个部门，且工程技术复杂、投资规模巨大，需要国家层面统筹协调推进。

（本文曾发表于《大众日报》2022年1月5日。作者为该报记者卢昱，有修改）

论“穿黄隧道”通运之不可行

在目前关于运河过黄河的方案中，“穿黄隧道”方案呼声极高，一份有山东省诸多方面的专家研讨而形成的《京杭运河穿越黄河隧道工程项目建议书》[①] 就是其代表。设计者提出：“把梁济运河适当下降，开通京杭运河穿黄隧道，让南四湖、东平湖的水自流至天津……京杭运河就可以全程通航。”[②]“建设京杭运河穿黄隧道，实现黄运立交，建成山东现代都江堰，恢复京杭运河全程通航。”[③]

“穿黄隧道”方案是否可行呢?

笔者认为这种方案是完全脱离实际、违背常识、不可行的。其主要问题有三：南四湖、东平湖无水通流华北；船舶难以从黄河底穿过；水不能从低处向高处自流。

一、南四湖、东平湖无水通流华北

“穿黄隧道”通运的目的是把“鲁南之水”输往华北，“实现鲁水北流”，“建立以自流京杭运河为骨干的自流灌溉网和航运网”，“服务京津、润泽华北”等。具体地说，就是以南四湖、东平湖之水供济通运，形成以南四湖为北部京杭运河通航的可靠水源。但我们应该知道，山东现在的环境条件已与历史上大不相同。在历史上，鲁中丘陵遍布泉水，汶、泗等诸河都是以泉水为源的，但是现在几乎所有的泉水都停涌了，南四湖、东平湖只是蓄的每年汛期从上流山区和湖周围地带下注的一些雨水，每到夏秋存了水，而至冬春

① 李殿魁、刘善玲：《京杭运河穿越黄河隧道工程项目建议书》，《运河研究》2016 年第 3 期。
② 李殿魁：《治黄兴运的历史回顾和未来展望》，《运河研究》2015 年第 4 期。
③ 李殿魁在《治水新论》研讨会上的讲话，《运河研究》2016 年第 4 期。

就枯了，水位下降至不足以维持湖内生态；在航运上每年都要关闸停航几个月，若非现在南水北调补充供水，南四湖、东平湖早已变成季节湖，哪有余水向外输送？南四湖与东平湖的储水量加在一起通常也就20多亿立方米，主要用于维持湖内生态和航运，此外再无余水外调。尤其是在枯水期，就是搞“竭泽通运”，也不能供济一条运河一直流到天津。事实说明，几十年来南四湖之水连向北100多公里的梁济运河都不能使之通航，又怎能支撑到天津和华北的通航并建成“自流灌溉网和航运网”？如果南四湖、东平湖有水向北通航，那岂不是早就实现通航了，还需要现在南水北调给予调水吗？

稍懂点历史的人都知道，历史上的北部运河向来是属于海河水系，利用的是从河南省流来的卫河水，其水量丰富，贯通鲁北和京津。而“鲁水”只是用的从南旺分水的汶河水，其作用只是接通到临清这一段，而从未通运到河北和京津地区，更没有“鲁南水”向北流的事情。在目前山东干旱缺水的情况下，“鲁水”又有何能量过黄河直输到河北和天津，并解决整个华北地区的干旱缺水问题。

根据北京、天津、河北三地的合作发展规划，北京至天津段运河2017年就实现旅游观光通航，到2020年就可实现客货通航。河北省目前也在积极争取利用南水北调中线供水和通过对漳水、滏阳新河、滹沱河的治理解决运河复航的问题等。整个华北地区无人寄望于用鲁水通运，自有引水渠径解决本区的问题。倒是山东省的某些专家虚构出本身的水源优势，妄谈拯救华北，实在匪夷所思。

就目前说，南水北调东线工程虽然给山东输水了，但其分配都是有明确指标限制的，只是供给南四湖、东平湖生态用水以及输往济南、胶东的用水等，却并未有向黄河以北通运的供水。既然山东根本无水外调，那么所谓“开通穿黄隧道”又有何用？使“南四湖水自流至天津”只能是空谈。

二、船舶岂能从黄河底穿过？

据勘察，山东黄河底下是一个很厚的沙土层，土质松软，而且漏水性很强，沙土层中不能实施穿隧。要穿隧必须在岩石层。根据位山穿黄工程的勘察，隧洞要在黄河底以下70多米深的岩层中才可开凿。水从这种隧洞里流过，实际上是“倒虹吸”技术的运用，它只能解决河水过黄河的问题，但我们这里所说的是航船过黄河。河水可以在上下弯曲的“U”形虹吸管中穿过，但船舶不是潜艇，岂能从中穿过？相关方案只是一种违背科学常识的奇思妙想！

按照“穿黄隧道”方案的设计，隧道宽径是52.2米，内设船舶、车辆三条行道等，工程宏大。可以想象，使这样一条航道从黄河底穿过决不会像一条输水管道那样简单。

“穿黄隧道”方案的决定条件是黄河底与两岸地面必须有较大的落差。在上述《京杭运河穿运黄河隧道工程项目建议书》中认定：目前在梁济运河北端的国那里，黄河河底海拔高度为43.5米，南北两堤外海拔高度分别为28米、25米。[①] 这就是说黄河底高出两岸堤外地面分别达15.5米、18.5米之多！这是极其夸大、不符合实际的。如果黄河高出堤外地面十几米之多，那么当地引黄闸下的河水岂不是像悬崖下落的瀑布一样，喧声数里！然而这样的景况谁见到过？事实上由于多年来黄河调水、调沙工程的实施，山东黄河底已普遍下降了2～3米，查河务部门数据，目前国那里黄河底实际海拔高度只有39米（±0.5米），通常水深3.5～4米，水面低于岸面约4米，而堤外国那里附近地面海拔高度是45米（±0.5米）。这就是说，今日黄河的河底高程不仅不高出堤外地面，而且低于堤外地面，其水面只高出堤外渠底1米上下，还有的地方连引黄闸都引不出水来。总之，在运河与黄河之间落差如此小的条件下，又岂能实施所谓“水平立体相交”的隧道工程！而有关专家为达目的，竟虚构了“15米”落差的假数据！如此脱离事实，实在令人惊讶。

退一步说，即使按照有关专家的“15米”落差的设想，那也无法实施穿黄隧道工程。简单思考一下就可知道：运道中的水深加上涨落幅度就有4米，水上船舶加上顶上的空间至少需要7米（根据我国《内河通航标准》，三级航道最低水深是3.2米，实际满足通航要求是4米，桥梁净空不小于7米），这

① 参见李殿魁、刘善玲：《京杭运河穿越黄河隧道工程项目建议书》，《运河研究》2016年第3期。

样黄河底的厚度只有 4 米，其中还包含 2 米多的泥层。需知运道的跨度是 50 多米，以此 4 米厚的泥土层岂可承托得住激流翻腾的黄河水？有关方案岂不是异想天开之谈?!

有一位专家说得很确定："隧道顶距离黄河河底尚有 5.5 米厚土层，在现代技术条件下足保安全。"① 然而这里却并未说出究竟是什么"现代技术条件"可让 5.5 米厚土层（实际上只有 4 米）保证黄河和运河的安全。

济南泺口公路铁路穿黄隧道就是一个现实的例证。据山东省交通规划设计院，该隧道宽度是 15 米（双车道），其深度是在黄河底下 30 米。这一设计自然是经过技术上精密勘测和严格论证的。按照运河隧道的设计方案，其宽度是 52 米，是泺口隧道的三倍之多，这么大的跨度，设想只需几米的厚土层就可承托，这与国家工程技术的标准差距也太大了吧！如此岂能保证运河的安全？

我们还知道，目前黄河两岸的大堤普遍都有 30 米之宽，即使这样，遇上发大水时还有决口或渗漏之险。黄河大堤只是横向拦水，而黄河底却是向下承压，其受力更大。莫说 6 米厚的土层，即使有 20 米厚的土层也难保底下运道的安全，更不必说预防发生地震、隧道内车辆爆炸之类的灾害了。诚若如此，那么黄河大堤宽度也都可以减少至 4 米之下，但却不知有哪位专家敢为国家财产和人民的安全担责！

三、水岂能从低向高处自流？

"穿黄隧道"通运的方案，其重要目的是使"鲁南之水向北自流"，显然，如果不使其自流，隧道穿黄就失去意义。

我们说，目前东平湖之水由于是从南四湖经三级泵站提上来的，位势较高，使其向北自流是可行的，然而南四湖之水岂可向北自流？

人所共知，黄河以南整个地势是北高南低，仅南四湖上级湖就与黄河落差 10 米之多。南四湖和济宁一带河水自古以来就是向南流，从无向北自流的

---

① 任威：《推动京杭运河复航，助力"一带一路"建设》，《运河研究》2017 年第 4 期。

事。如今切莫说湖内没有余水，就是有水，又岂能使水向北自流？如果水能向高处自流的话，古代运河还需要从南旺分水吗？

现经交通技术部门勘测和有关方面考察，已一致认定黄河河底与两岸堤外地面并无落差，不能实施穿黄隧道。但是有关专家并没有放弃自己的主张，他们费尽心机想出的新办法就是“深挖梁济运河”——没有落差也要人工挖出落差来。

但是，明白人一听这是更加头脑糊涂的一种想法。岂不知现在运河的流势是受山东整个地势条件限制的，岂是靠人工深挖可以改变的？

可想而知，假如梁济运河深挖了，南水自然可以流到黄河底的隧道里，但是黄河北岸的地势仍然是高的，在台前县、阳谷县一带海拔高度都在 40 米以上，水又怎能向北自流呢？为了达到向北自流的目的，必然同样要对黄河以北的全部运道深挖。

黄河以北的运道要下挖多深？我们知道，临清的卫河底海拔高度是 25 米，这就是说，黄河以北的运道底不能低于 25 米，否则必然使卫河水向南倒灌。我们又知道黄河底海拔高度是 39 米，运道底如果挖到 25 米，其与上面黄河底只有 14 米空间。这其中除去上述所说运道的水深、船高和顶上空间至少 11 米外，隧道与黄河底之间只剩下 3 米土层。这比上面测算的结果更少。谁也不会相信在河底 3 米的土层下可以开挖 50 多米宽的隧道！

但实际上连 3 米的空间也不可能有，因为黄河以北的运道全按 25 米开挖是不行的：在 200 多里的河道上两端一点压差没有，水就不能流动和排泄，只能是一汪死水。当夏秋降雨，大水必然溢淹河道。更大的问题是卫河上流的位势很高，其不远处的河北大名海拔高度就是 45 米，水向下流速很高，而运河水位低又无流速，顶托不住，这样卫河必然向临清以南发生倒灌，使南水不能北流。要克服这个问题，必须使运道两端有一定的落差，即南高北低。我们知道，历史上南旺至临清落差是“九十尺”，因此才保证了这段运河的长期畅通。现在即使没必要有这么大的落差，但按照河流的常规比降系数，两端至少也应有 3 米以上落差，否则水不会向北流动。这就是说，穿黄隧道底的海拔高度至少需要 28 米。

这样，黄河河底与隧道底之间只有 11 米的差距。这 11 米空间仅能满足运河隧道的最低要求，但两河之间的隔层就几乎没有了。两河上下没有隔层，所谓隧道穿黄岂不成了天大的玩笑！

从黄河以南情况来说，对梁济运河深挖实际上就是把南水北调工程包括三级提水和船闸完全废除。我们知道南四湖上级湖底海拔高度是 29 米，为了达到向北自流的目的，加上河流比降系数，穿黄处的海拔高度必须挖在 26 米之下，也就是说，从现在地面 45 米下挖 19 米。我们知道，东平湖是与梁济运河连在一起的，一旦梁济运河下挖了，那么东平湖也必然按此要求下挖。如果不下挖，东平湖就再也存不住水，有水就都倾泻进了梁济运河。而东平湖一旦下挖，那么由此向鲁北、华北调水以及向济南、胶东调水都不可能！

这里清楚说明，隧道穿黄本是客观条件不允许的事情，企图用深挖河道的办法找出路完全无济于事。这不用技术部门测算和论证，普通百姓都能想明白，专家却为之枉费心思。

当然后果还远不止这些。如果整个运道要从地面下挖 19 米多，这相当于六七层楼房的高度。这样挖出的河道完全称得上是一条深渊地堑。可想而知，挖这种河道要增加多少施工难度，花费多大代价，有多少不安全因素！船只在这种深岸峡谷中航行，人们看不到两岸景物，更领略不到任何文化遗存，上船下船犹如登山爬楼（六七层楼房之高）。试问，开挖这种“运河”究竟有什么价值！

对于这么重大的国家工程，方案设计竟如此轻率，毫无严谨真实性可谈，实在令人费解！

写到这里，人们不免会思考：目前南水北调东线工程已经给山东提供了良好的供水通运条件，梁济运河的提水通航工程等已经快要完成，船舶即将到达黄河南岸，开闸即可进入黄河。然而有的专家却罔顾现实，仍在煞费苦心、避简就繁地设计新方案，什么“穿黄开隧”，什么“深挖梁济运河”，岂不是想罢废南水北调工程?！这明显脱离实际，违反常识，只会劳民伤财，耽误运河通航。

（本文据 2016 年 7 月在山东省第二届运河论坛上的发言整理，曾刊于《运河研究》2018 年第 1 期，有修改）

附图：

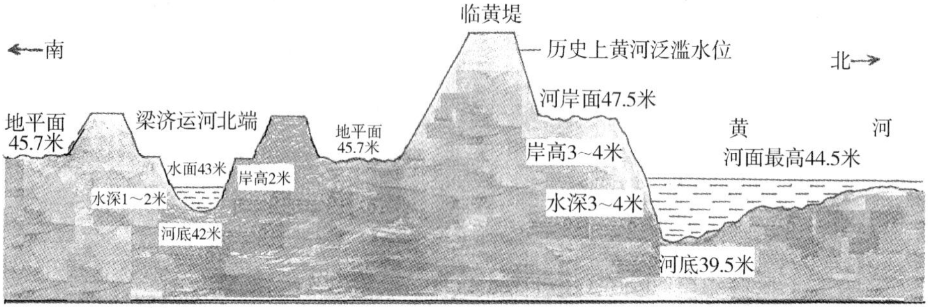

说明：看起来黄河大堤内的岸面比堤外的地面高出近2米，但目前黄河底和水面都不比堤外地面高。就正常水位说，河水约高出堤外运河水面和附近引黄干渠1米上下。因之引黄闸尚能引出水来。但在春灌时期，由于黄河水降，某些引黄干渠就引不出水来。而东平湖、金堤河以及排水渠在水涨时都可以向黄河泄水。事实说明所谓“悬河”之说并不符合实际。

梁济运河北端与目前黄河河床地势对比

运河通航不应抛离其历史线路

——在山东省“黄河以北运河复航工程前期研究座谈会”上的发言

笔者参加了前日（2018 年 10 月 15 日）山东省交通规划设计院和山东运河经济文化研究中心举办的“黄河以北运河复航工程前期研究座谈会”，听取了山东省交通规划设计院同志考察的初步意见、各位领导和专家们的发言，受益良多。设计院的同志们前期工作做得投入、认真、踏实，令人感到钦佩。但对于初拟的黄河以北运河的复航线路本人有不同的意见。在会上的发言基本上表达了本人的看法，但由于时间所限，有的问题谈得不够完全和充分。出于对这项工作的关注和负责，现在对发言又做些整理和补充，再书面报送山东省交通规划设计院和各位领导、专家，以供参阅。

一、复航线路不宜抛离运河故道，那样将有悖于保护、传承和利用历史文化遗产的根本宗旨

在现代地图上，黄河以北地区被标注“运河”的有两条河道，即“位临运河”和“小运河”，两河都向北于临清入卫运河。山东省交通规划设计院初拟的复航线路是沿位临运河，即由东平湖向北循南水北调线路由位山过黄河，然后沿位临运河向北至李海务（属聊城市东昌府区），然后往西北行，经聊城西（约距 15 里）至临清东入卫运河。该线路仅就航运来说是可行的，但问题是完全脱离了历史上的运河故道。我们知道，位临运河原是 1960 年开挖的一条引黄干渠（本名是三干渠），从未通过航，是一条“假运河”；而小运河才是古代会通河即元明清三代运河的北段，是被列入“世界文化遗产名录”的真运河，其在新中

国成立后的20世纪50年代还通着航（临清至张秋间）。如果选择位临运河通航，那么真运河全段将再次被抛弃。

我们知道，在新中国成立初黄河以南的老运河从大安山向南经南旺、任城市区至鲁桥、南阳湖等，一直是通航的，正是由于后来（1959年）开挖了一条梁济运河，而使原来的老运河断流以至于全程遭废弃。“梁济运河”名为运河，实是一条排水干渠，虽然进行过通航改造但并未成功。而由于这条假运河的存在，黄河以南的古运河全线被废弃，绝大部分河道被填平变成农田，有的被村庄占压，如今踪迹无觅。沿线的一系列运河古镇，南从鲁桥、仲浅、石佛、任城市区，北至南旺、开河、袁口、大安山、戴家庙以及各处运河古迹、遗产点等都被抛离于运河沿线之外，至今人们只知道有梁济运河而不知道有原来的真运河存在。当然，原来梁济运河的开挖是由于当时防洪、排涝的需要，事有所因，但对历史遗产的保护来说则是一个很大的错误。

而在今天，如果再于黄河以北开这样一条新运河，必然会使黄河以北的古运河和古村镇、古迹、遗产点被废弃，如张秋镇、沙湾八里庙遗址、荆门上下闸、阿城、七级、梁水、戴湾等都被抛离于运河沿线之外。这就是说，在南至南四湖北至临清的山东全程古运河、运河古镇、古迹全部不在规划的运河复航的沿线上，古运河离开了人们的视野，完全失去了踪迹。这样又如何做到保护、传承和利用这一伟大历史遗产？相反只会加速山东古运河遗产的消失！

黄河以南梁济运河等通过南水北调工程已改造成为三级通航航道，运河线路改变成为事实，有鉴于此，我认为黄河以北的通运线路不宜再循位临运河的调水线路，而应沿会通河故道，恢复运河的历史面貌。

我这里说的是通航“线路”不宜长线离开故道，并不是说新河施工必须完全限建在故道上。由于时代的变化，运河复航的标准必然要升级。对于一些现存的古闸、古桥、古建筑物等无疑要适当绕开，加以保护。对个别段上实在不能恢复的历史故道局部改道也是必要的，但这绝不能成为长线抛离历史故道而开新河的理由。事实上并非黄河以北的运河故道都不能复航，问题是规划设计的理念是什么。所谓离开旧址“不在于远近”的说法更是不通的。如果不考虑与历史故道的远近关系，完全可以从位山向北直下德州，从通航方面说更加顺直，又何必绕到聊城、临清？如果当初南旺分水处不是被梁济运河抛离于七八里之外，而仍在运河岸边，它就绝不会像现在这样被废弃，以至于很多人不知其在何处，相反还会成为现在运河线上的一处重要景点。江浙一带运河之所以保护得好、古建筑遗留景观多，其重要原因之一是运河线路没有大的改变。

习近平总书记关于保护好、传承好、利用好大运河的重要指示，显然是对祖先留给我们的历史运河来说的，主旨在于深入挖掘其历史文化资源，以振兴中华民族的精神，强固国家气脉，增强民族自信，而并非主张重开新河。贯彻习近平总书记的重要指示，必须坚持以文化为引领，共抓大保护，不搞大开发。通水通航以及建设大运河文化带、经济带都是为了更好地保护、传承和利用这一历史文化遗产。保护和复航二者是统一的，不能分开搞一条历史文化带、一条航运经济带。如果把承载着前人辉煌成就和聪明才智的古运河以及密集的历史遗产带全部抛开，重新开新河，那就必然变成航运上的新开发，促使人们忘记历史，既背离了习近平总书记的指示精神，也有愧于先人！

国家下发的《大运河文化保护传承利用规划纲要》（讨论稿）要求："开展核心区大运河文化遗产调查"，"完善对大运河文化遗产的综合认知"，"加强遗产本体的保护修缮"。其明确列出黄河以北运河保护和通航的河段是会通河，并特别说明："禁止不符合传承要求的项目建设，减少水利航运……的负面影响。"位临线路河段不是"遗产本体"，更无历史文化传承，以此代替会通河复航是不适当的。

显而易见，这条线路开出以后，在南自南四湖北至鲁西北的全线航道上，将是单一的输水道和干渠，沿线看不到什么景观（只东平湖一处），更没有什么古迹、名镇、运河故事，无一经过县市址，甚至连普通村舍也很少看到，如此人们还能感受到什么历史文化？有什么历史记忆？还会有多少人愿意在这样的河道里旅游？这就成了一条单纯的水运线路。

二、从航运上讲，应对鲁北河运的需求、运量有深入、准确的分析估量，不可盲目开新河

有一种观点认为："只要把河开出来，自然就会有人来搞运输，不愁没有运量。"这种以产定需的观点是违背经济法则的。常听有人说，船运的运输成本比火车、汽车低廉，"只相当于铁路运输的三分之一和公路运输的六分之一"，却不讲船运速度慢、历时长这一根本劣势。南方河湖多，陆路交通不便，而船运发达，运需大，这是事实；而山东省公路、铁路发达，对船运究竟有多大运需，情况并不清楚。从济宁向南的运河航运看，目前的运需运量诚然是不小的，但其90%以上都是运煤，济宁、枣庄地区煤矿较多，北煤南运成为济宁以南航运繁盛的主要原因。如果没有煤炭这一主打产品，济宁向南航运必然萧条——要知道仅济宁至杭州货船往返一趟历时就达两个多月(包括候闸、待水、待港等)。而至于客运，因为从未有人乘坐，所以一直发展不起来。济宁人到杭州或南方去旅游，都是乘火车、汽车或飞机，是绝不可能乘运河船只的，原因就是太慢。即使到近处台儿庄去旅游，走水路十分顺便，也没人乘船去的，大家都是选择汽车。

如果鲁西北新河开成，当地究竟有无航运的主打产品和物流？我看是难有的。江南的蔬菜和水果等向北京运，走高速路，24小时即可到达，用飞机只需几小时。而山东的农产品如果装船进京，两天也到不了。因此，单从航运方面看，开这条新河效益并不看好。这就是说，如果离开了历史廊道，我们不仅失去了文化带，而且连经济带也建立不起来。

至于还有主张将这条新河开成二级航道，就目前来说更无必要。我们知道，黄河以南的梁济运河、柳长河结合南水北调工程刚刚建成为三级航道，至今尚未投入运行，更未见到发挥什么作用。而黄河以北运河一开始就升级为二级航道，实在有些盲目。这样必然要占用大量农田，耗用更多的财力，增加成倍的水量。本人多次指出：由于黄河南北在水情、地势以及航运发展基础上等的不同，黄河以北的通运一开始规模可小于黄河以南，即四级以下即可。待将来发达了，再视情况考虑升级也不迟。这样做起来才更积极、稳妥些。

三、复航线路不可绕过台前县而将河南省摒除于运河沿线省市之外

台前县（原寿张县）运河与山东省运河是一个整体，地缘、水系相连。历史上元明清三代运河都由此地经过，更是历代王朝治理运河的中心地带，张秋、沙湾、八里庙在运河史上都是有名的地方。这里运河闸坝密布，庙、祠古迹众多，明清碑刻至今保留于当地。国家下发的《大运河文化保护传承利用规划纲要》（讨论稿）明确将该县划入运河保护和复航的“核心区”，河南省更是大运河沿线八个省市之一。如依初拟的运河复航线路从东平湖至位山向北去，那就必将张秋与台前段绕过，也即把河南省从八个沿线省市中摒除，这是对整个大运河文化廊道的一种割裂，实为不妥。本人认为仍应尊重历史，沿明清运河线路，由东平湖向西，过黄河后经台前县东境向北经阳谷县至聊城，再循小运河至临清等。

四、采取以船闸方式过黄河，放弃“穿黄隧道”过黄河的主张

长期以来，“穿黄隧道”过黄河的主张在复航讨论中占主导地位。这种主张是基于黄河河床悬高于两岸地面 15 米（一说 10 米）的判断。我在运河论坛上多次发言指出，所谓黄河与两岸地面十几米落差的判断是极其不真实的。经反复考察核实，本人认为现在黄河河底比两岸地面还低，黄河与东平湖底以及两边水位基本持平。这种客观条件决定不能实施“穿黄隧道”工程，而极其适合以船闸方式过黄河。现在山东省交通规划设计院勘测结果再次证实黄河与东平湖水面基本持平，甚至湖水还高出于黄河。这一客观事实说明“穿黄隧道”是行不通的。按照有关工程技术要求，即使两河有 15 米的落差，也无法满足运河从黄河底穿过的工程条件。尊重科学，尊重事实，不延误时机，我认为目前应该果断放弃“穿黄隧道”的无用讨论了，而应重视对以船闸方式过黄河的论证。

另外，黄河位山上下，既有大型引黄工程，又有南水北调东线穿黄隧道，还有在建中的黄河大桥工程等，如果再于此处实施运河过黄河工程，就会使工程过于密集，水道交错叠加，不利于防洪和工程、交通安全等。因此，运河过黄河位置规划于位山一带也是不合适的。

（2018 年 10 月 19 日整理，有修改）

关于黄河以北大运河通航的根本依据和规划建议

——2019年10月在中国大运河·江北水城文旅大会暨第五届运河论坛上的发言

中办、国办印发的《大运河文化保护传承利用规划纲要》（以下简称《纲要》）为大运河沿线发展谋篇布局，是关于保护传承大运河文化遗产的纲领性文件，具有里程碑意义。它视野高远、广大，部署全面、系统，为我们保护传承历史文化遗产、科学规划大运河建设提供了顶层设计，明确了方向和目标。《纲要》特别提出“研究论证黄河以北段全线复航的必要性、可行性和技术经济性”，并对黄河以北运河通航的总体规划做出重大原则性规定。我们要深入理解和坚定贯彻《纲要》，把《纲要》作为我们统一思想认识、科学规划黄河以北运河复航的根本依据和遵循。在此仅就自己的心得体会谈以下几点看法。

一、充分认识运河通航的根本意义和功能定位

《纲要》在“前言”中开宗明义指出：“打造大运河文化带，深入挖掘大运河丰富的历史文化资源，保护好、传承好、利用好大运河这一祖先留给我们的宝贵遗产，是新时代党中央、国务院作出的一项重大决策部署。”在“总体要求、指导思想”一章中规定：“坚定文化自信，坚持以文化为引领，坚持以人民为中心，共抓大保护，不搞大开发，着力强化文化遗产保护传承，着力推进河道水系治理保护，着力加强生态环境保护修复，着力推动文化和旅游融合发展，着力促进城乡区域统筹协调，着力创新保护传承利用机制。”这

些都明确说明了大运河建设包括通航的根本意义和指导思想。正如 2019 年 4 月全国政协副主席刘奇葆在山东、江苏调研大运河文化带建设时所讲：大运河文化带建设，文化是主线、是灵魂，文化遗产的保护传承利用是基础、是前提。

关于大运河建设的“功能定位”，在《纲要》中专有一节做了明确阐述，即为三大项：打造大运河“璀璨文化带”“绿色生态带”“缤纷旅游带”。值得注意的是，在这三大功能定位中，并没有关于航运发展的内容。细读《纲要》，通篇没有“打造大运河经济带”这种说法和意思。这显然正是大运河文化带建设的根本意义和目标的重要体现。

就运河的一般意义来说，当然有其航运的功能，否则就不称其为运河。但航运并不是目前大运河建设的首要的和定位的功能。《纲要》在讲到“统筹实现大运河”的“多种功能”中，把航运排到了最后。我们理解，新时代的运河建设和复航，已大大超越了其经济意义，而是具有承载中华民族的历史文化、延续千年古运河神韵、打造美好环境生态带等意义，这是远比航运及其经济效益更根本、更有意义的。放弃狭隘陈旧的眼光，坚持以文化为引领，确立以打造大运河“璀璨文化带”等“三带”为功能定位，造福于广大百姓，这正是《纲要》远大战略眼光和里程碑意义的重大体现。

回顾历史，以往的运河通航无不是以发展航运或兴办水利等经济目标为功能、为引领的。无论是“梁济运河”还是“位临运河”的开挖都完全抛弃了大运河历史故道和遗存，当时不仅没有保护传承历史文化遗产的观念，而且为开新河还把运河故道数处截断，使其断流、废弃：为修水利工程而把大量古闸古桥等运河设施拆除，以采取其石料；有的地方把古运河故道填平用以修路、建房以及划归承包责任田等；这使许多历史河段消失，大多数运河古镇、名村被抛离于“运河”沿线之外等。当时的水利和航运建设自然有其历史原因和伟大成就，但对于保护传承宝贵历史遗产来说仍是造成了无法弥补的损失。

在新的时期，国家倡导要保护传承利用好大运河文化遗产和深挖其历史文化资源，为大运河建设打开新的视野，赋予了新的意义。不把简单的航运开发和直接的经济目标作为功能定位和首要目标，而把保护传承祖先的历史遗产、弘扬中华民族的精神文化放到首要地位，充分体现了新时代、新理念。对此，我们务必深入理解，更新观念。

在关于目前运河通航讨论中，常听到有专家强调发展航运的经济意义，说“航运的运输成本只相当于铁路运输的三分之一，公路运输的六分之一”等，只算航运的经济账，却闭口不言航运的运输速度太低这一重大缺陷。以济宁向南至江南的航运为例，机动货船往返一程需要一个月以上。而高速公路上的汽车只需两天，火车当然更快。就整体算起来，航运并不比公路、铁路运输效益高。这正是目前许多物流不选择航运而选择铁路和公路的原因。至于运河客运更是从来开展不起来，主因就是出行选择乘船的人太少。内河航运只对个别时效性差、运量大的矿产物流才有一定的优势，以济宁向南的航运为例，其90%的船舶是运煤。航运的繁盛只是目前“北煤南运”的物流格局的体现。济宁如果没有煤炭这一主打产品，航运将十分萧条。在现代，相对于发达的公路、铁路和航空运输来说，河运是一种落后的运输方式，只有文化和水韵生态才能赋予其新的生命力。在更高意义上，我们应从非物质文明角度予以理解，尤其对于黄河以北运河通航来说，更应有清醒的认识。那种主要从扩大航运能力和直接经济意义上规划运河复航的理念是短视和肤浅的。

当然这并不意味着完全否认运河通航的经济意义，在新时代，运河航运的经济意义是间接性和连带性的，它将主要从扩大旅游发展、提高环境生态效益、推进文化产品开发和相关产业融合发展，促进城乡之间协调发展、地区间的交流协同发展，对接各大区域、经济带协调和高质量发展等各方面体现出来。现实说明，历史文化资源越丰厚，环境生态越美好亮丽等，其航运发展就越繁盛，反之则不然。总之，经济效益是附着于丰富的历史文化资源之上的。《纲要》通篇贯穿文化自信的灵魂，运河通航所承载的是一个古老文明国家的复兴、强大和壮美，这不是单纯的航运效益所能营造的。

二、关于黄河以北运河复航的线路

关于黄河以北大运河，广义上是指从黄河至北京的大运河，按照《纲要》分作四段：通惠河（北京至通州）、北运河（通州至天津）、南运河（天津至临清）、会通河（临清至黄河）。由于临清以北各段运河目前都有明确的通航线路和所在省市的相应规划，我们这里所说“黄河以北运河”，是指从临清向南至黄河的古运河。按照《纲要》，其所指大运河由京杭大运河、隋唐大运河、浙东运河现有和历史上最近使用的主河道构成，并多处列出黄河以北是“会通河”。其“历史上最近使用的主河道”显然就是明清故道。现在所跨区域分属于山东省（东昌府区、临清市、阳谷县）和河南省（台前县）。

会通河故道自临清向南依次经过戴湾、土桥、梁水、东昌、李海务、周店、七级、阿城、荆门上下、张秋、台前县八里庙、沙湾到姜家庄黄河岸，共长107公里。沿线名城、古镇、古闸、历史街村等密布。《纲要》明确要求：要按照“河为线，城为珠，线穿珠，珠带面”的思路规划复航线路。这就意味着现在复航仍应沿循这一历史线路，贯穿这些运河古镇、历史街区和村庄等，它们不应该被抛离。

由此说明，《纲要》关于黄河以北运河的认定是十分明确、科学的，也是唯一的，即除会通河故道之外再没有任何其他河段可以称作“运河”。对此，我们应严格遵循。无论是实施运河文化保护工程，还是规划复航，任何抛离这一历史故道的方案都是有违《纲要》精神的，当然也失去了其实质意义。人们不能认为，随便在哪里开挖一段河渠都可以视之为运河。在今天，大运河的实质规定并不在其是一条通航河道，根本的是附着在上面的历史、文化以及各类遗存。《纲要》还明确说明：大运河的“载体是大运河沿线的运河文物遗存、水工遗存、运河附属遗存以及其他关联遗存，是大运河千年历史的真实印记”。如果离开了沿线这些原有的城镇、古村庄和各类历史遗存、“真实印记”，其就不能被称为运河。

张秋镇以南会通河故道至黄河9公里，是运河穿黄的关键河段，现在属于河南省台前县。运河复航无疑仍应沿循这一历史线路，而不可绕过该段。否则另择他路，必然将沙湾、八里庙以及张秋镇、荆门上下闸、戴家庙镇、十里堡、姜家庄等大批运河古镇名村、典型河段和重要遗产点抛离于运河沿线，从而造成大运河文化廊带的断裂。那样更意味着将河南省从运河通航的八大省市中排除，必然严重违背《纲要》关于各地区协同合作发展的根本指导思想。对此，我们应予严肃对待。

三、关于穿黄地址和穿黄工程

按照《纲要》，黄河以北复航线路是会通河明清故道，这就决定了其穿黄处就在运河故道与黄河的穿插处——现在的台前县姜家庄与东平县十里堡之间，此外再没有其他选择。

考察历史，清末兰阳（今兰考县）铜瓦厢黄河大决口（1855 年）改道山东，其入海主流就在现在的台前县夹河乡和吴坝镇，当时黄河水势特别浩大，张秋之南至戴家庙近 30 里之间势如汪洋，大溜忽东忽西，横流无束，游徙无定，分流多股，水不归正槽。而在穿过运河后，又汇合一流，向东北夺大清河归海。由此运河被截为两段：黄河之北称为北运河，黄河之南称为南运河。黄河穿运处先在夹河乡的南坝头（今沙湾西临大坝村），后又移至东面的沈口（即今沈堤村），再后又向北徙至八里庙，最后又南徙至十里堡与姜家庄之间（即今河道）。在当时黄河穿运艰难、险恶、复杂的情况下，人们与黄河奋力搏斗，劈涛斩浪，不避艰险，想尽一切办法，坚持南北运河通航达 45 年（其中包括清廷漕运 35 年），并一度先后穿过两道黄河通航。

早自明代以来，沙湾运河就是历代朝廷“治河保运”的中心地带。从名载史册的明代徐有贞、刘大夏在沙湾治河保运，到清末运河穿黄 40 多年的拼搏，这里堪称是中国运河人与洪水搏击最激烈的战场，集中体现出中华民族奋力拼搏、坚忍不拔、英勇豪迈的精神。这里不仅是大运河的一个著名地标，是元明会通河的接合处、黄运穿插的“典型河段”，而且是黄河定格于山东的见证地。今天运河穿黄仍于故址，这不仅体现出我们对历史的理解和敬重，对先人“治河保运”精神的珍视，而且彰显出我们实现伟大民族复兴的自豪和自信。

查目前穿黄处环境，两岸地势基本平坦，地面和河堤皆系黄土，无岩层、无重大工程障碍，易于施工。该处黄河呈南北流向，明清故道呈东西走向，二者基本呈十字穿插。两岸河堤之间相距 2 公里，河道位置可以根据设计加以整理。

黄河东岸十里堡穿黄遗址东距东平湖 5 公里，其间明清运河故道仍然存在，运河不仅距离短，而且水源充足，可直接以东平湖为水柜，并且与南运河和南水北调东线工程连接。据山东省交通规划设计院勘测，目前东平湖与黄河正常水位基本相平，皆为 42 米，是难得的船闸过黄河的适宜条件。

西岸姜家庄黄河底海拔高度是 39 米，堤外地面海拔高度 43.5 米，并且向北呈逐渐降低趋势，至张秋镇降至 39 米。这样，从姜家庄破堤建闸引黄，向北可以形成良好的顺势自流状态。

综合考察，姜家庄—十里堡穿黄遗址仍是目前运河过黄河的最佳选址方案。

我们看到，目前专家关于黄河以北运河通航及运河穿黄等提出了多种方案，如有位山、陶城铺、陈山口、梁济运河北端国那里等穿黄方案。这些选址共同的问题都是不在“京杭运河故道”上，更无任何历史遗迹。我们知道，无论是位临运河还是梁济运河都是新中国成立以来新修的引水干渠，并未正式通过航（历史上梁济运河虽曾进行过通航改造，但并未成功），把它们当作“京杭运河故道”复航线路和穿黄选址参考都是根本错误的。

位临运河实称“三干渠”，即使目前将其改造成航道，但其无历史、无古迹、无景观，根本不具有运河文化的内涵。位临运河南段及其位山引黄工程地属东阿县，在《纲要》中所指出的山东省十八个“大运河主河道流经的县（市、区）”即“核心区”中，都没有东阿县。这就意味着该干渠和位山引黄工程并不属于国家认定的运河遗产以及复航的范围。如果依此线路开新河，必然全线抛弃会通河故道。另外，陶城铺、陈山口方案亦是同样的问题，其明显违背《纲要》，应当坚决弃止。

我们知道，《纲要》已明确认定黄河以南航运线路是“梁济运河—柳长河—东平湖”。目前，自邓楼站向北至梁山县城以北又实施了通航延续工程，航道为三级，至新建的梁山港（称作“铁水联运”码头）为止。该工程其实是由兖矿集团投资修建的一条运煤专线，其目的并不是向北通至黄河。这里北距黄河还有 30 多里。该段沿线无历史古迹、无企业、无矿产、无水源，更不能过黄河。实际上该段河道已被废弃，大部分河沟干枯，有些部分已被当地村民填平种了粮、栽了树或开挖成了养鱼塘。现在有专家主张由梁济运河北端国那里穿黄，亦完全是不切实际的。

四、关于航道标准

由于黄河以北在水源、环境、地势条件和内河航运基础、需求等方面与黄河以南差别较大，黄河以北运河航道建设标准不必与黄河以南完全相同。我们看到，在《纲要》中关于大运河河道水系工程是分段区别规划的，并无南北一致的要求。为此，本地区通水通航应严格坚持从实际出发、实事求是方针，避免一味贪大、追求超前，浪费资源和财力。

如前所述，《纲要》在关于大运河“功能定位”中并未有开发航运的内容。同时，其还多处强调要保留大运河的“传统风貌”和“风韵”、“严控开发强度”等。我们知道，航道开发强度越大就越会更多地失去古运河的原貌和风韵，当然也会成倍增加投资、浪费水资源等。察黄河以南柳长河和梁济运河改造后的三级航道，一律是直通通、宽广的混凝土河道，沿线无任何古迹、遗存，河边芦蒲水草不生、鱼虾栖鸟不见，丝毫无有古运河的面貌。这种航线无历史、无文化、无生态、无景观，与《纲要》所提出的打造“璀璨文化带”“绿色生态带”“缤纷旅游带”目标相差甚远。有鉴于此，黄河以北运河复航不应再把航道升级作为重点，而应注重修复故道、保护古迹，实现水系贯通，恢复古运河风貌以及加强环境生态建设等。《纲要》并未对黄河以北的航道标准和规制做具体规定，而只是要求实现水运贯通，“科学实施必要的航道疏浚、边坡护岸处理、碍航设施改造”。因此我们认为，目前不必再按黄河以南三级航道规划，可在三级以下，拟规划四级或五级即可。本人建议，目前可按如此规划河面宽 30～40 米，水深 2 米，船载重 300 吨（游轮可载乘 100 人以上）。待运河通水通航之后，我们再视其运行情况考虑是否升级航道。

查目前会通河故道状况，河形基本上存在，城镇一带河段常年有水，现在原址上重新开挖和疏浚完全是可行的。新线路规划应基本上沿循运河故道，沿线的古镇、名村和历史遗存一个也不应抛离。如果新开河道长线离开故址，就失去了大运河的原本形态及其历史文化价值，变成一条单纯的航运河，那样复航就失去了其实质意义。对于现存的古闸、古建筑设施，如果影响通航，可采取原状平移措施，将其移建于运河岸边，既保护了文物古迹，又保留了运河的景观。对于有房屋建筑和道路占压古河道的，可采取拆迁、移动等措施。若有个别实在不能拆迁的建筑物，河道可适当绕开一些，但也不可偏离太远，应使原来的古村镇和遗迹仍在运河沿线。这样才可切实保留大运河历史遗产及其“原真印记”，做到“整体性、完整性”保护。

五、关于水源配置

实现黄河以北大运河复航，其关键因素是水源问题。山东省过去曾多次制定黄河以北的通航规划，但都因为无法解决水源问题而不能成为现实。现在由于对黄河治理的成功和南水北调工程实现了通水等，运河通航的客观条件已完全具备。

从《纲要》中看出，整个南北大运河的水资源是按照不同的河段分别进行配置的，并未有全程同一的水源配置。有专家所谓“一水贯通南北”，不仅历史上从来未有，而且现在更不可能。对于会通河临清至黄河段的水源配置，《纲要》的总体方案是：主要利用南水北调东线输水及黄河引水，在南水北调东线工程非输水期可利用本地地表水及周边城镇的再生水。我们认为这种配置是比较符合实际、基本可行的。

以五级航道计，据测算这段100多公里的航道用水包括渗漏约需1亿立方米/年。具体实施可分为以下两段。

自聊城市东昌府区李海务向北至临清，可引用南水北调水，即从位山穿黄隧道输天津线路自阿城北站向运河输水，向北自流至临清，在南水北调非输水期则以聊城等城镇再生水为补充。其南段自姜家庄黄河口至阿城北则引用黄河水。这样分段供水，分别为8000万立方米/年、2000万立方米/年，无论是对于南水北调还是引黄来说都不会增加多少用水指标，亦便于操作。

谈到“引黄行运”，人们多有疑虑，然而须知目前的黄河状况与历史上相比发生了根本变化。尤其是在当今治黄实践上，普遍应用“调水调沙”、清淤以及“沉沙”等许多科学有效的技术方法，对于河道淤塞等这样的老问题现在都是容易解决的。

关于引用“本地地表水”，其最有利的条件是张秋镇南的金堤河水。该河又名“清河”，自河南省滑县以远下注，历史悠久，历史文献中有“济水支津”“沙湾湖”之称，现在向东流入黄河。实际上自清末运河断航以后，张秋以北运道全靠该河供水。复航运河将穿过该河。这里的水域东西长约15公里、南北最宽达2.5公里，可以将其打造成一片芦荡水草丛生、鱼跃鸟翔的天然湿地，不仅可以大大改善生态环境，增添运河景观，而且可以成为运河的现成水柜，随时向运道补水。

经考察，目前南水北调中线输水干渠向东已供水至濮阳市区，这里距张秋运河只有100公里，也正是金堤河的流经地。如果从濮阳接通南水北调供水线路，就可直接输水到张秋运河。这是一条最便利的引水渠道，如此即可大量减少或代替引用黄河水和南水北调东线水，并可进一步在豫鲁间地建造一片广大的湿地蓄水区。这是一个一举多得的最佳方案！

综上所述，黄河以北通运现成的水源就有四种，即江水（南水北调水）、豫水（金堤河水）、黄河水、当地地表水和城镇再生水等。仅仅100多公里的航道有“四水济运”，何虑复航缺少水源？

总之，只要深入理解、坚定贯彻《纲要》的精神，充分发挥地区协作的优势，加以精心设计、科学统筹，黄河以北运河的水源和通航问题都是容易解决的。我们企盼一条绿色亮丽的北方水韵廊道尽快建造起来。

（本文曾刊于《运河研究》2019年第4期，有修改）

附图：

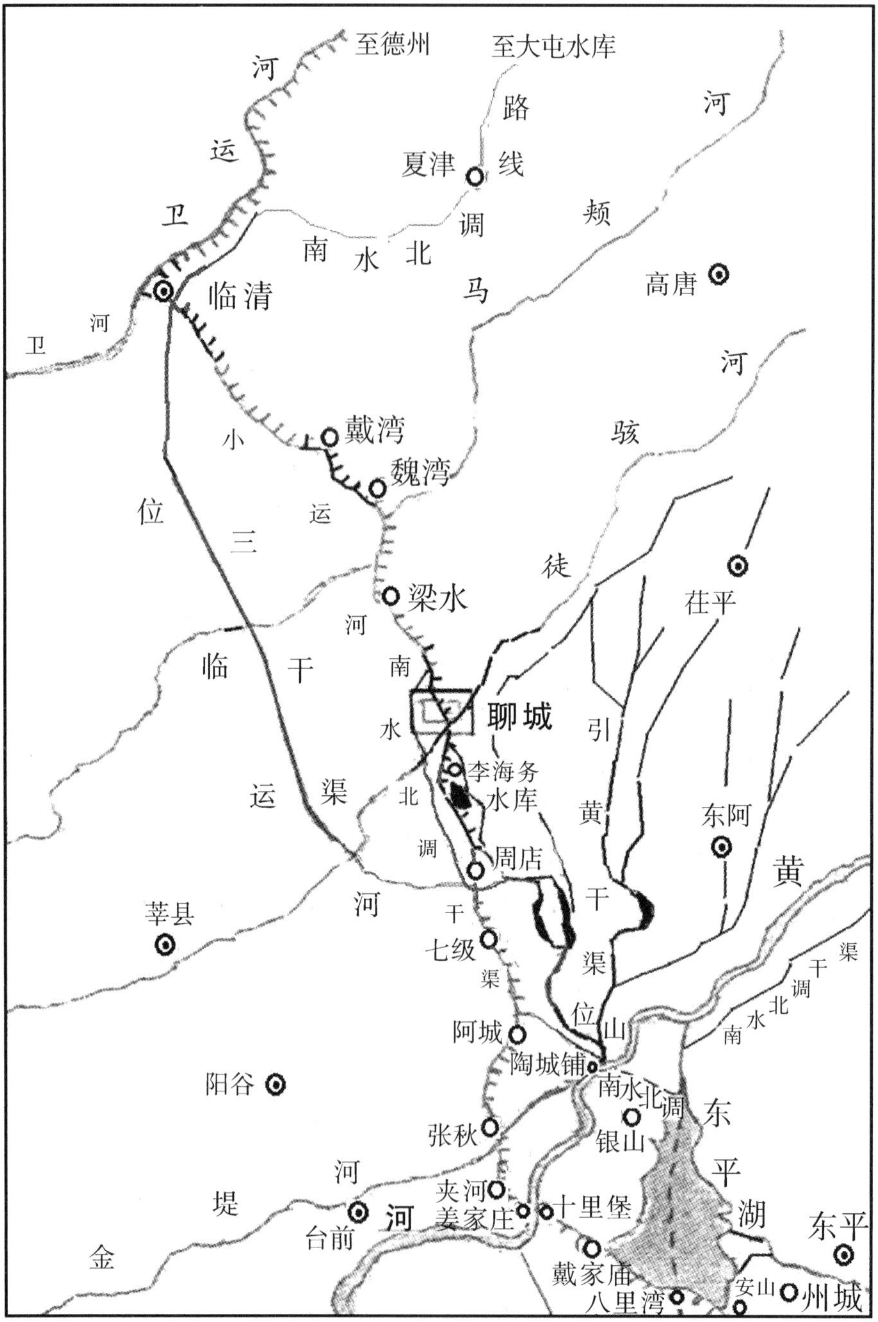

黄河南北运河线路示意图

山东的运河在哪里？

——大运河遗产保护和复航线路刍议

山东大运河，是历史上京杭大运河最关键性的河段，居于“南北运河枢纽”的中心地位。然而，目前山东的运河在哪里？

打开现在出版的地图，在黄河南北标作运河符号的分别有两段河：南部的梁济运河、北部的位临运河。它们都清清楚楚地被标作“京杭大运河”。一份专门介绍京杭大运河山东段概况的材料中说：“京杭运河山东段分黄河以北和黄河以南两段。黄河以北从德州第三店至位山……黄河以南从位山至陶河口……”其明确地把位山作为山东运河的分界处，由此把南北两大段运河连接在一起，从南四湖至鲁西北纵贯山东腹地。

看到这些，本人不禁萌生疑惑：难道这就是山东运河吗？“梁济运河”“位临运河”本是新中国成立后开挖的两条引水干渠，过去从未正式通航过（梁济运河虽曾经过通航改造，但并未成功），是何理由把它们称作“运河”，并且还是“京杭运河”？在历史上位山从来不是运河的沿经之地，它现在怎么成了南北运河的分界处、定位点？

山东真正的运河究竟在哪里？

一

在清末南北运河断航之后（光绪二十七年，1901年），黄河两岸的运河段（北至张秋南至大安山）很快即被淤废，但南北两边的运河仍是分别通航的，并且人们从未对其停止疏浚。正如当时署理河南巡抚（原为河东河道总督）锡良所说：“运河为南北关键，漕运虽停，河道仍不可废。必须逐岁认真挑修，务使河水宽深，堤堰巩固，方能商贾获流通之益，农田无漫溢之虞。”①

当时黄河以南的运河自大安山（东平县）仍能通达至江南。正如光绪二十九年（1903年）山东巡抚周馥在奏言中所说：“自安山达于江南六百余里，尚通舟楫，商民利便。”② 迨至民国，尤其是新中国初期，山东南部运河又多次经过疏浚，直至20世纪50年代，从大安山向南经南旺至济宁，从济宁向南经鲁桥（微山县）至南阳湖等还在通航。

清末漕运废止之后，临清以北的运河由于利用的来自河南省的卫河河道，仍然持续通航。直到20世纪70年代，卫河从河南新乡经山东临清、德州仍能通航至河北省和天津等。临清以南运河因无水源曾长期停航，其间时任山东巡抚于光绪三十二年（1906年）、山东省建设厅于民国二十三年（1934年）先后定准要疏浚这段运河，但都因各种情况而未付诸实施。直到新中国成立后在人民政府的大力治理下，从临清至东昌府的通航才得以实现。轻型船只甚至可以到达七级、阿城等，直到20世纪50年代末。

这就是说，直到新中国初期，山东运河仍然存在于人民的生产和生活中，沿河老一代人都曾在河里乘过船、捞过鱼虾、游过泳等，当时人们都清楚地知道：这里就是我们祖先留存下来的运河。

二

然而，在这以后山东运河的命运发生了改变。

自1958年始，各地掀起了大搞水利建设的运动。1959年济宁、菏泽地区为了排泄郓城、梁山一带涝水，在北起梁山县的国那里南至济宁南四湖开挖了一条排涝渠。最初它被称作“湖西排水渠”，并未有人把它与通航相联系。该渠作为一项大型水利工程，半个世纪以来在排涝抗灾和引黄灌溉中都发挥了巨大作用。在20世纪六七十年代航运部门开始对其进行通航改造，并修建

① 中国水利水电科学研究院水利史研究室编校：《再续行水金鉴·运河卷》，湖北人民出版社2004年版，第1799页。

② 中国水利水电科学研究院水利史研究室编校：《再续行水金鉴·运河卷》，湖北人民出版社2004年版，第1820页。

了梁山港（任庄港）、郭楼船闸和国那里入黄闸等，但一直未通航成功（之后港、闸俱废）。此后，它就被称为“梁济运河”。

当时开挖梁济排水渠，完全是从水利建设方面考虑的，并未有保护历史文化遗产的观念。因此，渠道分别在两处穿插、截断运河，同时还修东平湖堤于张坝口堵塞运河，由此造成运河断流。20 世纪 60 年代初，汶上县为了防洪需要，又于戴村坝堵塞了小汶河的源头，小汶河即被废弃，这使南旺分水处完全失去了水源，大安山至鲁桥间运河全程干枯（除济宁市区一段之外）。在 20 世纪 80 年代农村推行土地承包制以后，不少地方的村民将废河道填平种田，有的在上面建房、筑路，还有的在原河道上开挖养鱼池等。如今在大部分故址上已看不到河迹。在 20 世纪 80 年代前的旧地图上还偶尔见到济宁、南旺一带老运河的标记，但在此后出版的地图上再难见其踪迹。至今大多数人只知道济宁有梁济运河，而不知道还有老运河。若问：济宁向南至枣庄的老运河故道在哪里？济宁向北至黄河的老运河故道在哪里？可以说除了个别专业人士之外，没有人说得清楚！很多人甚至连南旺分水工程遗址在哪里也不知道。

目前从济宁市区向南至微山县鲁桥镇的一段老运河，是晋唐时期洸运河的遗址，也是目前唯一存在的元代济州河故道，是京杭大运河现存的历史最早的一段古道，在市区一段约 15 公里至今一直充着水，然而这段古河道以及最早的古镇鲁桥现在不仅未被纳入世界文化遗产大运河遗产点，而且连国家、省的文物保护单位也不是。[①] 人们只知道有“运河之都”，却不知道有比“都”更早、历史遗产价值更高的运河文物资源！

处于济宁至南旺之间的长沟镇，是元明清三代运河的古镇，目前该段运河故道完全无踪，而很多人不知道现在穿镇通行的济梁公路正是在原来运河故道上修建的。

黄河以北运河的状况基本上与黄河以南相同。当初为缓解鲁西北地区的干旱缺水问题，1959 年水利部门于位山（时属寿张县，今属东阿县）修建了

① 大运河山东段纳入世界文化遗产大运河遗产点的故道共有八段，其中并无济宁市区的济州河段。其实该段故道不仅在时间上早于其他河段，而且保存状况更为完好。

大型引黄工程，同时开挖了位山至临清的引黄干渠，原名叫“三干渠”，距聊城市区 15 里。该工程对于支持鲁西北地区的农业灌溉和城市用水起了巨大作用，但它分别于两处穿截老运河，由此造成临清以南的运河断流。后来与梁济干渠一样，其在 20 世纪六七十年代曾进行过通航改造，但终未成功，由此即以“位临运河”名称出现在地图上了。而原来的老运河却被称作“小运河”，逐渐被放弃治理。如今除在临清市、东昌府区和张秋镇内的河段上尚常年充水外，在乡间的大部分河段处于废弃状态。

这就是说，山东历史上真正的京杭大运河，即自微山至临清的运河故道大部分处于被废弃的状态，在地图上看不到标记。而包括梁济运河和位临运河在内的长线河段，它们名为“运河”，甚至是“京杭大运河”，但实际上从来就没有正常通过航，更无任何历史遗迹，名不副实。

当然，由于时代的变化，原来的排水渠或引水渠未尝不可以改造成航道，假运河并非不能变成真运河。然而笔者认为，这种开挖的新河只能是当代的一条航运的河，却称不上是一条历史和文化的河。

山东大运河本是具有悠久历史、古迹密布、古镇名村众多、积聚着丰厚的历史文化资源的河流。其载体不仅是一条河道，还包括相关的地标、工程设施、碑石、附属建筑、古镇名村等。如果全线抛离这些文化遗存和著名村镇等，尽管通了航，其也不具有山东大运河的根本意义。

我们看到，目前在黄河以南通过南水北调东线工程的实施，梁济运河和柳长河已经通航成功了，但在 250 多里的河道上，古运河的遗存和元素几乎没有，全部历史故道及其著名遗址，如鲁桥古镇、仲子庙、石佛古寺、济宁市区的济州河故道及古闸古桥、火头湾通济闸、南旺分水枢纽遗址、开河、袁口靳口古镇、安山古闸、戴家庙古镇、十里堡运河入黄闸等，统统被抛离于航线之外，最远处相距 20 多里。对此不免令人疑惑：难道这就是我们今天复航的运河吗？

三

目前黄河之南的通航基本上已成事实，留下了无限的遗憾，而眼下我们又面对黄河以北的通航。如何规划设计通航方案，是关乎山东大运河命运的大事。

同黄河以南一样，目前从黄河以北至临清，也存在两条“运河”：一条是位临运河，另一条是小运河。实际上这两条河经过升级改造都可以通航，然而二者走的是不同的线路，其最远处相距达 30 里。更重要的是两条通航线路所承载的历史文化意义和体现的设计理念根本不同。

目前见有专家提出方案，主张以位临运河作为通航线路，把位山作为穿黄处等。对此，笔者不以为然。

如上所述，位临运河原是 1959 年后开挖的一条引黄干渠，本名“三干渠”，从未通过航，是一条假运河；而小运河是古代会通河的北段，为元明清三代运河的遗址，是被列入“世界文化遗产名录”的真运河。它从临清向南经东昌府、阳谷、台前（山东省故寿张县，今属河南省）直通至清末黄河穿运处姜家庄。其在新中国成立后的 20 世纪 50 年代部分河道还通舟船（临清至李海务）。在其 200 多里的故道上，古迹密布，古镇名村相接，从北向南有临清市区的会通古闸和钞关、戴湾古闸、梁水古镇、东昌府区运河故道和古闸古桥、李海务、七级、阿城古镇古闸、荆门上下闸、张秋古镇、沙湾八里庙河防工程遗址和碑群等。如果规划方案选择位临运河通航，那么这条承载着丰富历史文化资源的老运河必然会再次遭抛弃，并逐渐消失。如果这样一条运河再开通，那就进一步形成这样：在南至南四湖北至鲁西北临清的运河全线上，是直通通的输水道和干渠，沿线看不到任何古迹、遗址、名镇，听不到任何运河故事，甚至连一处景观、市县址也不途经。如此人们还能感受到什么历史文化？有什么历史记忆？还会有多少人愿意在这样的河道里旅行？这就是一条单纯的水运线路，山东大运河的“原真性”和历史风貌将不复存在！

近年来习近平总书记多次做出关于保护好、传承好、利用好大运河，深入挖掘以大运河为核心的历史文化资源的重要指示。笔者理解，这里所说的“保护、传承、利用”是对于祖先留给我们的历史遗产，即古运河来说的，主旨在于振兴中华民族精神，弘扬优秀传统文化，强固国家气脉，增强民族自豪感和文化自信等，而并非主张重开新河。通水通航都是为了重新启活历史文化遗产。如果把山东这条承载着前人辉煌成就和聪明才智的古运河、悠久的历史遗产带完全抛开，重开新河，那就必然变成单纯的航运开发，导致人们忘记历史，既背离了习近平总书记指示的本意，也有愧于先人！

以历史的观点看问题，无论是20世纪50年代开挖梁济运河和位临运河，还是20世纪六七十年代对运河的通航改造，以及改革开放后实施的南水北调工程，其方案都只是从水利建设或航运需要考虑的。在当时的社会背景下，并未有保护历史文化遗产的理念，然而在新时代，党和国家做出了新的战略决策，要求我们必须赋予运河复航工程新的理念，将保护历史文化遗产提到新的高度，不应再因循旧思路，通航规划首要的应体现历史传承，坚持以文化为引领，共抓大保护，不搞大开发。山东的运河在哪里？这要求我们应有新的定格和定位。

（本文系在2018年12月山东运河经济文化研究中心年会上的书面发言材料，有修改）

附图:

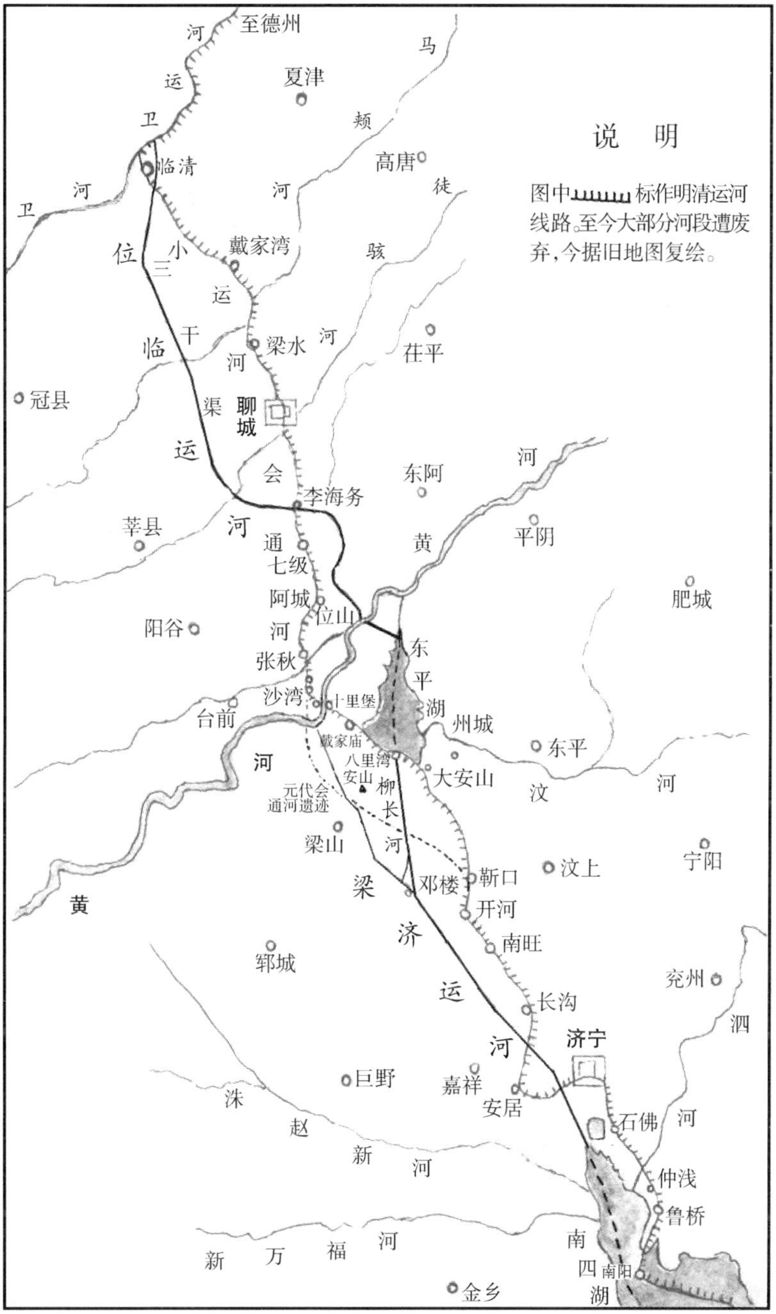

京杭大运河山东段遗址线路示意图

东平湖，现代山东运河的枢纽之地

南水北调东线沿京杭大运河的线路北上，创建了世界上最大的泵站群，将长江水千里拾阶送达到泰山脚下，给东平湖地区带来新的机遇。但是山东是否意识到了这一新的时代意义，是否能够正确地利用这一宝贵资源和机遇，则是一个重大问题。对此，本文仅就东平湖通航问题做一探讨。

悠久的通水古道，深厚的历史文化资源

现在的东平湖地区[①]，处于泰山西麓，东西两边山丘逶迤，中间形成一个由北向南逐渐开阔的扇形低洼地带。古代以济水为总汇的西南曹濮和豫北水系经梁山、安民山之东与源自东部鲁中丘陵的汶水相汇合，形成北方大渎——大清河。该河从南向北纵穿现在的东平湖地区，至东阿县的鱼山改向东北流，沿鲁中丘陵北麓，经泺口向东入海。东平湖地区自古就是汶、济即鲁水和豫水汇合入海的水道。据地层勘测，这里在古代曾为大野泽的北潴，具有长期的聚水历史。[②]

古人依水而居，这种山丘、平原、水泽相结合的地方，成为古代人类开发定居较早的一个地区。[③] 据发掘，东平湖地区人类生产生活的遗迹距今约有

---

① 本文所论及的东平湖地区，只指目前常年蓄水的老湖区，而不包括名为滞洪区而实际为农田、村庄的新湖区。

② 据1958年以后黄委会地质勘探资料记载，东平湖区在地表黄河、汶河冲积土铺盖层以下4～10米有一层厚1～5米的湖积层，层面比较连续整齐，分布很广，土层中挖出莲子、陶器（豆）、断剑和野牛牙等物品，经当时有关文物部门鉴定为战国时期的文物，证明东平湖一带古代曾有一个长期的积水期。

③ 最早见于《尚书·禹贡》记载："大野既潴，东原厎平。"这里所说"大野"即大野泽，"东原"即在"济水之东也"。对此清初胡渭在《禹贡锥指》卷五中注释说："东原乃济汶之下流，禹陂大野，使水得所停，而下流之患以纾，又浚东原之甽浍，注之汶济，然后其地致平，可以耕作也。""禹陂大野"就是大禹治水时把大野一带洼地辟为"滞洪区"，形成大野泽，把东原之水疏导到大野泽，遂"东原厎平"。现在的东平湖地区，古代应为大野泽北渎，后为"东原厎平"、大野泽涸出的地带。

4500多年。古有“黄帝生于寿丘”的说法，据考寿丘（又称“桃丘”“寿聚”）就在今东平湖西岸的戴家庙附近。[①] 戴家庙一带在殷商时还被称作“微乡”，传说其是商纣王的庶兄微子的封地而得名。春秋时的古邑“寿邑”（又称“良邑”），即古寿张县的治所也在这里（后来南迁于现在的新湖镇霍庄）。历史上的“东平国”、东平总管府等治所须昌古城，历经1000多年风雨，其遗址就在今东平湖湖中心的水下。据记载，须昌古城以西二里许是济水（大清河）的流经地，隋代修建的“清水石桥”就在该处，其修建时间比最古老的赵州桥还早5年。位于湖东岸的东平州故城，更是一处千年古城，有着辉煌的历史。在其附近一带，考古不断发现古人类生活的遗迹。在东平湖东西两边的山崖中，更分布有众多的古代不同时期的佛教摩崖、石窟造像与经刻等。例如司里山摩崖造像群，就位于湖西岸的戴庙镇。这充分说明，东平湖区域不仅是一个千年水道，更是一个人类依水而居的繁盛之地，是古迹密集、历史文化资源丰富的区域。

东平湖北端的“清河门”“庞家口”历史上就是一处航运的津闾之地，由此可通向大海。在晋代，汶水、济水就被用作一条军事航道，支持了南朝对北魏的几次北伐战争。唐宋时期开通广济河、五丈河，贯通洛阳和汴京与山东之间的漕运，其下游即是利用的大清河。元朝皇帝忽必烈定鼎大都以后，为贯通南北漕运，首先看重的亦是大清河。为此，谕令于至元十九年（1282年）开挖济州河，自济宁向北至安民山入大清河，然后循大清河北上，穿须昌故城出清河门达利津入海，史籍称这段河道为“东平河”。这条水路虽然因海口沙壅而运行未久，以致元廷不得不于至元二十四年（1287年）“罢东平河运粮”，但它对山东航运的出海之路做了有益探索，更为元代京杭大运河重要河段会通河的开挖奠定了基础。

自明代始，京杭大运河经过东平。明永乐九年（1411年）重开会通河，

① “黄帝出生于寿丘”，史家对此有多种注说。其中最为有力的说法是在今东平县戴家庙一带。该地系春秋时古邑寿张的故址，初名“桃聚”，又名“桃丘”，寿字出现后便更名为“寿聚”，又名“寿丘”，这就是古寿张的来源。另有一说是“寿丘在曲阜”。对此上古史专家徐旭生在《中国古史的传说时代》（广西师范大学出版社2003年版）中认为：“鲁国本为‘少皞之墟’，是东夷集团的大本营，华夏集团的黄帝绝不不能生在那里。在周成王‘残奄’（鲁，奄地）以前，姬姓的势力没有到达山东的痕迹。”所以说“黄帝出生于曲阜”无考。

自济宁、南旺北的袁口改道北行，至东平的安山（大安山）向西，经八里湾、戴家庙、十里堡等进入寿张县（今河南省台前县），至沙湾入元运河故道，继而向北，经阳谷县张秋镇等达于临清。其间经东平县境60多里。新开运河以汶水为源，修筑了戴村坝—南旺分水工程，向南供水于济宁，向北通水于临清。为控制河道内的水量，于运河主航道上分别修建了安山闸与戴家庙闸。为了解决向北通水路程长、水量不足的问题，明廷又于运河南岸至安民山以北，东自安山西至戴家庙围堤新建了一个济运水柜——安山湖，并向南开挖柳长河，以引西南曹濮一代济水旧渎和梁山鱼营坡水入湖，补充北部运河的水量。① 运河南岸还先后修建了通湖闸、安济闸、八里湾闸、似蛇沟闸四闸与安山湖相通，以调蓄运河水量。至清代又于戴家庙修建了五空桥等。② 这段运河自明至清保持了500多年的畅通，河道基本上没有改变。

清咸丰五年（1855年）黄河于兰阳铜瓦厢大决口改道山东，于当时寿张县与东平县交界地带多处穿大运河，向北夺大清河入海，造成漕运中断了10年。最后黄河河道稳定于十里堡与姜家庄之间（即现黄河河道）。③ 为了维持每年的江淮漕船进京，光绪元年（1875年），时任山东巡抚的丁宝桢奏准于十里堡运河入黄处修建了船闸，以“蓄汶御黄”，使南船能够顺利入黄河。该闸运行了27年，终因黄河北岸运河的淤废而罢。作为京杭大运河上最后修建的一座船闸，十里堡闸第一次实现了运河平交入黄河，至今仍具有重大的科技意义。

自从清末光绪二十七年（1901年）漕运废止，南北运河中断之后，黄河南岸自十里堡至安山一段，由于受黄河淤积，船只不通。但自大安山以南运河仍然是通航的。山东巡抚周馥光绪二十九年（1903年）奏言：“自安山达于

---

① 这里需要说明，明代的安山湖与元代的安山湖是根本不同的，二者不仅形成的时间不同，而且所处位置不同。元代的安山湖是自然形成，而明代的安山湖全系人工所建，二者仅是名同，实际上是先后两个湖。现在常见有关书籍和文章把两个安山湖混同为一，有的还把目前的东平湖称作古代安山湖，这些说法都是错误的。

② 这里所列各闸，分别建于明清两代。如戴家庙运河大桥，初建于明景泰五年（1454年），系徐有贞治水所建，建于运河北岸（即东岸），名为三空桥，以泄运河异涨之水向北入盐河（大清河）。清乾隆三十二年（1767年），河东河道总督李清时奏准改三空桥为五空桥，桥底落低三尺。

③ 在清代，戴家庙是东平县与寿张县的分界处。戴家庙之西包括十里堡、姜家庄等都属于寿张县，但自黄河于十里堡与姜家庄之间穿运河之后，两县即以河为界，十里堡属于东平县，姜家庄属于寿张县。

江南六百余里，尚通舟楫，商民利便。”[1] 后来山东省又于大安山以东向北开河道，入孟家沟（原直沟运道），在今新湖乡巩楼村西向北，经老湖镇埠子与盐河（汶河下游）合流，绕王古店、大吉城、顺侯河出清河门，再由东庞口入黄河。这样使南部运河向北通到黄河。这段运道断续维持到 20 世纪 50 年代末，约半个世纪。

明清运河贯通 500 多年，大大促进了沿线经贸和文化的繁盛发展，促进了大安山、戴家庙等运河名镇的兴起。明清运河贯通数百年，体现了中国古代劳动人民治水通运的高超智慧，留下了像戴村坝分水工程以及安山闸、戴家庙闸、五空桥、十里堡入黄闸以及安山湖诸闸等一批水工建筑遗产。在今天，保护好这些历史文化遗产，是我们义不容辞的责任。

东平湖现实状况和功能分析

现在的东平湖是清末黄河改道山东以后逐渐形成的，简言之是黄河的产物。1855 年黄河兰阳大决口后穿过山东运河，于东阿县鱼山夺大清河入海，造成原大清河河道拓宽、淤高，致使大清河（即汶河）原在庞家口、清河门一带下泄的渠道受阻，由此向南河水发生积聚，尤其是黄河泛滥时还向该区域倒灌，形成常年大面积积水，因此成湖。正如 1915 年《山东南运河疏浚事宜筹办处第一届报告》中所说：“黄河初入山东循大清河而去”，“横截汶水归海之路”，“汶即不能北注，旋流泛滥，遂使东平良田数千万亩，尽付波臣”。在这一带洼地逐渐形成一片新的积水区，积水面积逐渐扩大。最初人们称这片区域为“积水洼”。民国时期文献（《黄淮运河整理计划初步报告》，1933 年 12 月 21 日）中就出现了“东平湖”的名称，即现在的东平湖老湖区。这时南来的运河船只亦不再东折，而改由从安山西出口直接入湖，向西北畅行无阻，至清河门北入黄河。

民国时期，东平湖地带成为山东省治河的中心。民国六年（1917 年）省

① 中国水利水电科学研究院水利史研究室编校：《再续行水金鉴·运河卷》，湖北人民出版社 2004 年版，第 1820 页。

府裁撤上中下三游河防局，成立山东河务总局，其分局设在十里堡，内设总务、计核、工程三股及分料厂一个。

新中国成立后，1950 年黄河防汛总指挥部确定东平湖为黄河自然滞洪区，作为确保黄河下游防汛安全的重要措施之一。由于黄河涨水多次漫流入湖，湖底进一步淤积抬高，湖区面积扩大。1958 年经国务院批准，在原有滞洪区的基础上改建为东平湖水库，将张坝口以北运河截入东平湖库区内，由此这段运河即断航并逐渐消失。而向南至济宁段运河也由于济梁运河的开挖截断和改变了运道而断流。当时修建的东平湖水库面积 209 平方公里，设计蓄水位 46 米（大沽基点），相应库容 40 亿立方米，是一座具有防洪、防凌、灌溉、发电、航运、渔业等综合效益的全国特大型平原水库之一。1963 年经国务院批准东平湖水库功能由原来的综合利用又改为“以防洪运用为主”，为此增修加固了湖堤，在常年蓄水的老湖区以南又划定了一个面积 423 平方公里的新湖区，作为防御黄河特大洪水时的分洪区。在东平湖老湖区先后修建了林辛、十里堡、徐庄、耿山口四个分洪闸和陈山口、清河门两个泄洪闸；在滞洪区建了石洼分洪闸和张坝口、柳长河泄水闸以及梁山码头泄水涵洞等，以备将滞洪区的水通过这两个闸和涵洞泄入梁济运河，南流注入南四湖等。经过几十年来的修建治理，东平湖作为防洪工程，可谓功能齐全、设施完备，国家投入甚大。

然而，半个多世纪以来，我国北方自然条件发生了重大变化，干旱缺水逐渐成为主要矛盾。由于新中国治黄成功，黄河的状况已发生了根本改变，至今河道、流水量甚至泥沙等问题已基本上处于被管控之中，再没有发生大洪水的可能。以东平湖各分洪闸为例，自建成半个多世纪以来，只在最初使用过一两次外，基本上没有泄过黄河水，大量防洪工程长期闲置无用。多年来黄河水在汛期连河岸都爬不上来，更别说有泛滥决堤之险。由于汶河水源大量减少，昔日的汹涌大河现在已变成季节河，每年流入东平湖的水量实际不足 4 亿立方米。如果不是现在南水北调给予补水，东平湖连维持生态的水位也达不到，将每年都出现几个月的枯水期。东平湖应有的水利功能长期没有发挥出来。

值得人们注意的是，现在的东平湖已不再是过去的低洼之地，而是同黄河一样，经过百年来的巨变，地势大大抬高，变成了南北的“水脊”。只要有了水，其独有的势位就会发挥无可替代的功能。

南水北调东线工程给东平湖带来了难得的机遇，它不仅把东平湖与南四湖这两个北方大湖贯通在一起，通过三级提水给东平湖调来了长江水，而且通过梁济运河、柳长河把长期中断了的黄河以南航运重新开通，为山东大运河的通航和供水提供了关键性条件，使东平湖上升到新的枢纽地位。有人言其引来的江水价格昂贵，但岂不知它的作用是“补短板”，其带来的整体效益更为巨大。

多年来山东省有专家提出“恢复戴村坝—南旺分水工程”的主张，他们竟不知道今天的南旺其客观形势已与历史上根本不同：由于百年来北部梁山、东平一带地势隆起，南旺已不再处于“水脊”之位，再无分水的作用。如今大汶河更无水遏流于南旺，小汶河早已失去输水条件。[①] 自梁济运河开挖以来南旺已远离运河，老运河故道亦多为村居农田占用，大段踪迹无觅。所谓“恢复戴村坝—南旺分水工程”已毫无意义。南旺的历史成就诚然是我们永远的骄傲，但今天它已是历经沧桑，景况全非，不可再造。而新的水脊之地已移至东平湖。在东平湖黄河水、长江水、汶水相汇合，使其成为水源的供给地和分流地；它南北贯通京杭，东连大海，西通中原大地等，是航运分合的调度区，是真正的枢纽之地。其作用亦是历史上的南旺不可比拟的。

站在全省水利建设和运河通航的战略高度，如何规划山东未来的枢纽地位，这是对领导者治水兴运决策的一个重要检验。

有一种观点是把南四湖视为新的枢纽之地。笔者认为，南四湖与东平湖同是山东两大蓄水区，其中南四湖虽然具有蓄水较多、通水通航条件好等优势，但所处地势低洼，比东平湖低 10 米之多，不居有“水脊”之位。从常识上说，只有处于高位的水，才具有更大的势能和利用价值，才可能有分水功

---

① 小汶河原来是从戴村坝遏水输往南旺的关键工程。由于 20 世纪 50 年代末梁济运河开挖，南旺旧运河不再通航。1960 年，汶上县为了防洪需要把戴村坝以下的小汶河堵死。由此，其下流河段逐渐干涸，有的河段被村居占用、平作农田，或只剩下一条窄水沟，更不能通至南旺。20 世纪 70 年代汶上县搞水利建设，又于戴村坝上流琵琶山（位于东平、汶上、宁阳三县交界一带）大汶河上开口，引水南流，通过北泉河输汶上北部，以补河道供水，但也不通至南旺。目前看到有关方面还在做“恢复小汶河输水”的规划，这是不切实际的。

能。东平湖处于泰山脚下，居于全省南北的中间，是行水的制高点，它纳山东最大的内河汶水之源，又有引蓄黄河水之便，从该处出发，既可向南自流于南四湖，向北分水于鲁西北大地以及京津冀地区，又可向东横贯济青达于胶东沿海，向西平渡黄河连接中原大地等，四面皆可分水通达。而南四湖由于地势低洼，又加之地处偏南，是远不及东平湖这种优势和功能的。

面对新的形势，山东省治水兴运应有新的视野，对于今天东平湖的功能和定位应做出调整，即由单一的“以防洪为主”改变为以蓄水、输水和航运为主，充分发挥其水利功能。目前，我们诚然无法料定黄河百年内是否会有特大洪水发生，但是完全可以料定随着国力的强大和水利科技的进步，任何洪水都是可以治住的，而当下的决策不应立足于不可能发生的事情上。

东平湖傍依黄河，眼望黄河水这样宝贵的淡水资源每日不息地流入大海，实在令人痛惜！留蓄黄河水应是山东省节水治水的首选措施，其最现成和方便的方法是将一部分黄河水引入东平湖，充分发挥东平湖蓄水的功能，真正使其成为黄河下游最大的蓄水库。至于泥沙淤积的问题，现在从理论与实践上都是可以解决的。同时还要加强对汶河的治理和环境保护工作，尽可能提高汛期的蓄水水位等。总之，要充分发挥东平湖引黄、蓄江（调蓄长江水）、储汶的水源优势，使湖内常年保持盈水。如果将其优势充分利用、发挥出来，它所带来的效益将会大得难以估量，更是其他任何地区无法比拟的。

关于东平湖通航线路和过黄河的设想

目前，由于国家南水北调东线工程的实施，并结合进行了梁济运河①和柳

① 梁济运河原是新中国成立以来于1959年10月始开挖的一条排水干渠，主要是排出当时梁山、郓城、汶上等县的涝水入南四湖。其北自梁山县北端的国那里，南至济宁市郊区李集西南入南阳湖，全长90公里，初名“湖西排水渠”。该渠后来又经过多次拓展和改造，半个多世纪来在排涝、防洪和引黄、抗旱等方面发挥了巨大作用。其间于1966年、1967年进行了通航改造，按六级航道加深疏浚，并兴建了郭楼节制闸和船闸、任庄港等航道设施，由此改名为“梁济运河”，但只在1968年汛期大水时实施了济宁至梁山通航。1972年12月于国那里修建了入黄闸一座，进行了船只入黄的试验。后因黄河淤积和影响防洪等，于1980年将闸封堵。

长河[1]的通航改造，东平湖与南四湖水运贯通，建成了三级航道。这标志着黄河以南的通航已经实现。但是如何规划东平湖向北的通航线路以及解决过黄河的问题，当前却没有明确一致的意见，成为目前山东大运河复航的一个关键课题。

2019年中办、国办印发《大运河文化保护传承利用规划纲要》，全面系统阐明了打造大运河文化带的根本意义、方向、目标和任务等，体现了党和国家新的决策部署。其根本要求是以文化为引领、为灵魂，把保护传承祖先留下的历史遗产、弘扬中华民族的精神文化放到首要地位，而不可能再停留于原来单纯航运开发的旧观念和旧目标。

遵照党和国家新的决策部署，目前东平湖通航和穿黄的方案应是清楚的。其线路显然仍应沿循历史故道。其实京杭大运河故道就在目前东平湖南部从大安山至戴家庄的水域。恢复这段古运河通航是打造大运河文化带的重要任务。如此，南运河从八里湾闸进湖后即可进入明清会通河故道，由此向西经湖中30里到达西岸戴家庙。戴家庙的老运河故道目前仍清晰可见，继续向西10里就到了清末运河穿黄处十里堡，其入黄闸遗址就在其村北。只要重新开通这10里故道，南运河就能通到黄河。

船只过黄河显然是运河南北贯通的核心问题。通过对十里堡一带地势、地形的考察，得知目前黄河底海拔高度与东平湖底海拔高度基本持平，即都在39米上下。这完全适合船闸平交过河的方式。我们所说的运河过黄河，是指船只过黄河，而并不意味着运河的水穿过黄河。黄运两水在闸槽内外对接但并不发生流通，这只有现代船闸技术才可以实现。

在运河穿黄问题上，多年来不少专家都主张“穿黄隧洞”工程。根据目前黄河与两岸地势高程的对比，“穿黄隧洞”工程的条件完全不具备。其实，

---

① 柳长河又名“流畅河”，系一条人工开挖的河道。始挖于明永乐年间，目的是引西南一带济水旧渎和梁山鱼营地区坡水入安山湖以济运。其路径大体循古济水旧迹，时亦称北清河。据清蒋作锦《东原考古录》记载：“柳长河，济水旧渎也。禹济会故道，西距安民山五里，河淤垫高，济流东徙，此其遗渎，所谓北清河也。明置安山湖，别无泉源，河由荆隆口出水，分入济渎，名济水，迳郓城东南，由北清河汇入安山湖，以济运。湖河沿堤植柳，因河逶迤南来，计长五百里故名。”该河于清初同安山湖一起被黄水淤废。现柳长河挖于20世纪60年代，主要作用是排涝，排出梁山、东平一带涝水入梁济运河。由于地势变化，这段柳长河与旧河不同，不再是向北流，而改向南流。

运河船只以船闸方式入黄河早已是前人解决了的问题。如前所述，在清末黄河穿运后，山东巡抚丁宝桢于光绪元年（1875 年）曾主持在十里堡修建了运河史上第一座入黄闸，该闸顺利运行了 27 年，是运船入黄河和排除闸前泥沙的首次尝试。[①] 在 20 世纪六七十年代，水利和航运部门在附近的梁山县国那里也曾修建了一座船闸，在济梁运河与黄河之间试行了几年的通船。显然，在各种运船过黄河方式上以船闸方案最为简便、安全，这本是前人已经做过的事情，依今天的物质条件和技术力量更是没有问题。然而我们看到有些专家对此课题反倒变得无知无为，畏缩不前，甚至竟设想出各种不切实际的方案，至今仍没有定策。

船只进入黄河，即可驶入对岸的清末黄河穿运处遗址姜家庄（今属河南省台前县），由此同样以船闸方式进入北部运河，经张秋、东昌府等顺流达于临清。这样，京杭运河全程复航的目标就可实现。

在关于过黄河的路线上，看到有种意见是穿东平湖向北，沿南水北调线路，至解山（对岸即位山）一带过黄河。但该处既有南水北调穿黄隧洞工程，又有位山引黄灌溉渠等大型水利工程，还有新建的黄河大桥等，工程十分集中，因而不适宜在此再实施运河穿黄工程。更重要的是，这一线路远离历史故道，无任何历史文化遗存，不仅无法打造大运河文化带，而且必然把运河古镇戴家庙、张秋镇以及十里堡穿黄闸、沙湾八里庙等大量历史遗址、古迹抛离于线路之外，包括列入世界文化遗产中国大运河遗产点的张秋荆门上下闸都将与运河无涉，这必然有损于运河历史遗产的完整性和连贯性，使运河文化长廊断裂。这样有悖于运河复航的根本意义和指导思想，当为不可取。

按照国家南水北调工程东线目标，自东平湖向东、向北分别有两条输水线路，即分别输水于胶东和鲁北、天津。其中，胶东线路已经实现了输水。笔者认为，这条线路应当与山东省目前正在实施的小清河复航工程相连接，

---

① 十里堡运河入黄闸，清光绪元年（1875 年）开工，次年建成。为山东巡抚丁宝桢奏请清廷所建。共拨银三万两，以石、灰等筑砌闸座，柏木下桩等。东西槽洞长十米，深八米。其主要作用是“蓄汶御黄”，保证南运河船只顺利入黄河。据光绪二年（1876 年）五月丁宝桢奏言：“又于寿张、东阿交界之下十里堡，添建十里闸一座，蓄汶御黄。”（中国水利水电科学研究院水利史研究室编校：《再续行水金鉴·运河卷》，湖北人民出版社 2004 年版，第 1234 页）该闸运行了 27 年，后因黄河北岸运河淤积问题得不到有效解决而废弃。

将东平湖向东的输水线路改造成航道，接通至小清河。这样就可以顺流经过济南达于渤海湾。《大运河文化保护传承利用规划纲要》提出：“提升南水北调东线输水能力”，“研究建设出海航道和分流航道，重现通江达海的千年航运风貌”，而京杭大运河山东段的出海航道和分流航道，除了东平湖别无选择。

如此设想，一个新的东平湖时代即将到来。在这里，湖水将更加浩瀚，船舶将更加频密，它南通三江五湖，北抵幽燕京津，东出大海远洋，西驶中原大地等。湖岸港湾密布，游人如织，一片繁盛、壮观的景象。如果说历史上南旺的奇迹只在于南北分水，而东平湖的奇迹则在于汇聚江、河、汶之水，成为从鲁西北至胶东整个山东水利网的枢纽，并实现京杭大运河“通江达海”。且不言航运量远非往昔可比，就只说使长江之水千里爬高来到这泰山脚下，就是举世无双的奇迹。旧的辉煌消失了，新的辉煌又崛起，这正是历史前进的必然规律，我们切不可沉溺于昔日的荣耀而无视现实的恢宏，重蹈“刻舟求剑”的故事。

（本文写于2019年10月，有修改）

附图：

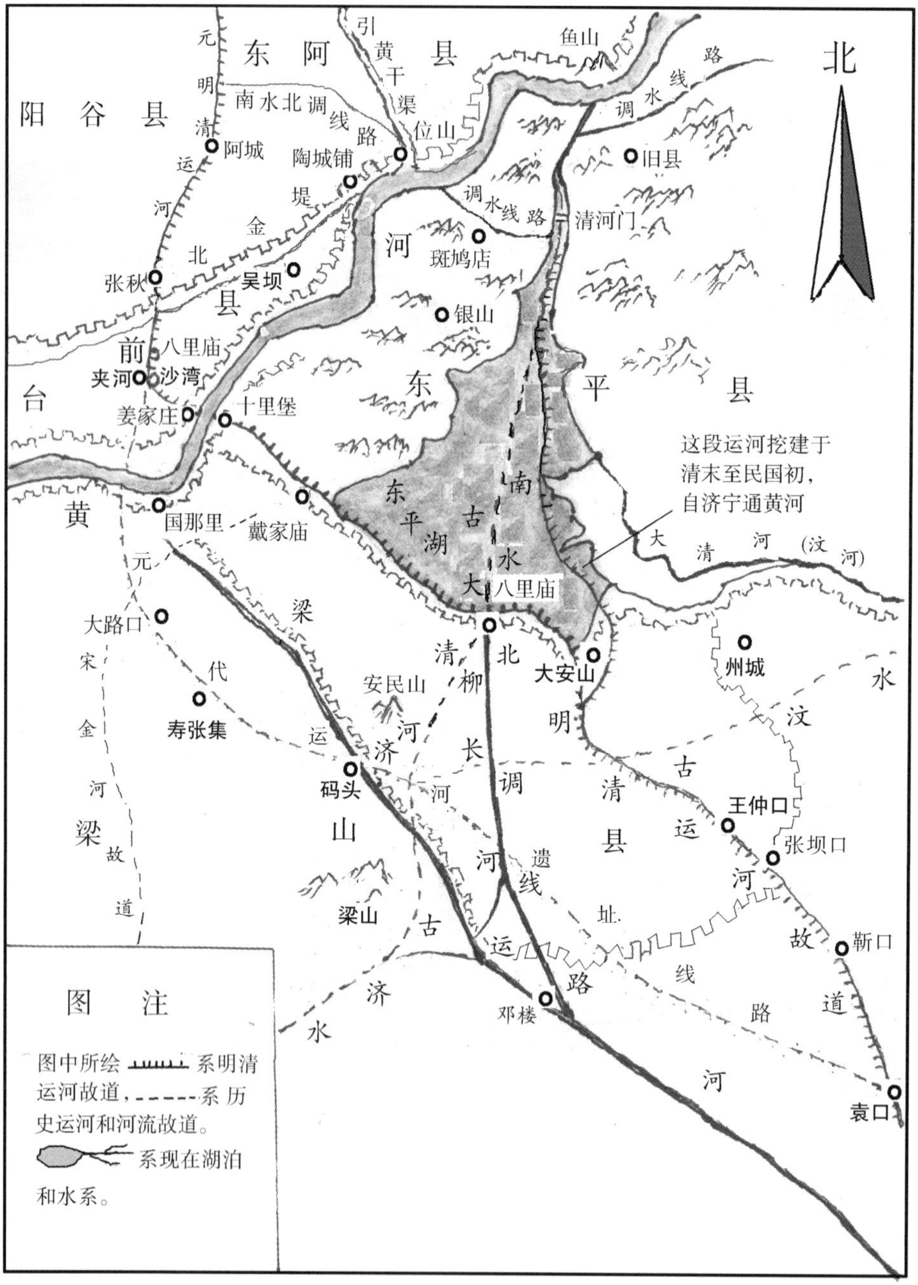

东平湖与运河通航线路示意图

东平湖明清运河故道

东平湖八里湾水利工程

1861 年的运河戴家庙渡口

戴家庙明清运河故道

关于黄河以南大运河复航的几点建议

黄河以南的运河，是指目前从黄河向南至南四湖的一段京杭大运河，所跨地区是济宁、泰安两市。该段运河历史上居于济州河和会通河始源地以及京杭运河的中枢河段，历来对大运河全程贯通具有决定性影响，其历史文化资源最为深厚。

2019年中办、国办印发《大运河文化保护传承利用规划纲要》（以下简称《纲要》）提出："研究论证黄河以北段全线复航的必要性、可行性和技术经济性。"我认为其基本精神同样适用于黄河以南。这是因为黄河南北大运河复航线路和穿黄方案等是互相衔接、统一的，虽然南北在水源、环境等客观条件上不同，但运河通航的根本理念和设计规则应是一致的，而不应各自循规。只有着眼全局，统领南北，进行统一、周密的论证和策划，才能解决好山东大运河全线贯通问题。

关于南四湖东岸微山县段老运河故道（主要是南阳新渠和泇运河遗址），如何保护修复、"活态传承"，将另行调研，在此暂不讨论。

黄河以南运河复航目标的确定

黄河以南与黄河以北一样，目前都同时存在着两条运河：在黄河以北是位临运河与小运河，在黄河以南是梁济运河与老运河。小运河与老运河是历史上的京杭大运河故道，长期以来处于被废弃的状态；位临运河与梁济运河都是新中国成立以后开挖的引黄渠和排水渠，并未正式通过航，现在多数地图上都标着"京杭大运河"。

这里所面对的共同问题是：规划大运河复航和打造大运河文化带，究竟是沿用哪条河，以哪条河为承载？哪条河道才是真正的京杭大运河？

我认为这是目前必须明确的前提问题、根本原则问题，对此《纲要》中是有明确规定的。

《纲要》在前言中开宗明义指出：“本规划纲要所指大运河由京杭大运河、隋唐大运河、浙东运河现有和历史上最近使用的主河道构成。”这里所说的京杭大运河“现有”和“历史上最近使用的主河道”，显然都是指我们祖先所遗留下来的历史文化遗产运河，而非指现代新开挖的只具其名的“运河”或“京杭大运河”。在山东段即只有会通河明清故道，此外没有其他可与之并称的运河。只有严格坚持这一实体认定，才能保证大运河遗产保护传承的真实性和原貌，而避免以任何虚假的运河冒充历史文化遗产。

对于这个认定，我看到在黄河以北聊城市领导那里是明确的。2019 年市委书记孙爱军在讲话中明确宣布：我们将按照古运河流经路线，将运河沿线节点串联一体，开通沿途乡村旅游带。这说明他对大运河的概念是明确的，这一原则认定对于黄河以南也同样适用。

关于黄河以南的运河通航有个重要的情况：21 世纪初国家启动南水北调东线工程，将调水与通航相结合，对梁济运河和柳长河进行了通航改造，从而实现了济宁向北至东平湖的通航。然而据此能否认定黄河以南的运河复航目标完全实现了呢？

笔者认为不可以。这是因为从航运上可以说目标是实现了，但是从打造大运河文化带、贯彻落实关于大运河复航的根本目标任务上并未实现。

我们知道，自从习近平总书记 2017 年发出关于保护大运河的重要指示以来，运河通航工程进入了一个新时代，被赋予了全新的理念，根本的是“打造大运河文化带，深入挖掘大运河丰富的历史文化资源，保护好、传承好、利用好大运河这一祖先留给我们的宝贵遗产，是新时代党中央、国务院作出的一项重大决策部署”。在《纲要》中关于大运河的“功能定位”明确规定有三项，即打造“璀璨文化带”“绿色生态带”“缤纷旅游带”。这其中并没有发展航运的内容，而其中灵魂、核心只有一个，即历史文化。以历史文化为引领与过去以航运为目标的通航是两种根本不同的理念和部署。这清楚说明，新时代党和国家重大决策部署本质意义并不是航运，而是保护和弘扬中华民族的历史文化，把祖先创造的大运河遗产激活，使其重新展现于世界。可以说，以航运为中心的京杭运河通航工程已成为历史。

我们知道，梁济运河和柳长河本是新中国成立初期开挖的两条河道，在当时背景下，并没有保护传承利用文化遗产的观念，所开河道完全抛开历史故道。在目前它虽然被改造为通航河道，在当代水利建设中发挥重大作用，但它并不是一条凝练历史文化的河。在其250多里的线路上，没经过乡镇村庄，无任何历史遗存和古迹遗址，亦没有景观，听不到运河故事。在这里人们感受不到运河风貌，产生不了历史文化印记，也不会有多少人愿意在这样的河道里旅行。梁济运河和柳长河无法承担打造大运河“璀璨文化带”和“缤纷旅游带”的功能和任务；其全程一律是直通通的混凝土贴岸的河道，岸边芦蒲、水草不生，水中鱼虾无有、沿河飞鸟不至等，亦谈不到打造“绿色生态带”。这同新时代关于大运河建设的指导理念相差甚远。因此把梁济运河和柳长河的通航视为大运河复航目标的实现是错误的。目前，真正实现黄河以南大运河复航的目标尚任重而道远。

黄河以南老运河亟待救治和修复

黄河以南老运河，自东平县十里堡村至微山县的鲁桥镇约300里，本是京杭运河中一段历史悠久、古镇名村和运河遗存密集的线路，其历史文化资源极其深厚，包括济宁市区现在仍然通水的济州河河段及其工程设施、古建筑群，南旺分水枢纽遗址，鲁桥千年古镇，仲浅、石佛、耐劳坡、火头湾、长沟、开河、袁口、靳口，大安山，戴家庙、十里堡等著名古址、古迹和运河历史地标等，然而它们现在全部被抛离于通航河道之外。大部分故道处于被废弃、日趋消失的状况（除了济宁市区25里为现有通水河段），在地图上找不出标记，具体路径很少有人清楚。但它却是流淌了数百年的真正的京杭大运河，是祖先留下的宝贵历史文化遗产，如今这样被埋没、被废弃，实在是令人痛惜！

也许有的人会说，这些运河遗产点目前都列入了文物保护和管理。但我认为对遗产点、段的保护与运河复航和打造文化带是不同的概念。对遗址和遗存的保护是个别、分散且相互孤立的，但各遗产点之间没有水运贯通，遗产链完全断裂，不能形成统一、整体的文化带。《纲要》明确强调：大运河是“流动的文化”，特别要求予以“真实性、完整性保护”，“活态传承”，使其成为“活化流淌，伴生的文化”“有水的河”，“恢复历史风貌”和“风韵”等。这些都说明，无论是打造大运河文化带还是保护传承利用好历史文化遗产，其通水通航是决定性的目标。只有河道贯通，历史文化遗产才有灵魂，才称得上是“活化保护”“流动的文化”，才能恢复古运河真实面貌。只对遗址遗产点、段分别实施保护，无河道贯通，这与“真实性、完整性保护”的要求相差甚远，谈不到恢复大运河“活的灵魂”与“生态保护”，只是一种“死态”保护，更不可能使大运河风貌和光彩展现于世。这种有“珠”无河的保护与有河无“珠”的通航一样，都是与《纲要》关于“河为线，城为珠，线穿珠，珠带面”的思路不相符合的。

例如南旺分水枢纽遗址，从遗址保护工作上看目前是做到了，但人们在现场看到的是河道里干涸无水，整个遗址被四周建起的高大围墙圈在其中，而与周围的故道和环境完全分开。两边的河道都被村居所占压，踪迹难觅，使人丝毫体验不出大运河历史上的形势和风貌。

因此说，只对遗产点、重点景区孤立实施保护和建造，而没有通水复航，就谈不到对大运河遗产的真实性、完整性保护传承以及活化利用。把古运河全线通水通航，再现其历史的风采，才是我们真正的使命担当！

经考察得知，目前黄河以南段老运河状况实在堪忧。在 20 世纪 70 年代老河道还全程贯通，部分河段有水，在地图上有标示；但在 80 年代后即加速消失，至今有半数以上河道被填平变成农田，或被道路、房层所占压等，河形不见，在各种地图上亦找不到标示。目前尚存的河段也干涸无水，成为“垃圾沟”。有些所谓“遗址保护”不过是文物部门立了一个标志牌，甚至有些文物保护碑周围也长满了荒草或堆放有垃圾，实际上并无人管问。

例如，从东平县大安山向南至梁山县开河的一段会通河故道以及戴村坝至南旺的小汶河等，都是被列入世界文化遗产的中国大运河的重要河段，但实际上它们的完整河形已经不存在，不仅其大部分河道消失不见，而且在地图上也找不到标记。很难说这样的遗产保护还有什么真实意义。

我们知道，在《纲要》中大运河沿线的古镇名村被比作一颗颗“珍珠”，但实际上目前沿运道的村镇却是最脏乱差的地带：一条枯沟穿村而过，沟中长满树木杂草，成为污水、垃圾的倾倒场。更有鼠类窝藏，蚊蝇、害虫滋生。对这个垃圾带，当地村庄既不能平掉，也无法治理，其已成为村民最感到烦恼的问题。我认为，只有通水通航才可将其根治，使其面貌完全改观。这样垃圾沟不仅被疏浚，而且能建成漂亮的景观，旧貌变新颜，再现运河水乡的面貌，为村庄增生灵秀，从而大大促进沿线生态环境改善、经济文化发展。从考察中深刻感到：沿线百姓对贯彻落实中央关于老运河复航的决策部署充满无限憧憬和期望。

关于复航方案的几点建议

在政府和有关部门看来，恢复老运河是十分复杂、困难的事：水源缺乏，故道狭窄，障碍物很多，关联问题复杂，等等。但笔者认为，只要深入群众把实际情况调研清楚，这些问题都是可以解决的，并不是多么艰难的事，从目前基本条件上说完全具备。其方案要点陈述如下：

1. 线路确定

黄河以南老运河存在着元运河与明清运河两线，如前所述，根据《纲要》的认定，运河复航线路应依循明清故道。该线目前河道情况复杂，可分段逐步实施。目前除了个别河段外，绝大部分遗址河道可以复航。

具体路径从北向南，拟确定如下：自东平县十里堡村黄河向东行，经戴家庙、八里湾至大安山转向南，至王思口进入梁山县，又经靳口、袁口、开河，进入汶上县。经南旺向南进入任城区，经长沟向南入梁济运河。循梁济运河向南至老运河闸折东入城区老运河，向东至大闸口转向南，进入太白湖新区，经赵庄、石佛至辛店直接入南阳湖。线路全长约 270 里。该线通航后就使该段 80%以上历史故道重新复航。余下的两段故道，即任城区的安居、火头湾段和自太白湖新区辛店向南至微山县的仲浅、师庄、鲁桥段，因这两段故道分别处于梁济运河西岸和南阳湖东岸，水系交叉且河程迂曲，目前可暂不通航，但也应实施修复治理，实现区间通水，待下一步继续调研再确定是否通航。

该线通航后，大运河基本上能再现历史上的风采。沿线经过村镇众多，人口密集，可真正地把大运河建在人民群众之中，让广大群众享受到通航的福祉。该线通航后，将使南四湖、东平湖、黄河、梁济运河、泗河、洸府河以及太白湖景区、南旺枢纽遗址、梁山、微山等大景区之间全部实现水运贯通，生态环境状况将大大得到改善，文化和旅游资源得到极大整合，鲁南旅游事业发展将更上一个大台阶。

2. 河道规划

由于梁济运河和柳长河承当了航运和调水功能，老运河复航主要在于发挥活化古迹、打造文化带和旅游带功能，因此复航河道可不必太宽，拟五级即可。即使如此，也超过了历史上最大级别的清代河道。现在的船舶都是机动船，航速和载重都大大提高。根据现实情况，可设计在河阔 30～40 米、水深 2 米，船载量 300 吨以下，可通过 100 人的游轮。这样做起来才更为现实、可行，而不必盲目追求超前和高规制。河道越宽越会失去古运河的原貌和风韵，同时造成水源和工役投入等方面不必要的浪费。

由于运河沿线各村庄中通航障碍居多，有意见主张复航线路离开故道和村镇，于村外田野中另开新河等。我认为这种主张是不可取的。

《纲要》明确说明：要按照“河为线，城为珠，线穿珠，珠带面”的思路规划复航线路。这就要求复航仍应沿循历史线路，贯穿运河古镇、历史街区和村庄等。离开故道和村镇，沿岸没有历史遗迹，就建立不了“线穿珠”的文化带，这样就不称其为真正的运河。运河因有古村镇才具有其深厚的文化内涵、丰富的人文景观；村庄因有运河才更灵秀、亮丽，形成江南水乡的风韵，二者应紧密结合。在江南村镇，多见有些房舍、路桥等建筑物傍河而立，岸边竹树葱茏，这恰是一道美丽风景啊！

正如国家关于古长城保护修复的要求一样，大运河复航也应坚持“原址保护、原状修复、修旧如旧”等原则，恢复大运河的“原真性”“实体性”“完整性”“历史风貌”等，再现一条真实、正宗、原貌的古运河，而避免去“开发新航道”或将任何虚假、冒名的现代河道充作古运河。

经考察，目前运河故道上现存的真正的古闸、桥和设施已经不多，大量建筑物是现代新建的。复航河道开挖基本上仍可在遗址上实施。除了对少量文物遗存可适当绕开或原样平移之外，对于占压河道的违章建筑物如路桥、房舍等都可做拆迁安排。目前的村庄改造工程要结合运河复航要求，统筹规划，充分考虑保护运河故道的需要。从经济和便利方面说，在故道上开河也远比在村外征用农田开新河要合理、可行得多。

对于河岸上的建筑物在不影响航行和河道管理的原则下可酌情保留。《纲要》虽然规定有"具备条件的有水河道两岸各 1000 米范围内优化滨河生态空间，严控新增非公益建设用地"，但这里并不意味着对原有的河岸 1000 米范围内的村居和建筑物一律拆除，也不意味着在该范围内不准增建一些文化、旅游设施以及公益性服务建筑等。这里的根本问题在于搞好生态环境建设。

河道两侧原有的岸柳、老树等都应保留，以美化景观。沿河除村庄、码头等紧要河段外，一般情况下不必以砖石、混凝土等护坡，而要保留泥土河岸，河边多植水草、荷莲等，以构建自然风貌。依据不同的地形地貌，沿河可造植树林、芦苇荡、菏蒲湿地、滩湾等，这样水中鱼虾、岸边鸟类等才能生息繁衍，真正形成绿色生态带。

3. 水源利用

济宁至临清段运河在历史上主要是以汶水为水源，通过南旺分水枢纽向南北分水济运。由于清末黄河来山东之后，黄河沿岸和东平湖一带地势升高，现在南旺已不具有"水脊"之位，新的"水脊"已移至东平湖。现在东平湖水位高出南旺 4 米。同时，由于鲁中丘陵地带干旱少雨，各地泉源完全消失，现在大汶河只以汛期雨水为源，变成了季节河，已无水遏流至南旺。现在的南旺河湖消失、滴水无存。多年来有专家发出"恢复南旺分水工程"、实现运河通航的呼吁，完全是一种不切实际的空谈。

新时代运河复航水源不可能再因循历史，而应从现实出发。目前最便利的条件就是从东平湖引水。

由于南水北调工程东线通水成功，黄河以南老运河复航具有了充分的水源条件。现在东平湖已常年充水，正常蓄水达 10 亿立方米，并且居于南北地势最高的水脊之位，东平湖水位比南四湖高出 10 米，只要从大安山开闸向老运河输水，湖水即可沿运道向南顺流至南四湖，而不必再由南旺分水。

这样在黄河以南即形成互相并行的两条运河：梁济运河—柳长河与老运河。前者承担航运功能，后者承担建设文化带、生态带和旅游功能；前者自南四湖向东平湖调水，后者由东平湖水自流回南四湖，形成一个绿色水运循环网。老运河以五级航道计，年需水约 8000 万立方米，无须大量增加引水指标。

4. 穿黄工程

大运河全程贯通，最重大的难题是穿黄，多年来专家们设想了“穿黄隧道”“架槽”“升船机”等各种方案。但在笔者看来，以现代条件和技术解决运河穿黄问题绝没有那么复杂和艰难。

明清运河故道自大安山向西北即进入现在的东平湖。出湖西岸经戴家庙古镇 10 多里即至清末黄河穿运遗址十里堡村。该村隔河 4 里与黄河西岸台前县姜家庄相望。目前运河穿黄工程仍应在此定址。

据勘察资料，目前东平湖与其西临的黄河正常水位基本持平（42 米），两水之间距离较近，地势平坦，为穿黄工程提供了良好的客观条件。该处亦与对岸河南省制定的《台前县运河通航规划》线路和穿黄方案相一致，当为唯一可行的选址方案。

所谓运河穿黄，实则是船只穿黄，并不意味着运河水穿黄。根据该地的现实条件，黄河以南运河引用东平湖水十分便利，主要工程是破堤修建一座入黄闸以通黄河。另建一座泵站，以备湖水处于低位时将其提升，使其保持与黄水持平或略高于黄水，这样即可使南北船只过闸往来。其工程技术并不复杂。

黄河以北引用黄河水，工程更为简单。因为地势南高北低，只要开河即可顺势北流，正如位山引黄干渠半个多世纪以来一直畅流，只需于堤岸修建一座船闸控制水流即可。

关于穿黄闸工程规制等，详见本书《大运河过黄河的船闸方案略述》一文，恕不复议。

这样南运河的船舶由十里堡闸进入黄河后即于姜家庄闸驶入北运河，南北大运河就全线贯通了。这其实就是现代船闸技术的运用：黄运平交，水不穿插，江河接力，“船通而水不穿”。这一课题虽然繁巨，但在工程实施上却比较简便易行，可充分利用当地的地势和现有的水利条件，不增民负、节省资费等。这不能不是对现代治河方式在技术上的又一重大创新。

以上四个问题，即是黄河以南大运河复航方案的要点所在，在统一思想认识的前提下，一切问题都可迎刃而解。我们坚信，在《纲要》顶层设计的统领下，大运河全程复航的愿景定会实现。

（本文写于 2021 年 3 月，有修改）

附图：

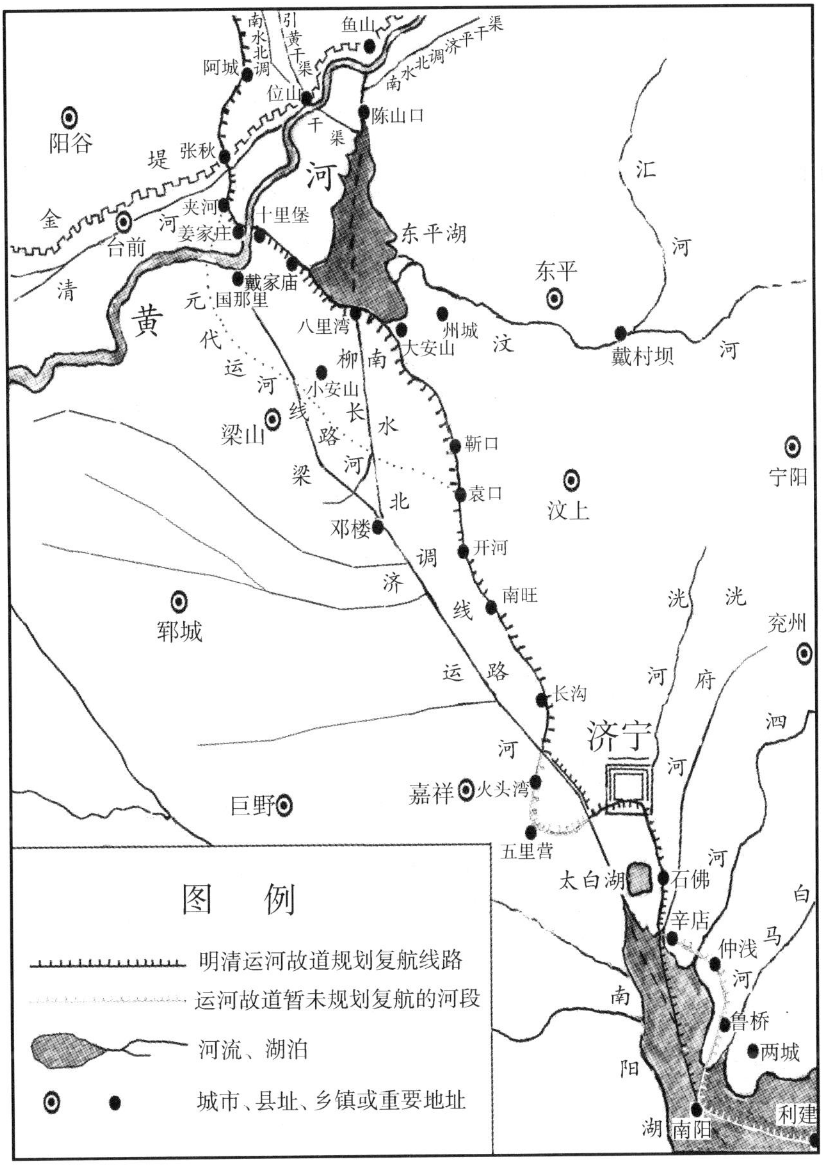

黄河以南京杭大运河复航线路示意图

深入搞好大运河历史文化遗产调查研究

中办、国办印发的《大运河文化保护传承利用规划纲要》（以下简称《纲要》）为大运河沿线发展谋篇布局，其根本意义是打造大运河文化带，深挖历史文化资源，把祖先留下来的这一宝贵遗产保护好、传承好、利用好。

贯彻落实《纲要》包括多方面的系统工程，其中“前提和基础”的工作是“摸清资源家底”，即以问题为导向，深入开展调查和研究，切实把“大运河实体”和相关遗产资源的真实情况搞清楚，填补历史空缺，剔除误读的、虚假的、错位的认知。《纲要》指出：“开展核心区大运河文化遗产调查和认定”，“推进考古发掘和相关领域专题研究，深化对大运河文化遗产的综合认知”。“摸清资源家底……实现各类遗产的真实性、完整性保护”，“这是我们保护好、传承好、利用好大运河文化的前提和基础”。要“推出更多的优秀科研成果，加快研究成果转化，为展示推广大运河文化提供坚实支撑”。这充分体现出党和国家对于大运河历史文化遗产调查、研究的高度重视。

山东段运河处于京杭大运河枢纽和关键地位。在这里黄运穿插，水系关系比较复杂，历史上大运河实体变迁较多，运河工程文物资源丰富。但由于历史文献记载不够详确，有些遗存消失等，相关论著对于大运河的介绍和讲述多有不清楚、不准确的问题，在历史研究上存在不少的空白、悬疑。正如全国政协委员、文物出版社社长张自成所说，目前对大运河文化遗产和文献档案资料“家底还未摸清”。联系山东运河的历史和现状来说，我认为这个问题更是突出。

根据现有论著的介绍和讲述，山东运河史上的空白和悬疑问题举例如下：

京杭大运河山东段始于元代，其标志是济州河和会通河的开挖。但元运河究竟是如何规划和开挖的，对此空白较多。一般认为山东运河是郭守敬所规划的，“郭守敬是山东运河的设计师”等，这种说法是否属实？元运河线路穿越梁山泊干涸区域，当时沿线大多荒无人烟。现有村居都是明清时期所迁建，在从袁口至安民山，经寿张集、沙湾至张秋镇这一长线上故道遗址具体在什么地方？现在无人知道，更无记载，有必要予以科学勘察，调研清楚。

元代济州河和会通河（济州至安民山段）的通航，究竟是利用的何种水源？历史文献普遍记载的是“汶泗之水”，这是可能的吗？

南旺分水枢纽工程究竟始于何时？目前所有记述都是“明代宋礼、白英所创建”，这种认定是正确的吗？南旺分水的技术原理是什么，有无所谓“鱼拨”之类的设施？南旺分水的调控情况究竟如何？

京杭大运河通航的水资源是如何配置的？有著述说：“运河全程通航主要用的山东的水”，“一水直通南北”，在今天仍应用“南四湖之水输京津”。事实果真如此吗？

关于古梁山泊一带的历史遗址和河道，清代学者蒋作锦就指出过史志上记载混乱，并撰写《东原考古录》进行考证。此后由于黄河改道此地，该地区的地理面貌又有较大的改变，古运河及其关联遗址在目前史书讲述中更加模糊不清。如把元代、明代两个不同的“安山湖”混同为一，说“东平湖就是安山湖”，把“北七湖”说成“北五湖”等，这种说法普遍存在。还有专家说“明清运河与大清河在梁山县国那里村东穿过”，竟不知道这段明清运河与同时期的大清河都在东平县境，完全不经过梁山县（梁山县于1949年建置）。这两条河一条在南，一条在北，根本没有相互穿过的关系，更无涉“国那里村东”！如果连大运河的主河道遗址都弄不清楚，又如何规划复航和建造大运河文化带，如何做到对大运河“遗产的真实性、完整性保护”！

清末黄河决口改道山东，运河断航，这是历史上的一个重大事件，但其历史经过如何？黄河穿运河究竟发生在何处？在当时黄河穿运的45年中运河是如何坚持南北通航的？运河最后如何断航？对此重要史实，在相关论著中竟找不到明确记载，多见讲述是“在张秋镇穿过运河”。这不能不说是一个历史空白。

在目前大多数地图和出版物上看到，一些新中国成立以后开挖的排灌渠、引黄渠都被标着“运河”名称，如“梁济运河”“位临运河”，有的还标称“京杭大运河”。实际上，它们从未通过航，没有任何历史文化遗迹。而真正的运河——济州河、会通河等，却大部分河段消失，在地图上更看不出标记，现在大多数人们不知其故道在哪里。对于这种状况，如何确认运河实体遗产？何为真正的运河、真正的历史遗产，何为不真实的运河、虚假的遗产？对此如无严肃认真的澄清，必然造成大运河实体认知上的混乱。

对于诸如此类的重大史实问题如果弄不清楚，就不可能对大运河历史有正确、完整、深入的认知和讲述，更不可能做到对原真的大运河文化遗产进行保护和传承，相反有可能将虚假的、误解的东西代替真实的、原本的文化遗产。可想而知，一旦对某段古运河文化遗产造了假，其危害远比一般文物上的造假严重得多。那将是对中华民族形象的损坏，对祖先的亵渎和对后代的不负责任！

由于年代久远、历史遗迹和文献资料的缺失等，要弄清运河历史上的空白和悬疑问题实际上是一项十分艰难的工作。为此必须按照《规划纲要》要求，“以问题为导向”，首先对山东运河文化遗产开展一次深入的调查研究，“把资源家底摸清楚”，填补历史缺漏，搞清事实真相。在此基础上，我们才能全面正确实施大运河文化带建设。

关于这项工作，本文主要强调以下几点：

要坚持实事求是原则，严格以事实为依据

关于山东运河变迁和工程治理，历史上不同时期都留下了大量史籍、碑刻等文字记载，这是我们今天研究了解历史的珍贵依据和重要参考。但是还应看到，由于时代的局限，这些历史记载并不都是完整和准确的，受当时皇朝权臣宣扬政绩的影响，往往有夸大事实的记述，不同程度上抹杀劳动人民的功绩，一些民间传说更有不实之词甚至神话的成分。为此必须以历史唯物主义和科学观点加以分析、研究，坚持以事实为根据，不可盲目照搬历史文献和传说，要力求反映历史的原真性和原貌。人们看到，目前出版的关于大运河书籍可谓不少，但不同程度存在照抄前人、相互重复转述、内容基本雷同等现象，少见新材料、新发现和新见解，甚至以讹传讹。其根本问题在于囿于书本、脱离实际，缺少以事实为依据和深入调查研究的态度。例如关于

元代济州河的开凿，几乎所有的历史文献都认定是引用的“汶泗之水”，即洸、府合流于任城会源闸（即天井闸）分水南北，其北流经过南旺至安民山。然而考察当时任城至南旺之间的地势，南低北高相差 30 尺：“自分水龙王庙至天井闸九十里，水高三丈有奇。”在这种地势上水只能向南济运而不可能向北分流；而且济州河中穿南旺湖水脊，该湖以汶上县丰富的泉水为源，本身就是济运水柜，自然向两边分流，南流于任城，北流于安民山，而根本无须自任城引水北上。因此说济州河的水源只能是汶泉水，而不可能是汶泗之水。南旺分水实际创始于元代，而不是明代。诸如此类的问题，只有坚持以客观事实为依据的根本方法，才能还原历史的真相。

深入实地现场考察，多多访问当地群众

“坚持以人民为中心”的指导思想。大运河文化带建设不仅要面向人民群众，同时也应依靠人民，问计于群众，释疑解惑。对于大运河的历史变迁和遗迹，最了解情况的是沿线世代居住的老百姓，他们是当地历史的见证人、“活档案”，是运河文化的传承者和延续者，是运河故事的记忆者。要获得对大运河的正确认知，最基本的工作是深入实地现场考察，向当地群众访问，从中发现新的实据和材料。经验证明，有大量难题书本、专家解决不了，群众可能会解决。例如，历史上戴村坝—南旺分水工程就直接来自当地群众的经验，南阳新渠、泇运河开挖也是反复多次赴现场勘察、调查的结果，这些都不是出自官员和专家的智慧。又如关于“东原”地区两个大小“安山”的区别、明清古运河遗址等，在一些学者、专家著作中被写得模糊混乱，而当地百姓对此却很清楚。

又如在一份由诸多专家编写的《穿黄工程项目建议书》中，认定目前在梁济运河北端的国那里，“黄河河底标高 43.5 米，南北两堤外标高 28 米、25 米”。就是说黄河底高出两岸堤外地面分别达 15.5 米、18.5 米之多！事实上该地黄河底不仅不高出两岸堤外地面，而且还低于堤外地面 2 米多。作为专家数据，竟有如此大的事实出入，显系闭门造车，是单凭头脑设想出来的，但凡有起码的认真负责态度、有一次现场观察，也不致出如此笑话。

对真正的大运河研究者，其基本的工作室是在田野、沿途村庄，主要求教的对象是乡间父老，首先弄明白的是运河文化遗产实体及其关联水系的变迁过程，即“资源家底”的主要内容。这些都是单靠书本和头脑设想所解决不了的。真正的科学来自实践，并非出自头脑的奇思妙想。不可设想，连对历史上山东水系关系、古运河线路等基本历史事实都弄不清，竟能提出什么创见和“新论”。这样的成果最终只能是一堆无用的废纸！

充分运用科技手段，多方面搜求文献资料

根据需要对重点河段及其建筑遗址进行考古勘探发掘，或运用航拍等科技手段配合调查等，都可以更直接获取对勘察对象的实证，帮助我们对文化遗产资源进行准确定位和认知。在这方面近些年已取得大量新成果。例如，最近考古部门在河南省台前县沙湾村挖掘了一座清代运河滚水坝工程遗址，再现了京杭大运河流经此地的形势和水工设施的真实状况，大大填补了目前人们对于这段古运河认识的空白。

改革开放以来，各地和相关研究部门在历史文献的收集、整理和出版等方面也取得了新成就，可供查阅的文献资料更加广泛；还有地方志、有关的家谱等，使今天考证史实的渠道越来越多。充分利用这些条件，必将使运河史研究和文化遗产资源调查不断有新发现、取得新成果。

形成浓厚的研讨空气，开展积极的学术争论

积极的学术争论是促进认识进步的重要方法，是解决学术上疑难问题的重要途径，亦是活跃学术空气的重要体现。重大课题只有经过多个视角、不同观点的研讨、争论，才能够从相互对比、交流碰撞中开阔视野，辨明是非、选优淘劣，得出比较正确的认识。真知越辩越明、谬误越争越少，而一言堂、一家之言则最易于形成科学的盲区。为此要进一步弘扬使各种观点和见解都能踊跃、平等发表、讨论的良好风气，鼓励多出有调研深度、学术含量较高的成果。要少一些官场习俗，力避形式主义影响。

2019 年 6 月中办、国办印发了《关于进一步弘扬科学家精神加强作风和学风建设的意见》，明确提出："崇尚学术民主。鼓励不同学术观点交流碰撞，倡导严肃认真的学术讨论和评论，排除地位影响和利益干扰。开展学术批评要开诚布公，多提建设性意见，反对人身攻击。尊重他人学术话语权，反对门户偏见和'学阀'作风，不得利用行政职务或学术地位压制不同学术观点。鼓励年轻人大胆提出自己的学术观点，积极与学术权威交流对话。"这对于科研领域和学术团体具有普遍指导意义，值得我们认真学习和贯彻。

运河历史文化，是一个学术性、专业性的领域，要求我们要以严谨、科学和实事求是的态度、方法去研究、讲述，单凭感想、大而空的议论方式已经毫无意义。作为学术研讨，评论的标准唯有科学和真实，最拒斥的是虚假。只有严谨、精准、务实的成果才有可能实现转化，为打造大运河文化带提供决策依据。为此亦可采取组织各相关部门专业人员联合、专题攻关调研的方式，发挥多方面的优势和智慧，不断把大运河历史文化研究提高到新水平。

要坚定贯彻《纲要》，严格落实顶层决策

《纲要》明确规定了大运河保护和建设的根本意义、指导思想、基本原则、功能定位以及方向和目标等，是我们统一思想、更新观念、制定行动方案的依据，也为我们开展大运河调查、研究提供了科学观点和方法。例如关于大运河实体的认定，《纲要》明确说明："本规划纲要所指大运河是由京杭大运河、隋唐大运河、浙东运河现有和历史上最近使用的主河道构成。"关于"功能定位"，明确规定是"打造大运河璀璨文化带、绿色生态带、缤纷旅游带"，等等。这都是关于大运河认知的原则和方向性的规定。对此我们应树立新理念、提高新认识，无论是实施运河文化保护工程，还是制定通航规划，都将坚定贯彻《纲要》，不应有任何动摇和权变。

（本文曾刊于《运河研究》2020 年第 2 期，有修改）

后　记

拙作面世，一个对话山东运河的窗口已经打开，希望给读者一种新的视角来认识山东大运河。作为作者，略感欣慰，也觉交瘁。暮年之中，重操笔耕，再向旧河古道，倦途憔悴，多有负重难支之困。然而，劳者自有天助，懈怠中幸有领导关心和支持，使本书得以完成，并获顺利出版。当此之际，唯夙愿不忘，深情永记，致以万分感激！

十一届全国政协文史和学习委员会陈光林副主任、十一届山东省政协许立全副主席等多位老领导于百忙中为本书写序和写信鼓励，在此表示诚挚感谢！

对大运河研究工作和本书出版给予高度重视和支持的济宁市委领导林红玉书记表示感谢！

感谢济宁市委宣传部、济宁市委党校对本书出版给予的全力支持和资助！感谢山东运河经济文化研究中心、山东大学出版社等相关部门和专家的大力支持！

尽管付梓前已进行修改和删补，但囿于时间和精力，书稿中仍有许多错误和不足，在此向广大读者深表歉意。路漫漫其修远兮，唯愿在今后的研究中更加努力以纠正和弥补之。

姜传岗

2022 年 6 月 30 日